国家社科基金项目《武陵山区农村劳动力就业与创业能力提升机制研究》(项目批准号：13XMZ077)的后续性研究成果；

贵州省区域内一流建设培育学科"教育学"(编号：黔教科研发[2017]85号)的阶段性研究成果；

贵州省一流学科(群)建设项目《教育发展与山区乡村振兴》(合同号：教 XKTJ [2020] 18 号)的阶段性研究成果。

武陵山区农村劳动力就业创业能力提升机制研究

梁成艾 著

人民出版社

国家社科基金项目成果鉴定专家鉴定意见摘要

该成果具有"研究内容的特殊性、调查数据的特别性、案例分析的问题性"等研究特征。

——鉴定专家一、鉴定专家四和鉴定专家五的共同鉴定意见

该成果"区域性特点明显、丰富了人力资源开发研究的材料内容"。

——鉴定专家二的鉴定意见

该成果"形成了对武陵山区人力资源研究的一些特色,同时还兼具民族理论研究的色彩,具有一定的学术价值"。

——鉴定专家三的鉴定意见

该成果具有"研究难度大,查阅、参考文献多,理论与实际相结合,研究内容多,论述细致、思路开阔"等特色。

——鉴定专家四的鉴定意见

该成果"对当地政府部门出台相关促进农村劳动力就业与创业能力提升政策具有重要的导向、参考价值及示范意义,兼具较好的应用价值"。

——鉴定专家一、鉴定专家二、鉴定专家三、鉴定专家四和鉴定专家五的共同鉴定意见

目 录

序 言 …………………………………………………………… 001

前 言 …………………………………………………………… 001

绪 论 …………………………………………………………… 001

第一章 理论基础 …………………………………………… 024

第一节 "三化同步"战略背景下人力资源需求与职业教育发展间的互动机理研究 …………………… 024

第二节 职业教育促进区域经济发展的保障功能及升级动力研究 ………………………………………… 054

第三节 职业教育促进人力资源开发功能嬗变的制度变迁理论研究 ……………………………………… 065

第二章 武陵山区农村劳动力就业创业能力提升的发展状况与问题归因 ……………………………… 073

第一节 就业能力提升的发展状况与问题归因 ………… 073

第二节 创业能力提升的发展状况与问题归因 ………… 083

第三章　武陵山区农村劳动力就业与创业能力提升的制约因素与机制障碍 ………… 093

　　第一节　就业与创业能力提升的制约因素 ………… 093

　　第二节　就业与创业能力提升的机制障碍 ………… 100

第四章　武陵山区农村劳动力就业创业能力提升机制的建构内容 ………… 106

　　第一节　就业能力提升机制的建构内容 ………… 106

　　第二节　创业能力提升机制的建构内容 ………… 118

　　第三节　就业与创业能力提升机制的建构内容 ………… 134

第五章　武陵山区农村劳动力就业创业能力提升机制的创新路径 ………… 161

　　第一节　就业能力提升机制的创新路径 ………… 161

　　第二节　创业能力提升机制的创新路径 ………… 169

　　第三节　就业与创业能力提升机制的创新路径 ………… 183

第六章　武陵山区农村劳动力就业创业能力提升机制的实践案例 ………… 197

　　第一节　就业能力提升机制的实践案例 ………… 197

　　第二节　创业能力提升机制的实践案例 ………… 200

第七章　武陵山区农村劳动力就业创业能力提升的政策建议 ………… 210

　　第一节　高度重视就业创业能力提升机制研究的价值与意义 ………… 210

　　第二节　整体把握就业创业能力提升的情况与问题 ………… 212

　　第三节　科学架构就业创业能力提升机制的建构内容 ………… 213

　　第四节　准确掌控就业创业能力提升机制的创新路径 ………… 215

第八章　研究结论与展望 ……………………………… 218
第一节　研究结论 ……………………………… 218
第二节　研究展望 ……………………………… 229

参考文献 ……………………………………………… 232
图表索引 ……………………………………………… 237
致　谢 ………………………………………………… 239

序　言
一部关注武陵山区农民生存发展问题的有益之作

　　武陵山区，位于中国华中腹地，是指武陵山及其余脉所在的区域，以土家族、苗族、侗族为主体的湘鄂渝黔四省（市）毗邻地区，总面积11万多平方公里，辖区人口3600万，其中，土家族、苗族、侗族等30多个少数民族1100多万人，是我国14个"集中连片特困地区"之一。武陵山区大部分地带属于扶贫攻坚规划里的武陵山片区，是中国区域经济的"分水岭"和西部大开发的最前沿，是连接中原与西南的重要纽带。本区域集革命老区、民族地区和贫困地区于一体，是跨省交界面大、少数民族聚集多、贫困人口分布广的连片特困地区。

　　2011年10月，《武陵山片区区域发展和扶贫攻坚规划》出台并获得国务院批复。11月15日，国务院扶贫开发领导小组在湖南吉首召开武陵山片区区域发展与扶贫攻坚试点启动会，标志着该规划正式开始实施。武陵山片区区域发展和扶贫攻坚历经十余年的精心组织实施，取得了脱贫攻坚事业的巨大成效，和全国一道顺利实现了全面小康。目前，国家提出乡村振兴战略，对全面实现小康之后的乡村进一步规划部署。在此背景下，梁成艾教授以一个学者的使命与担当，承担了国家补科基金项目《武陵山区农村劳动力就业与创业能力提升机制研究》，并在整理该研究项目理论探究和实践探索等方面成果的基础上，结合该项目的后续研究成果一起结集出版。该书关注武陵山区广大农民的生存与发展，基于实际进行全方位立体式的考察，提出了一系列具有重要建设性和可操作性的观点，具有重要的学术价值和实践意义。

　　在该书即将付梓印刷之际，成艾把书稿邮寄给我，邀我为之作序，遂将该书认真读过,感觉有三个重要特点值得关注,更有一种坚韧而又忠诚的精神值得学习。

其一,该书是一部"为时为事"之书。作为学者,不仅要仰望星空,还要关注自己足下的土地。该书既是有情怀的学术性著作,也是颇为接地气的现实之作。武陵山区曾经是国家贫困地区,从国家发展战略层面看,《国务院关于推进重庆市统筹城乡改革和发展的若干意见》(国发〔2009〕3号)专门设立武陵山经济协作区,以促进武陵山区经济社会协调发展。作者将目光聚焦武陵山区农村劳动力就业与创业能力的提升,选题具有现实意义。从研究对象层面上来讲,将研究放在武陵山区乡村的大地上,具有浓郁的地域情怀与乡愁情结,是一部关心"三农"的研究之书,体现了作者脚踏实地、关注现实的用世思想,与国家倡导把论文写在祖国的山川大地上的要求高度契合,这与作者关注现实、热爱武陵山区这片神奇土地应是密切关联的。将自己的关注、思考和发展与祖国、人民的发展和期盼紧紧绑定并同频共振,才更能显示出作为一名学者的情怀、眼力和价值。这值得鼓励倡导,也是我颇为赞赏的可贵之处。

其二,该书是一部"体大虑周"之书。该书分为八个部分,洋洋洒洒二十多万字,从选题的现实价值和意义谈起,从学理的探讨引申到问题本身和细密考察。特别引起我关注的是,本书第七部分"武陵山区农村劳动力就业创业能力提升的政策建议"指出,解决武陵山区农村劳动力就业与创业问题的关键在于建立有效机制,即建构一套包含教育培训、社会保障、精确帮扶、收益分配、多元监管等在内的就业与创业能力之提升机制,并通过优化农村教育结构、完善城乡就业保障体系、健全公共服务体系、创新社区发展模式、拓展山区农民创业空间等创新举措,形成振兴武陵山区经济社会发展之合力。这些基于理论思考和实证研究的设想和建议为实施乡村振兴战略提供了宝贵的理论依据和实践路径;而且作者不仅仅言尽于此,还精心遴选了具有代表性的实践案例。由此可以窥见作者对该问题关注的广度和思考的深度。

其三,该书是一部"眼含热泪"之书。中国农村发展的关键是"三农"问题的统筹与解决。作者从武陵山区这块特殊的地域出发，融入深层次的思考，关注武陵山区农民的创业就业有效机制，其目标就是让武陵山区的农民过上美好的生活，进而周延推广至中国最广大的乡村。从这一角度言之，该书是一部有温度的书、有温情的书，这既与作者出生于农村、长于农村和一段时间以来工作于农村有莫大关系，更与作者有一种社会的良知与责任感，充满了对这片土地的深沉热爱，进而才会脚踏实地在自己热爱的土地上真情倾注和深层灌溉有莫大关联。"为什么我的眼里常含泪水？因为我对这土地爱得深沉。"正是作者与生俱来的武陵山情结，才会写出这样"眼含热泪"之作。

梁成艾教授作为高校从事职业教育研究工作的学者，对中国农村这片土地一往深情、对农民兄弟高度关注、对农业持续关心，从书中可时见这种长情、思考，更可以窥见成艾对我国"三农"问题的熟稔熟悉，可称得上是情深意厚的"悯农"之作，是尝试探索农民摆脱贫困、实现农业农村现代化的有益之作。而作者于该书中所透露的一种实事求是的精神和严谨治学的态度，更是值得称道。

笔者在期盼该书出版以飨读者的同时，也希望书中提出的建议能够进入国家和地方政府的考量层面，使之成为重要决策参考，成为惠及武陵山区农民、实现该区域高质量发展的振声，让武陵源深处"人面桃花相映红"，共享盛世伟业。最后，我也期望成艾能笔耕不辍，进一步加深对武陵山区"三农"问题的关注和研究，不断有新的研究成果问世，以实现用良好学术成果造福桑梓回报家乡的愿望。这也是我乐于为之作序的原因所在，勉之。

钟秉林

资深教授、博士生导师
曾任北京师范大学校长、中国教育学会会长
任全国教育专业学位研究生教育指导委员会主任委员
二〇二一年六月二十五日

前　言

农业、农村、农民之"三农"问题已经写入了党和政府的政策、文件。我国著名经济学家、中国研究"三农"问题专家温铁军博士,强调"三农"问题不是"农业、农村、农民",而是应该将顺序调换过来,即"农民、农村、农业"问题。"农民在'三农'问题中是第一位的",农业问题只是派生的。农村劳动力就业与创业问题是农业、农村、农民问题中的关键问题之一。因此,如何通过人力资源的有效开发来维持及促进农村地区的可持续性发展,已成为一个世纪性的大课题。

第七次全国人口普查数据显示,我国 16—59 岁劳动年龄人口有 8.8 亿。经济新常态下,农村劳动力不足而城市有效劳动力缺失以及无效劳动力过多等问题依然存在。之前强调只要能带动就业的项目就是好项目。而党的十八大以来,习近平总书记强调坚持人与自然和谐共生,必须树立和践行"绿水青山就是金山银山"的理念并制定了乡村振兴发展战略。所以真正能够让农民受益,带动农民创新就业的项目,还必须符合生态保护和构建美丽乡村的前提。

武陵山区是一个典型的集"老""少""偏""山"于一体、辖 1800 多万人口、具有地域上聚居、区划上分割特征的内陆少数民族地区。受历史文化与地貌区位等客观因素的制约,该地区至今还是国家及各级地方政府重点关注的贫困地区。但恰恰由于地域上的特殊性,不适合搞大规模开发建设,保护下来一片珍贵的青山绿水。在过去"重工轻农"时代,这些所谓的阻碍发展的地理环境,现在又恰恰成了优势资源。如何把资源优势变成发展优势,关键还在于农村劳动力这一"三农"问题中的核心因素。因为农村劳动力就业能力的高低、创业能力的强弱、就业与创业能力的好坏,不但会直接影响到以工促农、以城带乡、工农互惠、城乡一体的新型工农城乡关系的构建及乡村振兴战略的顺利实施,而且还会影响到民族和谐稳定、国家繁荣富强。

本书紧扣农村劳动力就业与创业能力这一关键问题,不但在能力提升机制建设内容中融入了人文关怀、科学分析之情理观念,同时也注重在提升机制创新路径中强调生态美、百姓富的发展观。

中华民族崇尚爱与感恩,演化为"孝、悌、忠、信、礼、义、廉耻、仁爱、和平"这样的美德,流淌在每个中国人的基因当中。这样深厚的中华文化正善信念,也体现在本书探讨的反哺式的农村教育机制、感恩式的精神动力机制等内容的创新之中。

尽管书稿中尚有许多需要完善与补充的地方,但笔者还是期待农村劳动力就业与创业能力这一"三农"问题的核心内容能在爱与感恩中得到圆满的化解,让包含广大农村地区在内的人们都能够生活得更加幸福与美满。同时也期待通过农村劳动力就业与创业能力的研究工作,能唤醒更多的人内在的爱与感恩,并用其智慧和关爱,让广袤的农村世界更加美好与富足。

绪　　论

没有问题的研究是伪研究,因为问题是整个研究工作的发展动力与目标方向。同理,没有经过科学设计的研究也是假研究,因为其难以应对许多突发事件的产生,可能造成严重的损失及众多负面的影响。正是基于这一思考,笔者在对研究的意义价值、研究现状等进行仔细分析的基础上,对核心问题、研究方法、研究内容等进行了详细的规划与设计,以期达到研究所预期的效果。

一、研究意义与价值

武陵山横亘在中华腹地,绵延于湘、鄂、黔、渝四省市,主要包括:湖南省湘西州(原吉首市)所辖八个县市,张家界市(原吉首市)所辖两区两县;湖北省恩施州所辖八个县市;贵州省铜仁市所辖十个县市;重庆市的黔江、酉阳、秀山、彭水、石柱五个区县,是一个典型的集"老""少""偏""山"于一体、辖1800多万人口、具有地域上聚居、区划上分割特征的内陆少数民族地区。由于受历史文化与地貌区位等客观因素的制约,该地区至今还是国家及各级地方政府重点关注的贫困地区。虽然国家已经出台了旨在改善该地区贫困落后面貌的《武陵山片区区域发展与扶贫攻坚规划(2010—2020年)》(以下简称《规划》),但从其实施效果来看,情况并不是特别理想。也许导致这一结果产生的因素很多,但不容置疑的是,该地区人力资源质量影响了《规划》应然效果的彰显。众所周知,由就业与创业能力等要素构成的人力资源是广大少数民族地区维持自身可持续发展的重要支柱。据西奥德·舒尔茨的研究,物质资源投资增加4.5倍,收益增加3.5倍;人力资本投资增加3.5倍,收益增加17.5倍。① 这充分说明了人力资源的重要作用。尤其是随着知识经济及大数据时代的到来,人力资源显然已从"经济增长的源泉""最重要的资本""经济增长的真正动力"等角色定位上升到"国家第一资源"的重要位置。正因如此,在《规划》的实施过程中,如何通过人力资源的有效开发来维持及促进该地区经济社会的可持续性发展,显然已成为一个世纪性的大课题。而要有效开发武陵山区的人力资源,除了下大力气扭转该地区现存农村劳动力结构恶化之趋势及高度重视对农村劳动力进行科学开发之外,关键是要把如何提高该地区人力资源的就业与创业能力作为突破口。

2012年党中央提出了"大力培育新型职业农民"的号召,标志着我国农民开始由身份型向职业型转变。这一转变对农村经济社会的转型和农业发展方式的改进必将起到积极的推动作用。② 武陵山区作为跨省交界面大、少数民族聚集多、贫困人口分布广的连片特困地区,要想顺利实现农民逐渐"由身份型向职业型转变"之目标,需要着力发展的领域很多,但关键在于提高该地区农村劳动力的就业与创业能力。武陵山区作为国家级扶贫开发的重点区域,其农村劳动力具有自身的结构特点,如何针对该地区农村劳动力的结构特点,创设出促进该地区农村劳动力就业与创业能力提升的机制与办法,是一个值得重点关注的问题,具有十分重要的价值与意义。

(一)研究意义

本书研究的重大意义可从以下四个方面来加以阐述:

1.通过机制创新来提升农村劳动力的就业与创业能力有利于构建新型城乡关系。"形成以工促农、以城带乡、工农互惠、城乡一体的新型工农城

---

① 冯菊香:《提高农民是新农村建设的根本》,《延安教育学院学报》2006年第9期。
② 魏学文等:《新型职业农民:内涵、特征与培育机制》,《农业经济》2013年第7期。

乡关系",党的十八届三中全会用这16个字对新时期我国城乡关系做了精辟概括。这是党中央在科学发展观的指导下,以"中国梦"的战略目标为导向,在充分尊重国情和民情的基础上做出的重大决策部署,这一部署标志着我国社会主义新农村建设已步入新的征程。这对幅员广阔、少数民族人口密集的武陵山区而言,尤为重要。党的十八大报告指出,坚持走中国特色新型工业化、信息化、城镇化、农业现代化道路,无论是哪一化目标的实现,都需要数量众多的、具备某项专业技能的劳动力来加以保障。这一要求恰好给武陵山区的农村劳动力提供了前所未有的发展机会。因为只有大多数农村劳动力素质的提升,才能更加有效地推进"四化"建设的进程,进而建立城乡统一的劳动力市场,打破城乡二元结构的壁垒,但农村劳动力就业与创业能力的提升,离不开一个科学有效的提升机制来加以保障。为此,加大能力提升机制的研究力度,有效提升农村劳动力的就业与创业能力,是实现以工促农、以城带乡,逐步缩小城乡差距,构建城乡和谐社会的重要途径。

2. 通过机制创新来提升农村劳动力就业与创业能力有利于实施乡村振兴战略、建设美丽乡村。乡村振兴战略,是党的十九大提出的重大发展战略,也是今后相当长一段时期内我国整体经济工作,尤其是农村经济工作发展的重要任务。乡村振兴战略的实施,从根本上来说首先是农村人才的振兴。而人才的振兴需要以家庭农场、体验农庄、观光农业等新型农业经济的发展为抓手,以农业供给侧的深度改革为突破口,以农业经纪人、乡村建设主体、乡愁文化传承人、乡村管理队伍等为身份表征的乡村建设"领雁人",并把他们培养成具有一技之长、会管理、善经营的新型职业农民。但新型职业农民的培养,是建立在农村劳动力就业与创业能力能满足农村经济社会发展要求的基础之上的。农村劳动力就业与创业能力的提升需要一个合适的提升机制来加以保障。为此,能力提升机制的创新就成为顺利实施乡村振兴战略、建设美丽乡村的重要保证了。

3. 通过机制创新来提升农村劳动力就业与创业能力有利于促进各民族繁荣富强。武陵山片区内居住有苗族、侗族、水族、白族等10多个少数民族,共计100多万人口。受区位分布、历史文化等多种客观因素的影响,该地区许多县份都是省级或国家级的重点扶贫对象,长期的贫困落后景象致使该地区的可持续发展能力严重滞后。为此,提升该地区农村劳动力的就业与创业能力,就成了一个重要的发力选项。因为通过此举,不但可以充分开发该地区丰富的自然资源,而且还能有效挖掘该地区深厚的文化潜能,甚至还可以有效促进该地区工业附加值的生产,进而使该地区的农村人口在收入水平、生活质量、文化程度、居住环境等的不断提高与改善中彰显各民族繁荣与富强之要义。但所有这些目标的达成,均需要一定的就业与创业能力,而机制创新的终极目标就是保障就业与创业能力的稳步提升,就这一层意义上而言,机制创新是促进各民族繁荣富强的有效保证。

4.通过机制创新来提升农村劳动力就业与创业能力有利于维持民族地区和谐稳定。长期的贫困落后景象不但致使武陵山区的可持续发展能力严重滞后,而且还滋生了暴力抗法、聚众滋事、非法占有等众多不和谐现象。诸如此举严重影响了民族地区的和谐与团结,扰乱了该地区的稳定发展局面。通过机制创新来提升该地区农村劳动力的就业与创业能力,能有效改善该地区农村人口的生活水平与生活环境,能切实提高他们的文化素质与法制观念,最终在民族和睦共处、区域协调发展之和谐社会的建构及关注民生、彰显福祉之人文关怀下实现民族地区的稳定、和谐与繁荣。

(二)研究价值

随着中国城镇化步伐的不断加快,由此所带来的产业结构的调整、社会结构的转型和就业结构的变迁必然会对农村劳动力的就业与创业能力提出不同的要求。自国家出台"武陵山经济协作区"战略构想以来(国发〔2009〕3号),武陵山区无论是在"跨省协作创新区"建设还是在"国际知名生态文化旅游区"打造等方面都需要大批具有一技之长的劳动者。然而,武陵山区的农村劳动力基数虽然庞大,但大多数劳动力只能满足粗放型产业经济和低附加值产品生产的发展需求。因此,为充分保障"武陵山经济协作区"战略构想的实现,就需要培育一大批懂技术、会经营、善管理、能沟通的高素质人才。而这些高素质人才的培育,离不开一个科学合理、运作有效的提升机制。为此,研究武陵山区农村劳动力就业与创业能力的提升机制,提升该地区农村劳动力的就业与创业能力,既是民族和睦共处、区域协调发展之和谐社会建构的需求,也是关注民生、彰显福祉之人文关怀的写照。

1. 本书的学术价值。本书通过对就业能力和创业能力的概念、职教人力资源开发功能的制度变迁理论、职业教育与人力资源需求及经济社会发展的互动机理等进行探讨,不但丰富了人力资源研究的相关理论,而且还增添了民族理论研究的色彩,对民族理论研究工作具有相当的补益作用。

2. 本书的应用价值。本书所提出的就业能力与创业能力等新概念可以用来指导武陵山区农村劳动力就业与创业能力提升之培训课程的开发及教学设计;本书所提出的机制建构内容、机制创新路径等对武陵山区农村劳动力就业与创业能力提升具有重要的指导价值与导向作用;本书所提到的现状问题、机制建构内容、机制创新路径以及实践案例等内容对武陵山区政府部门出台相关促进农村劳动力就业与创业能力提升的政策措施具有重要的参考价值与指导意义。

二、文献述评

(一)西部地区农村劳动力就业与创业问题研究概述

为有效了解西部地区农村劳动力就业与创业能力的研究现状,笔者以"农村劳动力创业"为主题词,以"精确"为匹配方式,在中国知网搜索引擎中共检索到相关文献1311篇(截至2021年11月)。以文献计量法对这些文献进行分析后发现,绝大多数研究成果关注的是农民创业的问题与对策、创业的优势与特点、创业的方式与意愿。如田富强的《贵州农村劳动力创业对策试析》、刘银来的《农村劳动力创业中存在的问题及对策》、田昊的《国内外农民创业者创业行为比较研究》、李美青的《国内外农民创业模式比较研究》等,很少有研究文献关注农民的创业能力,缺少涉及区域农村劳动力创业能力提升机制之类的研究文献。采取同样的方式,以"农村劳动力就业"为主题词,在中国知网搜索引擎中共检索到1729篇有关文献(截至2021年11月)。在对这些文献进行初略统计分析后发现,绝大部分研究将着眼点放在农村劳动力转移上,重点关注农村劳动力就业的现状与问题、路径与方式、动机与意愿、制度与管理、特征与形势等方面的内容。如石国东的《农村劳动力就业影响因素与对策分析》、石秀珠的《民工荒背景下河南农村劳动力就业对策研究》、武晋等的《北京市生态涵养区农村劳动力就业动机研究》等。然而,仔细分析这些文献后不难发现,虽然研究农村劳动力就业问题的文献较多,但真正研究如何提升农村劳动力就业能力的文献却相当少,至于少数民族地区农村劳动力就业能力类的研究文献,更是凤毛麟角。为有效表征这一观点,特将已有的研究分类陈述如下:

1. 西部地区农村劳动力就业问题研究

(1)西部地区农村劳动力就业现状。李金虹[1]从三个方面分析了贵州省劳动力就业状况。第一,劳动力总量逐年增长,供给结构改变,劳动力供给主要来自两个方面,一是未能继续升学的初(高)中毕业生,二是大、中专及职(技)校毕业生。第二,就业结构得到调整,从就业结构方面来说,就业人口由第一产业向第二产业转移,进而再向第三产业转移,非公有制经济成为城镇新生劳动力就业的主要渠道。第三,未来劳动力供求矛盾日益突出,农村劳动力供给将持续增长,农村自身需求有限,就业缺口也会随之增大。李杰、徐波[2]从两个方面分析了西部地区劳动力供给主体的市场现状。认为西部地区劳动力供需缺口大,劳动力供给方处于被动地位。西部地区劳动力供需不平衡的原因是多方面的。一是从供给方面来看,西部地区劳动力供给数量庞大。二是从需求方面来看,西部地区劳动力需求数量明显偏小。具体表现在:首先是产业结构转换滞后,制约了产业的就业吸纳能力扩

---

[1] 李金虹:《贵州省劳动力就业对策研究》,《贵州社会科学》2002年第5期。
[2] 李杰、徐波:《确立西部地区劳动力供给主体地位的探讨》,《西部大开发研究》2009年第1期。

大。其次是产业由于生产力的发展、技术进步、资本深化,在创造更多社会价值的同时,其容纳劳动的能力相对甚至绝对减少,而西部地区产业结构转变的滞后对就业吸纳能力更是不足。再次是西部地区所有制改革严重滞后,非公有制经济发展程度还相当低,就业能力严重不足。最后是西部地区乡镇企业的发展由于受西部地区经济发展水平的限制以及地理位置和市场发育等的影响,起步晚、规模小,总体发展水平低、效益差,难以大量吸纳农村转移的剩余劳动力。

(2)影响西部地区农村劳动力就业的因素。王宁[1]认为,影响农村劳动力就业的因素主要是人力资本因素、思想意识因素、产业化因素、城镇化水平因素、就业服务机制因素、公共政策服务因素。蒋谦[2]等在充分进行数据与访谈等实证分析的基础上提出经济增长程度是影响西部地区劳动力就业的重要因素。胡平[3]提出,农村劳动力素质是影响西部地区农村劳动力转移就业的主要因素。农村劳动力素质影响西部地区农村劳动力转移就业的速度,影响其转移就业的收入以及转移后的稳定性等。张明[4]指出,劳动力素质对西部地区农村劳动力转移的空间、收入、工作稳定性以及社会稳定性等都有影响。王月、张跃平[5]提出,影响西部地区农村劳动力转移就业的因素主要有城乡居民收入差距、西部地区农村人均收入、农村劳动力受教育因素、农村人均耕地面积等。

(3)西部地区农村劳动力就业问题的对策。徐继燕[6]提出大力发展劳

---

[1] 王宁:《城乡一体化进程中农村劳动力转移就业研究——以昆明晋宁县为例》,《昆明学院学报》2010年第3期。
[2] 蒋谦等:《经济增长与劳动力就业密切相关——四川省经济增长与劳动力就业关联性的实证分析》,《农村经济》2008年第6期。
[3] 胡平:《提高农村劳动力素质是西部劳动力有效转移的关键》,《经济师》2006年第10期。
[4] 张明:《西部地区农村劳动力素质与劳动力转移的关系研究》,《黑龙江对外经贸》2010年第10期。
[5] 王月、张跃平:《我国西部劳动力转移影响因素分析》,《广西民族研究》2009年第1期。
[6] 徐继燕:《对西部开发中人力资本投资积累与经济发展问题的探讨》,《职业圈》2007年第21期。

动密集型和资源密集型产业,扩大就业容量,以推动西部地区农村剩余劳动力转移。王炜[1]提出,提高农民素质是解决农村剩余劳动力就业的根本途径,而提高农民科技文化素质的关键是加大农村教育的力度,搞好农民教育。李丽辉[2]认为,我国从属劳动力市场具有市场容量大,可以充分容纳大量劳动力就业,以及市场化程度高,可以实现劳动力资源优化配置等特点,进而提出从属劳动力市场对西部地区农民实现充分就业具有重要作用,同时还提出了加快西部地区从属劳动力市场建设的具体措施。张伟[3]认为,解决西部地区农村劳动力就业问题,一方面要大力发展劳动密集型和资源密集型产业,扩大就业容量以推进农村剩余劳动力转移就业。另一方面要优化西部地区人才结构,这需要大力加强西部地区农村劳动力职业培训和继续教育,还要完善西部地区劳动力市场,营造良好的人才软环境。张雅丽[4]从三个方面提出了西部地区农村劳动力转移的对策,一是发展农业产业化,促进农村劳动力在农业内部吸纳和农村内部转移;二是加快西部地区的工业化进程,以产业发展带动就业;三是推进城镇化进程,以企业集聚带动人口集聚,从而在农村小城镇形成企业群,扩大就业容量。李杰、徐波[5]提出了完善西部地区劳动力供给主体地位的对策。首先是发展经济,扩大就业;其次是构建城乡统一的劳动力市场,实现城乡劳动者就业权益平等;最后是加大劳动者技能培训投入,提高供给主体就业竞争能力。将谦等[6]针对西部地区劳动力就业问题提出了几点建议,一是大力发展第三产业,兼顾第

---

[1] 王炜:《提高农民素质是解决我国劳动力就业压力的根本途径》,《学术交流》2002年第6期。
[2] 李丽辉:《完善从属劳动力市场是西部实现充分就业的有效途径》,《社科纵横》2004年第12期。
[3] 张伟:《西部大开发对西部地区人力资源及劳动力就业工作的挑战》,《中国就业》2011年第2期。
[4] 张雅丽:《西部农村劳动力转移途径与对策》,《经济研究导刊》2007年第3期。
[5] 李杰、徐波:《确立西部地区劳动力供给主体地位的探讨》,《西部大开发研究》2006年第1期。
[6] 蒋谦等:《经济增长与劳动力就业密切相关——四川省经济增长与劳动力就业关联性的实证分析》,《农村经济》2008年第6期。

一、第二产业;二是注重特色,优先发展第三产业中的特色行业;三是重视对西部地区劳动者素质的提高。李金虹[1]从五个方面提出了西部地区劳动力就业的对策:一是保持适度经济增长速度,选择适度的增长方式;二是大力发展现有城市,加快城市化步伐,拓宽就业空间;三是积极发展中小企业、第三产业和非公有制经济,进一步扩大就业容量;四是促进农村农业富余劳动力就近就地向非农产业和小城镇转移,缓解农业领域劳动力的就业压力;五是加强和完善以职业介绍和转业培训为中心的劳动力市场服务体系建设,积极组织向省外输送农村劳动力。王宁[2]提出以城乡一体化发展为目标的农村劳动力就业对策,一是统筹城乡产业发展,推进农业产业化,为农村劳动力转移就业创造条件;二是推进农村城镇化进程,促进农村劳动力转移就业;三是统筹城乡就业,建立统一的就业服务体系,为农村劳动力就业构建公平的环境;四是统筹城乡公共事业发展,增强农村劳动力抵御社会风险及市场风险的能力。

2. 西部地区农村劳动力创业问题研究

(1)西部地区农村劳动力创业的影响因素研究。田富强[3]在《贵州农村劳动力创业对策试析》一文中从两个方面提出西部地区农村劳动力创业的影响因素:一是西部地区农村劳动力返乡创业成功率低,主要原因在于个人竞争力不足,外部原因是创业环境不利;二是西部地区农村劳动力创业的劣势与威胁大于优势与机会。田富强[4]在《贵州农村劳动力的创业优势与机遇》一文中以贵州省为例提出西部地区农村劳动力的创业优势在于:农民工返乡创业的意愿比较高,农民工回乡创业熟悉当地资源环境、人脉资源和市场需求,农民专业合作组织的迅速发展。西部地区农村劳动力创业的机遇在于:各级政府有支持创业的农贷政策,随着沿海地区经济产业的升级

---

[1] 李金虹:《贵州省劳动力就业对策研究》,《贵州社会科学》2002年第5期。
[2] 王宁:《城乡一体化进程中农村劳动力转移就业研究——以昆明晋宁县为例》,《昆明学院学报》2010年第3期。
[3] 田富强:《贵州农村劳动力创业对策试析》,《中国农机化》2012年第5期。
[4] 田富强:《贵州农村劳动力的创业优势与机遇》,《湖北农业科学》2012年第18期。

换代,劳动密集型企业向内地转移,为农村的发展提供了良好的市场机会,各级政府支持西部地区农民合作经济组织的组建和发展;田富强[1]在《贵州农村剩余劳动力数量及创业效应试析》一文中提出西部地区农村劳动力创业的效应,一是促进当地农民就业增收;二是吸引人才回流,反哺农村;三是以工促农,以城带乡,扩大农业规模经营。石智雷、杨云彦[2]运用湖北省恩施州的农户调查数据,分析了家庭禀赋对西部地区农民工回乡创业的影响。家庭禀赋可以提高西部地区农村劳动力回乡后个人能力的发展,返乡的农民工在家乡可以更好地利用家庭禀赋,以便获得更高的投资回报,这正是不少农民工回乡创业的原因。西部地区农民工返乡创业过程中也存在农村地区市场化滞后和社会支持条件不足之问题,各级政府需要继续加大政策和资金的扶持,构建社会支持体系,为农民工返乡创业提供平台。田富强[3]以西安市为例指出西部地区农村劳动力创业的影响因素,一是个人因素和环境因素;二是资金制约;三是农村创业者整体素质不高;四是农村劳动力创业水平不高;五是西部地区农村劳动力创业政策及创业服务体系有待完善。

(2)西部地区农村劳动力创业的对策研究。田富强[4]在《贵州农村劳动力创业对策试析》一文中从五个方面分析了西部地区农村劳动力创业的对策:第一,农村土地流转推动劳动力创业,土地流转可以换取创业启动资金,解决社会保障和创业机会及技能问题,鼓励村民向新市镇积聚创业;第二,西部地区地方政府支持农村劳动力创业,拓宽准入领域,放宽登记条件,为农民工创业提供优惠政策,建立返乡创业基地,提供金融扶持政策等;第三,加强对西部地区农村劳动力的创业培训;第四,成立西部地

---

[1] 田富强:《贵州农村剩余劳动力数量及创业效应试析》,《浙江农业科学》2012年第1期。
[2] 石智雷、杨云彦:《家庭禀赋、农民工回流与创业参与——来自湖北恩施州的经验证据》,《经济管理》2012年第3期。
[3] 田富强:《西安农场劳动力创业研究》,《安徽农业科学》2010年第31期。
[4] 田富强:《贵州农村劳动力创业对策试析》,《中国农机化》2012年第5期。

区农村行业协会和农民合作经济组织;第五,发展农民工创业园,农民工创业园与小城市化建设相结合,打破城乡二元结构,促进农民创业。李华红[1]提出了西部地区农村劳动力回乡"创业经济"的路径选择,第一,西部地区农村发展回乡"创业经济"的逻辑起点:立体式培训;第二,西部地区农村发展回乡"创业经济"的治本之策:金融支持;第三,西部地区农村发展回乡"创业经济"的现实保障:政策扶持;第四,西部地区农村发展回乡"创业经济"的特殊举措:建设创业组织。田富强[2]以西安市为例提出了西部地区农村劳动力创业的对策,一是制定调整创业支持政策,二是建立创业信贷支持体系。

(二)西部地区农村劳动力就业与创业问题研究评述

1. 西部地区农村劳动力就业问题研究评述

首先,对于西部地区农村劳动力就业现状,现有的研究主要是从两个方面来进行分析的:第一,西部地区农村劳动力总量逐年增加,供给结构发生改变;第二,西部地区农村劳动力供需缺口大,劳动力供给方处于被动地位。总体来看,西部地区农村劳动力资源丰富,但是就业岗位相对有限,就业渠道不够顺畅。现有的研究成果分析了西部地区农村劳动力供求关系的现状,但对于西部地区农村劳动力就业现状的分析还不够深入,还需要从西部地区农村的经济发展现状等方面来研究劳动力的就业现状。

其次,对于西部地区农村劳动力就业的相关因素,现有的研究成果主要分析了人力资本因素、思想意识因素、产业化因素、城镇化水平因素、就业服务机制因素、公共政策服务因素、经济增长程度、劳动力素质因素等,但对影响西部地区农村劳动力就业问题之关键性因素的分析还不是十分深入,故需要在西部地区农村劳动力素质,西部地区农村劳动力就业服务机制,西部

---

[1] 李华红:《我国西部农村发展的内源性跨越新解——基于回乡"创业经济"的另类思维》,《农业现代化研究》2012年第6期。

[2] 田富强:《西安农场劳动力创业研究》,《安徽农业科学》2010年第31期。

地区农村产业发展、经济发展等因素层面进行更加深入的研究。

最后,对于西部地区农村劳动力就业问题,现有的研究成果主要提出以下几种对策:第一,发展劳动密集型产业,扩大就业容量;第二,加大农村教育力度,提高西部地区农村劳动力的整体素质;第三,完善西部地区劳动力市场,营造良好的人才软环境;第四,推进西部地区城镇化、产业化的发展,扩大就业容量;第五,统筹城乡就业,建立统一的就业服务体系,为农村劳动力就业构建公平的环境。上述观点是解决西部地区农村劳动力就业问题的重要对策,其中的部分观点具有十分重要的文献及决策参考价值。不过在对这些文献进行仔细分析后会发现,西部地区农村劳动力就业问题的对策方面还有进一步研究的空间,比如说在提升西部地区农村劳动力素质及构建西部地区农村劳动力就业服务机制等方面都需要进行更加深入的研究。

2. 西部地区农村劳动力创业问题研究评述

首先,对于西部地区农村劳动力创业的影响因素,现有的研究成果主要从以下几个方面来进行分析:第一,西部地区农村劳动力返乡就业成功率低;第二,西部地区农村劳动力创业的劣势与威胁大于优势和机会;第三,西部地区农村劳动力创业也有一些优势,主要表现为:西部地区农民工返乡创业的意愿比较高、西部地区农民专业合作组织的迅速发展等;第四,家庭禀赋是影响西部地区农村劳动力创业的重要因素;第五,个人及环境与资金因素;第六,西部地区农村劳动力创业政策及创业服务体系有待完善。需要进一步研究的是,从影响西部地区农村劳动力创业因素入手,找出西部地区农村劳动力创业中所存在的关键性问题。

其次,对于西部地区农村劳动力创业的对策,现有的研究成果主要从以下几个方面来进行阐述:第一,通过农村土地流转等方式为农村劳动力换取创业资金,进而推动西部地区农村劳动力积极创业;第二,西部地区各地方政府为农村劳动力创业提供了政策扶持;第三,加强西部地区农村劳动力创业培训工作;第四,条件成熟时在西部地区农村成立农民创业组织;第五,为西部地区农村劳动力创业提供信贷资金支持。现有研究成果分析了西部地区农村劳动力创业的具体对策,这些措施对推进西部地区农村劳动力创业活动的开展具有十分重要的借鉴意义,大多是切实可行的。不过在认真分析现有研究成果之基础上,笔者认为,西部地区农村劳动力创业对策还有需要进行深入研究的地方:一是西部地区农村职业教育的开展可为农村劳动力创业提供知识和技能等领域的支持;二是构建西部地区农村劳动力创业平台,这一平台的构建需要西部地区各地方政府、企业家和农村创业人士的共同努力。[①]

三、核心概念界定

(一)武陵山区

武陵山横亘在中华腹地,绵延于湘、鄂、黔、渝四省市。武陵山区主要包括:湖南省湘西州所辖八个县市,张家界市所辖两区两县;湖北省恩施州所辖八个县市;贵州省铜仁市所辖十个县市;重庆市的黔江、酉阳、秀山、彭水、石柱五个区县。面积约10万平方公里,辖1800多万人口,其中少数民族占66%以上,是一个典型的地域上聚居、区划上分割的内陆少数民族居住地区。

(二)农村劳动力

从传统意义来说,中国的农村劳动力指的是户籍关系在农村、身体健康、具有现实劳动能力并参加社会就业的年龄在18—60周岁的男性公民和18—55岁的女性公民。本书采用这一农村劳动力的概念。所不同的是,本书所指的农村劳动力,着重指在家从事涉农产业的农村劳动力,但并不排除那些在外从事就业与创业活动的农村劳动力。

(三)就业能力

"就业能力"这一概念,国内外均有许多不同的界定。国际劳工大会

[①] 王德召、梁成艾、黄玖琴:《西部农村劳动力就业创业问题研究综述》,《中国成人教育》2014年第12期。

(ILBC)将就业能力定义为个体获得和保持工作,在工作中进步,以及应对工作生活中出现的变化的能力。① 美国教育与就业委员会(DFEE)将就业能力定义为获得和保持工作的能力,是个体在劳动力市场通过充分的就业机会实现潜能的一种自信。英国工业联盟(CBD)认为,就业能力是个体拥有能够满足雇主和顾客不断变化需要的特征和胜任力。② 澳大利亚教育研究委员会(ACER)认为,"就业能力"不仅是获得工作的能力,还包括在企业中取得进步而发挥自己的潜能,为企业的战略目标做出贡献。奥佛顿认为,就业能力不是一种特定的工作能力,而是在横向上与所有行业相关,在纵向上与所有职位相关的能力。格里普和桑德斯认为,就业能力是一种适应能力,是对工作任务和环境变化的预料和反应。英国学者希拉吉和波拉德认为,就业能力不仅包括个人特征,而且还包括展现这些特征,是自信地在劳动力市场内流动,通过可持续就业实现潜能的能力。对个体来说,就业能力依赖于他们拥有的知识、技能和态度。③

从国内的研究情况来看,研究的视角更多是围绕大学生的就业活动所展开的。《现代劳动关系辞典》对就业能力的解释为:就业能力是要求就业的人自身的素质与社会劳动力需求相适应的程度,包括劳动者的身体素质、思想品质和文化科技素质三个方面。郑晓明④认为,就业能力是大学生在校期间通过知识的学习和综合素质的开发而获得的能够实现就业理想、满足社会需要,在社会生活中实现自身就业价值的本领,是一种综合能力。他把就业能力看作是各种能力的集合,认为大学生的就业能力不单纯指某一项技能或能力,而是多种能力的集合。陈薇静认为,就业能力是人们从事某

---

① [美]帕特丽夏·威奈尔特:《就业能力——从理论到实践》,郭瑞卿译,中国劳动社会保障出版社2004年版,第3、10页。
② 黄蘋:《全球经济危机影响下高职院校学生就业能力培养模式研究》,《新课程研究:高等教育》2009年第5期。
③ 陈光辉:《就业能力解释维度、概念、内涵、研究历程及评述》,《教育与职业》2011年第4期。
④ 郑晓明:《就业能力论》,《中国青年政治学院学报》2002年第5期。

绪　论

种工作所需具备的能力,包括特殊就业能力与基本就业能力。雷正光把就业能力看作一个更为宽泛的概念,它包含了技能、知识、态度三大要素。贾利军、徐韵[1]把大学生就业能力界定为直接关系到大学生是否顺利就业的个性心理特征的总和。

综合国内外的相关研究成果,本书认为,就业能力是一种劳动者在劳动力市场生存的能力,是一种将专业知识、动作技能、情感态度、身体素质、思想品质、民俗文化、民族个性等要素深度融合与科学统整而形成的复杂能力体系,是一种能够帮助劳动者实现圆满就业愿望的、具有主动性与自愿性等特征的能力包。

（四）创业能力

"创业能力"一词的概念,较早是在1989年亚太会议期间与会代表与华裔专家朱小奇先生研究后确定的。王一兵先生将它译为"事业心和开拓技能"[2]。1989年11月底到12月初在北京召开的"面向21世纪教育国际研讨会"上,针对未来人才素质,埃利雅德博士介绍了经济合作与发展组织的教育研究与革新中心关于"三本教育护照"的讨论情况,引起了与会代表和观察员的浓厚兴趣,并最终写进了会议报告。这一概念是一位叫柯林·博尔的学者在1988年向经合组织提交的一篇论文中所提出的,并引起了热烈的讨论。他认为,未来的人都应学习和掌握"三本教育护照",第一本护照是学术性的,第二本护照是职业性的,第三本护照则是证明一个人的事业心和开拓能力。过去人们往往重视学术能力和职业能力,而忽视人的事业心和开拓能力。如果一个人缺乏事业心和开拓能力,学术的和职业方面的潜力就不能发挥,甚至没有意义。[3] 亚太会议报告还指出:"要求把事业心和开拓能力教育提高到目前学术性和职业性教育护照所享有的同等地位。

---

[1] 贾利军、徐韵:《大学生就业能力的心理学解析》,《南京社会科学》2006年第10期。
[2] 王一兵:《学会关心——面向21世纪教育(圆桌会议报告)》,《教育研究》1990年第7期。
[3] 王一兵:《学会关心——面向21世纪教育(圆桌会议报告)》,《教育研究》1990年第7期。

事业心和开拓能力要求培养思维、规划、合作、交流、组织、解决问题、跟踪和评估的能力。"①1989年12月中旬,联合国教科文组织亚太地区办事处在泰国曼谷召开了"提高儿童青年创业能力的革新教育规划会议"。会议报告提出了创业能力的概念框架和开发创业能力的策略,并制订了实施这一项目的地区行动计划。1991年1月,亚太地区办事处在东京召开了"提高儿童、青年创业能力与革新教育"研讨会。会上进一步对创业能力的概念进行了界定,提出了在现行课程中渗透创业能力教育的课程模式和评价模式。1999年4月,联合国教科文组织在首尔召开了第二届国际职业技术大会,会议强调要加强创业能力的培养,并认为创业能力是一种核心能力。②

至于"创业能力"的定义,不同的研究人员也从各自的角度进行了不同的阐述。如唐靖、姜彦福③认为,创业能力是一个二阶六维度的概念,即机会识别与开发能力、运营管理能力为一阶维度,机会识别能力、机会开发能力、组织管理能力、战略能力、关系能力和承诺能力为二阶维度。陈秀珍④将创业能力概括为直接影响创业实践活动效率,促使创业活动顺利进行,并能够创立和发展一项或多项事业的主体心理条件。这种主体心理条件虽然与其先天带来的某些性格、气质有关,但主要靠后天的学习、锻炼,特别是要靠教育和培养来获得,是具有较强综合性和创造性的心理机能,是知识、经验、技能经过类比、概括而形成的并在创业实践中表现出来的复杂而又协调的行为活动。高耀丽⑤提出:"创业能力是指将自己或他人的科研成果或市场创意转化为现实生产力的能力。包括专业知识运用能力、创新能力和社会能力。在这里,专业知识运用能力是构成创业能力的前提,创新能力是创

---

① 王一兵:《学会关心——面向21世纪教育(圆桌会议报告)》,《教育研究》1990年第7期。
② 肖红伟等:《对创业能力本质特征的再认识》,《企业经济》2008年第7期。
③ 唐靖、姜彦福:《创业能力的概念发展及实证检验》,《经济管理》2008年第9期。
④ 陈秀珍:《创业能力的内涵解读》,《职业技术》2004年第4期。
⑤ 高耀丽:《大学生创业教育的实施与高校管理变革》,硕士学位论文,江西师范大学,2002年。

业能力的基础,社会能力是创业实践得以正常进行的核心能力。"申卫东[1]提出:"创业能力是指工资形式就业以外的自我谋职的能力,是一种以智力为核心的、具有较高的综合性、突出的创造性,能够顺利实现创业目标的特殊能力。由创业品质、专业技能、信息处理能力、决策应变能力、主动适应环境的能力几个要素构成。其中特殊的创业品质包括:独立生存的自信心,不断进取的进取心,广泛关怀的责任心。"郑登成[2]提出:"创业能力就是要求劳动者不仅有知识、有科学技术,还应该是具有多种劳动技能(本领)的复合型劳动者,并通过自己的创造性劳动获得较大的经济效益和社会效益的能力。"严强[3]认为,创业能力是"影响创业实践活动效率,促使创业实践活动顺利进行的主体心理条件。具体来讲,是以智力活动为核心的,具有较强综合性和创造性的心理机能;是与个性心理倾向、特征密切结合在一起的,在个性的制约和影响下形成并发挥作用的心理过程;是经验、知识、技能经过类化、概括化后形成的,并在创业实践活动中表现为复杂而协调的行为过程"。钱晓燕[4]认为,"创业能力"是指为了能从事创收获得利润并承担风险的开拓性活动,目标人口应具备的一系列能力,这一系列能力应包括:激发行动的能力;能够行动的能力;继续行动的能力;操作行动的能力。

综合国内外有关创业能力的相关论述,结合武陵山区的实际发展情况,笔者倾向于从复杂研究的角度,将武陵山区农村劳动力的创业能力之概念内涵理解为:创业能力是一种融个体资源和社会资源于一身,通过聚集于一个"创"字等途径来影响个体创业活动的效益并促进其创业活动顺利展开的某种能力。这种能力一般会受计划能力、探索精神、冒险意识、民族特性、

---

[1] 申卫东:《在素质教育中注重创业能力的培养》,《渝州大学学报》2002年第4期。
[2] 郑登成:《如何在职业培训中培养学生的创新和创业能力》,《中国冶金教育》2000年第6期。
[3] 严强:《社会发展理论》,南京大学出版社1991年版,第1页。
[4] 钱晓燕:《农民创业能力评估研究》,硕士学位论文,西南大学,2009年。

控制能力等个体资源及社会环境、舆论氛围、历史文化、区域特征、民族习俗等社会资源的影响。

(五)就业与创业能力

作为人力资源开发的核心构成要素——就业与创业能力,其概念是随着社会历史变迁和经济文化发展的历程而不断演变进化的,无论是早期从个体角度来探讨就业与创业能力的概念或内涵,还是中期从制度和集体层面来分析就业与创业能力的本质与特征,抑或是后期从个体与社会整合的高度来思量就业与创业能力的耦合与疏离,它们都是不同研究视角的衍生物,但这一衍生物却能准确表征出就业与创业能力概念之嬗变性、历史性、阶级性、时代性和发展性等特性。

从就业能力与创业能力的内涵解读中可以看出,其实就业能力与创业能力在本质上有密切的联系。创业能力关注的创业活动之新颖性、主动性、艰难性和影响性等特征的彰显,突出新事业的创造发明过程。但不管是新颖性、主动性、艰难性和影响性等创业活动特征的彰显,或是对新事业创造发明过程的突出,首先它们都是一种人类活动,既然是人类活动,它们就一定会以某种目的为行动导向,可能此次创造发明的活动并不直接会给人类带来劳动报酬或经营收入等收益,但从长远来看,这种活动终归会给人类带来某种情感或物质上的满足,而这种情感或物质上的满足,其本质上就类同于就业活动所索取的劳动报酬或经营收入。因此,从这层意义上来说,创业能力其实就是就业能力,并且是就业能力的高级形式。通俗一点来说,创业就是一种更高层次的就业,创业的终极目的就是更好地就业。正是基于这些考虑,笔者认为,人为地将就业能力与创业能力分割开来的做法是不科学的,因为它们本质上是一体化的,都是一种人类谋求完满生活的手段。

结合上述,就业与创业能力其实就是一种将个体资源和社会资源深度融合与科学统整而形成的呈复杂结构形排列的能力包。该能力不仅由需要、动机、兴趣、信誉、民族习性、价值取向、综合体能等个体自身层面的元素和专业识别、技能习得、岗位体验、专业情感、专业特长、专业特色、技能升华、技能变异等专业技能修养领域的要素构成,而且还由包含自我认识、计划控制、风险规避、信息处理、组织指挥、分析决策、独立意识、自我推销等元素在内的经营管理要素和由包含民族禀性、心理调适、执行判断、区位特征、信息流通、人脉网络、沟通协调、组织集会、合作交往等元素在内的市场行为要素组成。不过,值得注意的是,该能力包还会受到微观个体层面的价值观念、专业技能、教育程度和经管素质等制约因素及宏观社会层面的市场情景、家庭环境、社会条件和政府支持等影响要素的掣肘。

其实,从就业与创业能力概念的研究历程来看,人们最初是把就业与创业能力分割开来进行研究的,正因如此,大家关注较多的是从社会发展需求的维度来研究主体的就业能力,至于从人性解放角度对人的创业能力进行聚集性研究还是20世纪末期的事情,并且这一聚集活动大多关注的是研究对象的内在心理条件。随着知识经济和信息化时代的到来,人们才从统整融合的角度出发,逐渐将研究视野从社会发展维度交汇到个性张扬层面,将研究范畴从主体心理情境扩散到社会环境领域,从而赋予了就业与创业能力概念新的活力与发展内涵。

(六)提升机制

在给"提升机制"下定义之前,有必要先弄清楚"机制"的概念与内涵。有研究表明,"机制"最早可追溯到古希腊"μηχανή"一词。其最初的含义是指器具的构造及运作原理,具有明显的物理学术语言之特征。后来,由于"机制"这一概念中所蕴含的思维方式符合中国传统文化"整体论"的逻辑,其意义便泛化为一个工作系统的组织或部分之间相互作用的过程和方式。到了20世纪90年代之后,随着中国改革开放程度的不断深入,"创新机制""服务机制""激励机制""用人机制"等成为政治交往、学术交流等活动中高频出现的词语。

然而,仔细分析这一术语会发现,不管是在自然科学领域还是在社会科学范畴,"机制"的内涵表现为:一是指事物各个部分的存在是机制存在的前提,因为事物有各个部分的存在,就有一个如何协调各个部分之间关系的问题。二是指协调各个部分之间的关系一定是一种具体的运行方式,"机制"则是以一定的运作方式把事物的各个部分联系起来,使它们协调运行而发挥作用的。[①]

至于提升机制,顾名思义,是指"机制"泛化后所涉及的"提升"主题以及这一主题各个部分之间相互作用的过程和方式,简称为"提升机制"。具体到武陵山区,"提升机制"指的是用以促进该地区农村劳动力提升其就业与创业能力的自然环境、基础条件、舆论氛围、制度环境、人文情景、服务平台和保障措施等。而这些用以提升该地区劳动力就业创业能力的众多举措均具有"机制"属性,是"机制"属性的拓展形式。

四、研究设计

(一)研究问题

本书在明晰整个研究工作之研究意义的基础上,从以下三大问题出发来建构整个研究工作的科学性,最终通过这三大问题的解决来凸显整个研究工作的逻辑起点。

1. 背景问题,即"为什么"要研究此课题。笔者在问卷调查与实地访谈紧密结合的基础上,着重对"武陵山区农村劳动力就业与创业情况"的现状与问题进行研究,然后以就业能力与创业能力为突破口对上述问题进行归因分析。

2. 本源问题,即武陵山区农村劳动力就业与创业能力提升机制"是什么"。笔者从基础理论与架构理论有机结合的角度出发,对教育学、经济学、社会学和心理学等学科的基础理论及就业与创业能力的深邃意蕴、职业教育与人力资源开发、人力资源开发制度变迁理论等架构理论进行了探讨。

---

① 李桂华等:《民族地区企业成长的人力资源战略与公共政策研究》,中央民族大学出版社2015年版,第91页。

3.策略问题,即如何破解武陵山区农村劳动力就业与创业能力提升机制之障碍。笔者将从机制障碍、建构内容、创新路径等维度出发,认真分析武陵山区农村劳动力就业与创业能力提升机制的现存障碍、建构内容和创新路径,进而为武陵山区农村劳动力就业与创业能力的提升创设一个坚实有力的支撑平台和健康向上的舆论环境。

(二)研究目标

本书的总体预期目标是在实证分析武陵山区农村劳动力就业与创业能力提升之现状与问题的基础上,明晰武陵山区农村劳动力就业与创业能力提升机制研究之理论基础,探究其提升过程中机制性障碍及破解策略等,架构武陵山区农村劳动力就业与创业能力提升机制的建构内容和创新路径等,再将之应用到实际工作中去,通过案例分析结果来加以验证。

为实现这一总体预期目标,必须首先实现以下六大具体目标:第一,明晰武陵山区农村劳动力就业与创业能力提升情况的现状与问题。第二,厘清武陵山区农村劳动力就业与创业能力提升的机制障碍。第三,描绘武陵山区农村劳动力就业与创业能力提升机制的建构内容。第四,探寻武陵山区农村劳动力就业与创业能力提升机制的创新路径。第五,发掘武陵山区农村劳动力就业与创业能力提升机制的成功案例。第六,提出武陵山区农村劳动力就业与创业能力提升机制的政策建议。

(三)研究内容

为有效实现上述之预期研究目标,笔者设计了下述"三大板块八个模块"型的研究内容框架,具体情况如下。

1.在实然情景板块,主要有武陵山区农村劳动力就业与创业研究的文献综述、武陵山区农村劳动力就业与创业能力提升情况的现状分析两个研究内容,重点探讨研究的前提基础与发展动力。

2.在应然要求板块,主要有武陵山区农村劳动力就业与创业能力提升机制研究的理论基础、武陵山区农村劳动力就业与创业能力提升的机制障碍两个模块的研究内容,重点探讨机制障碍,进而明确研究的理论价值和现

3. 在必然措施板块,主要有武陵山区农村劳动力就业与创业能力提升过程的机制建构内容、机制创新路径、机制创新实践案例、机制创新政策建议四个模块在内的研究内容,重点探讨机制建构内容和机制创新路径,进而有效彰显武陵山区农村劳动力就业与创业能力提升研究的支撑架构与实践效果。

本书以武陵山区的经济社会发展现状为研究背景、以该地区农村劳动力的就业与创业能力为研究对象、以农村劳动力的现实利益诉求为研究主线,以武陵山区农村劳动力就业与创业能力提升的现实情况与存在问题等作为切入点,探讨了该地区农村劳动力就业与创业能力提升机制的研究基础、建构内容、存在障碍、创新路径等内容。

(四)研究思路

根据研究内容的安排,笔者以"是什么、为什么和怎么样"三大本质问题为抓手,规划了"实证分析、理论建模、对策探讨、案例佐证"的研究思路,其逻辑思路脉络与技术路线见图0-1。

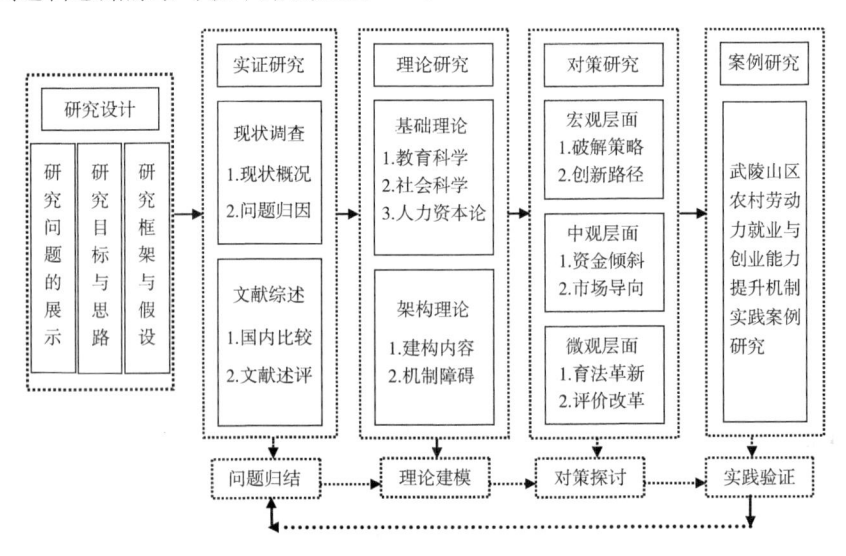

图0-1 研究的技术路线与逻辑思路

(五)研究方法

根据本书研究内容的安排,笔者有针对性地设计了以下七种研究方法,且每一种研究方法都有针对性地对应某一类问题,见图0-2。

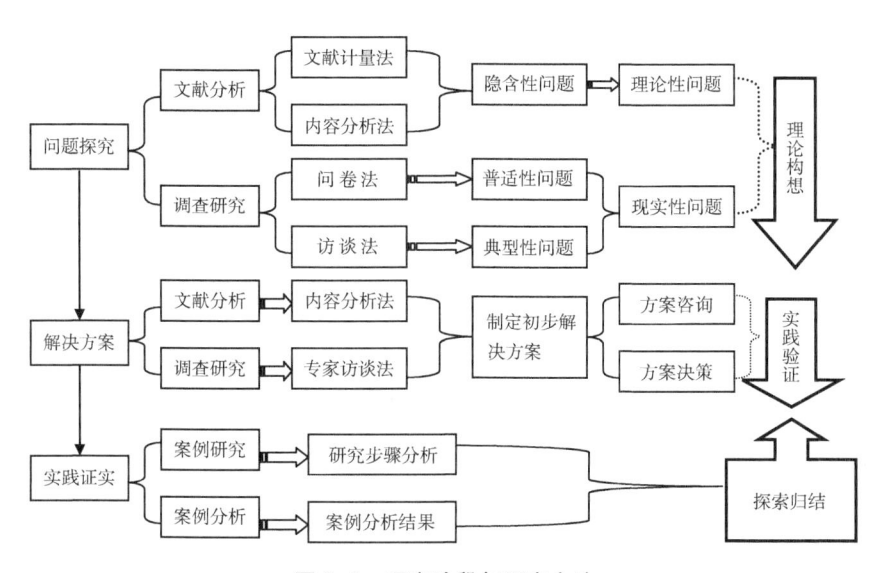

图0-2 研究阶段与研究方法

第一章 理论基础

任何研究都是建立在已有研究成果之基础上的，几乎没有凭空而来的研究结论，本书亦是如此。不仅如此，考虑到本书的主题聚焦在人力资源上，而人力资源的开发与经济社会的发展紧密相联，尤其是与教育的关系更是密切。虽然前人众多研究成果均已证明，教育特别是职业教育是提升人力资源开发质量的有效方式，而人力资源又是促进经济社会发展的核心力量，但考虑到本书的研究对象与研究目标的特殊性，笔者认为很有必要对人力资源与职业教育、职业教育与经济社会发展之间的复杂关联、互动机理等内容进行进一步的阐述，作为后续研究工作的支撑基础和前提条件。为有效达成这一目标，本章以武陵山区及贵州省的经济社会发展为实例，以"三化同步"战略的有效实施为研究背景，对人力资源开发与职业教育及经济社会发展之间的复杂关联、互动机理、保障机制、有效模式等进行详细阐述。

第一节 "三化同步"战略背景下人力资源需求与职业教育发展间的互动机理研究

当前，我国正面临着产业结构升级和经济结构调整等众多发展性问题。因此，党中央在十七届五中全会上制定了"三化同步"的发展战略，即"充分发挥工业化、城镇化对发展现代农业的辐射带动作用，进一步夯实农业农村发展基础,让广大农民真正平等地融入工业化、城镇化进程,加快形成城乡经济社会发展一体化新格局"①。针对此,贵州省委、省政府审时度势,在充分结合自身自然物质资源、社会文化资源以及现有产业结构优势的基础上,提出了"在工业化、城镇化深入发展中同步推进农业现代化"的发展蓝图,这无疑给贵州省职业教育的有效发展创设了一个良好的平台。因此,分析"三步同化"战略背景下职业教育有效发展的架构要素、运行机理和保障机制,对加快贵州转变经济发展方式,解决经济社会发展深层次矛盾等问题都有着极其重要的指导意义和深远的社会影响价值。②

一、"三化同步"战略背景下人力资源需求与职业教育发展间的关联研究

"三化同步"是党中央在新的发展形势下审时度势、高瞻远瞩提出的重大发展战略。这一重大发展战略的有效实施需要大批高素质人才来作为其智力与人力等方面的支撑,而职业教育作为国民教育的重要组成部分,可以直接为经济社会的发展提供大量人力资源和智力资本支持。

(一)人力资源需求是职业教育大力发展的助推器

"人力资源是第一资源",人力资源需求是推动职业教育发展的源动力。职业教育的目的在于开发人力资源和服务产业发展需求、满足经济社会发展对于职业人才及大众终身职业生涯发展的需求。在"三化同步"战略背景下,人力资源需求与职业教育发展间的关系是复杂的,人力资源需求对职业教育的发展具有重要推动和调节作用,职业教育又是人力资源需求得以有效满足的重要途径。图1-1是对二者关系的简要说明。

(二)职业教育是人力资源需求得以满足的重要保障

人力资源需求受多种因素的影响,并最终推动职业教育的发展。职业

---

① 赵鹏:《同步推进中国工业化城镇化农业现代化》,《中共中央党校学报》2011年第8期。
② 梁成艾:《职业教育有效发展的架构要素、运行机理和保障机制研究》,《教育与职业》2014年第4期。

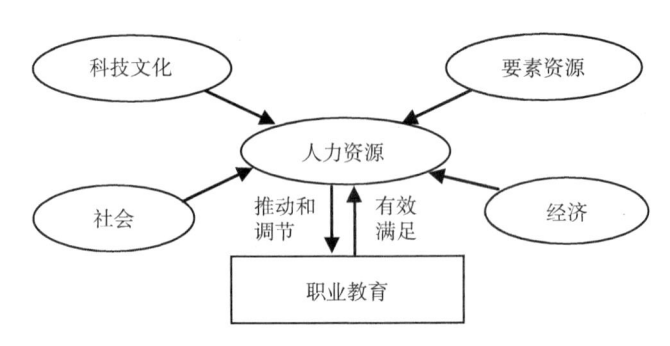

图 1-1 人力资源需求与职业教育发展的关系

教育是人力资本形成和积累的主要途径。根据诺贝尔经济学奖获得者罗伯特·卢卡斯的经济增长理论模型,人力资本可分为专业化人力资本和社会一般人力资本,但对经济增长起直接作用的是专业化人力资本。人力资源需求是推动职业教育发展的原动力。职业教育作为一种特殊的教育类型,在满足人力资源需求、培养社会所需人才等方面发挥了自身独特的、不可替代的作用。从微观经济学角度分析,职业教育通过提高个体劳动者素质,促进其从生产效率较低的农业部门转移出去,顺利实现从农村向城市的流动,可以避免和减少经济萧条时"回流"现象的发生;从宏观经济学角度分析,职业教育可以提高劳动者整体素质和生产效率,促进经济增长,扩大社会就业。[①]

职业教育能主动适应区域经济发展要求,充分利用区域内人力资源、物质资源等有利条件,培养出有区域经济发展特色的高素质技术型、应用型人才。职业教育具有社会性、职业性等特性,其本质就是就业教育。职业教育特有的属性决定了职业院校在办学定位、培养目标等方面要做到因地制宜,充分考虑经济社会发展的需要,即"社会需要什么样的人才,职业教育就培养什么样的人才"。职业教育是典型的需求推动型教育,它与经济社会发展关联紧密,因此它必须紧紧围绕劳动力市场对人才的需求状况来调整办

---

① 刘春生、郑锁平:《从经济学的角度分析职业教育在农村剩余劳动力转移中的作用》,《职业技术教育》2005 年第 22 期。

学进程。基于此,应深刻理解劳动力市场的供需关系,不断创新职业教育办学模式和人才培养方式,最终使职业教育的发展能有效满足社会经济发展对人力资源的强劲需求。

(三)职业教育发展与人力资源需求间的良性互动

职业教育发展与人力资源需求的良性互动表征为相辅相成、相互促进的内涵关系。"三化同步"战略背景下人力资源需求既为职业教育提供了新的发展机遇,同时也对职业教育提出了均衡发展的新要求。职业教育既是推进人力资源需求得以满足的必要步骤和重要组成部分,也是实现农业现代化、工业化和城镇化同步发展的必要举措,还是完成"三化同步"战略目标的必然要求。

为保证大批技术技能型人才的有效供给,职业教育的改革进程必须与人力资源的需求变革相适应,职业教育改革的标准与内容应能充分体现社会进步和经济调整的发展需求。自"三化同步"战略实施以来,经济社会发展对职业教育和人力资源需求等都提出了更高层次的要求,即改变局限于满足某一行业需求的标准化人才为有利于农业现代化、工业化与城镇化同步发展的复合均衡性人才。在这一改革诉求面前,职业教育发展与人力资源需求之间的互动绝不是一个机械的相互作用的"躯壳",而是由多方面要素共同构成的复杂系统。要真正实现两者之间的良性互动,进而发挥出互动的应然效应,必须要彰显职业教育与人力资源之间的系统开放性,两者系统内各要素之间应当不断进行人力、知识、信息等方面的交流与互补,进而充分发挥互动的系统效应。

二、"三化同步"战略背景下人力资源需求与职业教育发展间的机理研究

探讨人力资源需求和职业教育发展间的相互关联、明确两者之间的运行机理,有利于发挥其良好的系统效应。现阶段人力资源需求对职业教育的发展提出了许多更为艰巨的要求,为了更加高效地达成这一要求,

很有必要对人力资源需求和职业教育发展间的运行机理进行全面而深入的梳理。

(一)职业教育发展定位与人力资源需求结构

"三化同步"战略背景下人力资源需求与职业教育发展的关系不仅是相辅相成、相互促进的关系,更是双方各种内在要素相互碰撞、有机结合的关系。职业教育属于典型的需求推动型教育,必须主动适应经济社会发展的需要,紧紧围绕劳动力市场对人才的需求进行办学。职业教育发展的重要规律是它受经济环境、劳动力市场状况等的制约。随着高等教育的迅猛发展和劳动力市场人才需求结构的显著变化,大学生就业难问题日益凸显:一方面是大量毕业生难觅合适的工作;另一方面是用人单位难聘满意的人才。这种失衡型的人才供需矛盾,已经成为经济社会发展的典型制约"瓶颈"。职业教育承担着培养高技能型人才的重任,人力资源供需失衡揭示了职业教育与产业结构升级之间的矛盾。

人力资源需求结构主要取决于经济结构中的产业结构和技术结构。产业结构决定了人力资源需求的类型,技术结构决定着人力资源需求的层次。产业结构、技术结构的发展变化要求职业教育体系和结构与其相适应。目前,在雇佣方占主导地位的劳动力市场环境下,由于产业结构和技术结构变化所引起的人力资源需求的变化最终会促使职业教育专业结构和层次结构的调整与变革。基于此,职业教育要对其自身的发展准确定位,同时紧紧围绕"三化同步"战略背景下人力资源需求的结构和类型进行办学进程的调整,并结合国家实施"三化同步"战略下经济结构中产业结构和技术结构的发展需要,着力培养技术型和应用型人才。

(二)职业教育发展程度与人力资源需求层次

职业教育发展程度即指职业教育层次结构,它是职业教育内部根据教育程度和水平的高低而划分的层次及其相互关系,呈现出一种纵向结构型的外在表征,其主要目的是最大限度地满足社会经济发展的需要,按照各层次人才需要的比例来培养各种不同层次的高素质技能型人才,进而促进经济结构、产业结构、技术结构与职业教育层次结构的协调发展。合理的职业教育层次结构有助于形成合理的劳动力供给结构,培养出社会经济发展所需要的,数以千万计的不同层次、不同等级的高素质技能型人才。反之,不但会浪费教育资源,而且还会造成职业教育在满足社会经济需求方面出现偏差,进而使人才过剩与短缺的局面并存,并最终影响社会经济的发展进程。职业教育通过自身层次结构的调整,以培养适应和符合技术型、应用型人才为目的,为受教育者提供相应的教育和培训,进而有效保障劳动力的充分就业。

通常情况下,人力资源需求的层次结构是由经济结构中的技术结构所决定的。人力资源需求的层次结构与职业教育层次结构的关系可以通过探讨技术结构与职业教育层次结构的关系来说明。产业结构的优化升级势必对劳动力技术水平提出更高的要求,也要求职业教育提供更高层次的人才,因而可以说,技术结构影响着职业教育的起点和层次。同时,产业技术水平优化升级也要求职业教育为其提供智力支持。我国已经初步建立了涵盖初等、中等、高等层次的职业教育体系。这一体系是职业教育系统完整性和科学性的外在体现,它在很大程度上满足了经济社会发展对各层次人才的需求。

(三)职业教育专业结构与人力资源需求变化

职业教育的专业结构是指人才群体中所需的各种专业人才的比例,是指职业教育培养专门人才的横向结构,它包括专业门类结构的比例关系,以及专业门类与社会经济、科技、生产、就业之间的联系。合理的专业结构要求人才群体内各专业人才有一个适当的比例。专业门类的横向结构决定着职业教育培养人才的类型和专业结构本身的发展。专业结构按其目的和标准的不同,可分解为若干相互关联的要素,如各学科专业分类、各种类型人才、不同层次级别等。随着生产力的发展,社会分工日益细化,职业教育不可能为每一种职业培养人才。因此,职业教育在培养人才时,一般会对与工作岗位要求相近的职业进行分类,然后通过一定的专业设置或弹性较大的课程实施来实现人才培养之目的,这对职业教育师资、设备、课程、教材等都有着很大的影响。显然,职业教育的专业结构受社会生产分工和社会职业结构的制约。衡量专业结构是否合理的根本标准是职业教育专业结构是否同社会经济发展相适应,尤其是专业人才结构是否与产业人才需求结构相协调。因此,职业教育专业结构是关系人力资源需求与职业教育发展是否协调的关键所在。

以贵州省职业教育专业划分为例,现有高职专业构成比例与贵州省实施"三化同步"战略的产业结构调整方向明显不太吻合,传统热门专业比例偏高,而适应地方优势与特色产业发展需要的专业比较缺乏。如矿产、化工、原材料、烟、酒、茶等产业发展所需要的专业较少。贵州省是一个矿产资源大省,但贵州省职业教育资源开发与测绘专业的构成比例却很低,相关专业人才急剧缺乏,这都不利于贵州省"三化同步"战略目标的实现。针对此类情况,应以"三化同步"战略目标的实现为着眼点,以贵阳清镇职教城、铜仁职教园区等职业教育聚集区为关注重点,以农村地区、贫困人群、失业群体等为重点教育对象,改革职业教育教学模式,明确专业调整目标,以专业布局与结构使职业教育与人力资源需求相适应为抓手,根据市场需求变化不断调整专业结构,引导职业院校专业改革,逐渐形成与人力资源需求相吻合的专业建设格局。[①]

三、"三化同步"战略背景下人力资源需求与职业教育互动保障机制研究

"三化同步"战略背景下人力资源需求与职业教育发展的运行机理体现在职业教育与人力资源需求结构、职业教育程度与人力资源需求层次等方面。职业教育与人力资源需求间的协调发展不仅包括职业教育系统内部

[①] 郜玉艳、梁成艾:《人力资源需求与职教发展的关联、机理和机制研究》,《教育与职业》2013年第30期。

各个子系统或元素间的协调,而且还包括职业教育系统与劳动力市场在资源配置、信息交换等方面为实现良性发展而协调配合的动态过程和结果。谋求职业教育与人力资源需求的协调发展,关键在于在整个动态系统的分析框架内,调整多元供求主体的发展策略与利益关系,使它们能保持一致,借以实现系统运行的整体目标。

(一)供需机制——构建专业设置的市场导向机制

构建专业设置的市场导向机制是人力资源需求与职业教育发展的关键枢纽。供需机制反映了社会经济发展与职业教育之间的复杂关联,它对就业和职业教育起着导向和决定作用。劳动力市场的基本构成要素是用人单位、劳动者和聘用过程。[①] 通过劳动力市场,劳动力这种重要的人力资源要素被配置到不同行业、企业及工作岗位上。劳动力市场是一个供求"不平衡→平衡→新的不平衡→新的平衡"连续变动的动态过程。正是这种变动,才使得人力资源在不同的地区、行业和工作岗位中得到合理配置。[②] 不同工作岗位引起了劳动分工,也促使了对不同职业劳动力的需求。不同职业之间的差异体现在劳动内容和劳动性上,不同职业之间互相替代的可能性比较小。无论何种性质的劳动,社会分工对劳动力的需求均有很强的特定性,要求劳动力的供给必须与工作岗位相对应,才能满足经济社会的发展需求。为此,建立以市场供求为导向的人才培养模式是建构人力资源需求与职业教育协调发展之桥梁的关键所在。

职业教育具有教育性、产业性双重特性,其与市场经济的有机融合,主要是通过人才供需关系的平衡协调来实现职业教育的产业化运作的。[③] 职业院校必须首先明确劳动力市场对人力资源需求的数量、质量、专业等相关信息,用以调整自己的专业结构,改革自己的教学模式,进而培养出和市场

---

① 蒋凯、陈学飞:《劳动力市场视角的当代美国高等教育变革》,《高等教育研究》2005年第6期。
② 蓝劲松:《高等教育与人才市场:理论探讨与实证分析》,清华大学出版社1999年版,第7页。
③ 周明星:《现代职业教育本质属性探析》,《教育与职业》2003年第1期。

需求无缝衔接的专业人才,最终达成与劳动力市场人力资源需求基本协调的理想状态。以贵州省贵阳市2020年劳动力市场状况为例,从职业需求供给人数来看,2020年贵阳市提供就业岗位32.12万个,与2019年的36.52万个相比,同比下降12.05%;服务求职者22.08万人,与2019年的23.18万人相比,同比下降4.75%,求人倍率为1.45,即145个岗位有100名求职者应聘,市场供求总量与2019年相比呈下降趋势。

表1-1 贵阳市2019—2020年劳动力市场运行情况

年份	提供就业岗位(万个)	求职人数(万人)	求人倍率
2019	36.52	23.18	1.58
2020	32.12	22.08	1.45

资料来源:贵阳市人力资源和社会保障局。

从产业需求来看,尽管批发和零售业、租赁和商务服务业等服务行业受新冠肺炎疫情影响较大,但第三产业总体趋势变化不大,第三产业仍是吸纳就业的主力军。2020年第一产业占比2.37%,与2019年的2.01%相比,增长0.36%;第二产业占比23.12%,与2019年的21.18%相比,增长1.94%;第三产业占比74.51%,与2019年的72.21%相比,下降2.3%。

从行业需求来看,2020年排在前五位的分别是批发和零售业、居民服务和其他服务业、制造业、房地产业、信息传输和计算机服务及软件业,占比分别为15.67%、13.24%、12.23%、10.42%和9.05%。

(二)培养机制——构建互利共赢的多边协作机制

考虑到职业教育与人力资源需求发展所涉及的四大主体——职业教育机构、企业、行业以及政府机构之间的复杂关联性,不妨建构一个由四者共同协调构成的多边运行机制。目前,劳动力市场上结构性供给失衡是职业教育人才培养规格与人力资源结构不对称所引发的外延性问题。职业院校的专业设置缺乏前瞻性、长远性的发展规划,与区域经济发展和行业企业需求错位,结果导致供需矛盾凸显。当前所面临的困惑是单纯将职业教育发展错位之责归咎于职业院校本身,殊不知这一问题的产生是因为缺乏多个系统乃至整个社会系统的有机协调与大力支持之使然。一般而言,产业结构决定着劳动力的类型结构。反映在教育上,就是要规范职业教育的发展进程,增强职业教育人才培养的灵活性,使职业教育的培养机制充分发挥有益的促进作用。正是基于这一考虑,故必须坚持以就业为导向的办学理念,从专业设置、课程建设、教学模式、学校管理等方面加大改革力度,使职业院校的办学进程与产业、行业的人才需求相匹配。同时,还应强化以人为本的办学理念,注重培养学生的专业素质和职业技能,不断把就业指导渗透到职业教育的培养过程中去。

为有效达成这一目标,职业教育机构、企业、行业以及政府机构这四大主体可以建构以制度协调为前提的行政机构协调、实习单位协调等协调机制。通过制度协调机制来保障职业教育与人力资源需求间的互动运行,消解职业教育和人力资源管理部门各自为政、责权不分的弊端,从而推动职业教育与人力资源需求的合理分配与流动;把行政协调机制作为职业教育与人力资源需求间有效沟通的形式,最终保障职业教育管理部门与系统内部各要素间的沟通和协商;通过实习单位协调机制促使市场运作机制的作用得以真正有效发挥,进而实现市场与职业教育的"无缝衔接"。[1]

(三)调节机制——构建资源优化的统筹管理机制

高等教育需求行为决策总是在比较成本和收益的得失中作出决定,各种教育的收益率若不反映经济发展条件,那么,无论是对个人还是对国家都会不利。[2] 职业教育也是如此。市场调节是必要的,但仅靠市场机制来进行调节,可能会导致劳动力市场人力资源需求与职业教育发展之失调局面

---

[1] 林克松等:《职业教育均衡发展与区域经济协调发展互动的体制机制构建》,《教育研究》2012年第11期。
[2] 罗晓东:《论政府提供公共产品的经济职能》,《经济评论》1995年第1期。

的出现,尽管市场调控机制是职业教育运行与发展的首要的、决定性的调节机制。为了有效避免失调局面的出现,在市场经济条件下,完全有必要在充分发挥市场调节机制作用的同时,努力挖掘政府调控机制的潜力,不断激发政府调控机制在人力资源需求与职业教育发展之间的调适活力。虽然政府的宏观调控作用是辅助性的,但是通过政府的宏观调控,完全可以从宏观经济态势上把握职业教育的发展需要,并制订出合理的职业教育发展规划。同时,充分发挥政府的调控作用还有利于对职业教育进行统筹安排,合理定位职业教育的人才培养目标并对未来经济产业发展有关的专业设置进行合理统筹指导。

根据劳动力流动的成本收益理论,劳动力的预期收入与其流动成本的核算结果是其决定是否迁移的根本因素,劳动力的预期收入与迁入地的经济发展水平、就业机会和个人实现就业的能力相关。[①] 按照这一理论的要求,在充分发挥政府调控机制之调节作用的同时,还应适时考虑到兴趣、爱好等个人因素在职业教育与人力资源需求之间的调节作用。由于个人在职业方面的兴趣以及职业发展规划是相对变化的,而职业教育的目的之一就是根据个体在职业发展方面的意向而对其施加影响,并引导个体走上合适的工作岗位。用人单位需要能胜任工作岗位的劳动者,倘若个人的职业兴趣与社会的需要不相适应,就会引起人力资源的流动、再培训和新的职业选择。鉴于职业教育可以通过专业结构、层次结构的调整以及在职培训等途径来促进劳动力的合理流动从而对劳动力进行重新配置、可以通过调整人力资源配置结构来满足社会生产对劳动力的需要,进而从人力资源的开发和利用上促进社会经济的发展。故要实现人力资源需求与职业教育的协调发展,就必须充分考虑到个人情感等因素在职业教育与人力资源需求之间的调节作用,并在充分发挥个人因素调

---

① 李秉龙、李鼙:《农民进城就业的成本收益与行为分析》,《农业经济问题》2004年第10期。

节作用的过程中,以人才供需均衡为基础,以人才供需结构类型匹配为关键,以人才质量为动作核心,构建起以市场调节为中心,以政府调控为主导的协同控制机制,进而充分保证职业教育与人力资源需求间的协调发展。

(四)反馈机制——构建人才培养的多元沟通机制

随着技术进步、产业优化升级和生产体系的发展,职业种类、层次不断增多,一些职业岗位的操作难度日益加大,职业的相关性、变通性加强,这一切不但要求劳动者的受教育程度、职业培训水平要相应提高,还要求职业教育的专业、层次结构与社会产业结构相适应。构建人才培养的多元沟通机制,目的就在于拓展职业教育人才培养的沟通渠道,借以有效发挥与职业教育相关的企业、行业等主体在职业教育人才培养质量提升过程中的作用,进而充分保证市场调节机制作用的有效发挥,最终真正实现提高职业教育办学质量,满足人力资源需求的愿望。

从目前的实际情况来看,我国劳动力市场的信息传递和反馈功能仍没有得到充分发挥,劳动力市场信息管理系统的建设仍比较落后,当前仅限于有限的信息收集、发布之功能,缺乏对就业信息、就业形势的科学分析与预测之举措。为了有效拓展职业教育人才培养之沟通渠道,职业教育活动的参与者要依靠完善的信息传递机制了解毕业生就业、劳动力市场需求等供需信息,而为了充分保障这一信息传递机制的有效作用,加快建设劳动力市场信息管理系统就势在必行了。具体而言,不但应努力搭建"职业教育—劳动力市场"信息网络平台,进而切实保证信息资源共享愿望的实现,而且还应通过提供信息平台等方式把信息管理寓于服务之中,从而使社会对人力资源的需求信息能够反馈到教育系统中去,最终使各职业院校能够快速准确地了解劳动力市场的各种需求动态和劳动力市场的竞争情况,进而把这些信息作为课程设置和教学内容调整的依据。

四、"三化同步"战略背景下职业教育促进人力资源发展的模式研究

在知识经济时代,无论是发达国家还是发展中国家,都把发展教育作为增长经济、提高国家竞争力的战略选择。职业教育作为与经济社会发展联系最密切的教育形式,被赋予了培养人才的重大使命。温家宝同志曾说:"对职业教育发展的蓝图,怎么描绘都不过分;对职业教育的重要性,怎么强调都不过分。"职业教育面对机遇和挑战,更应该顺势而为,满足社会经济发展对各类人才的渴求。在"三化同步"战略背景下,大力发展职业教育不但可以加快推进区域经济结构调整、统筹城乡发展规模、提高城镇化水平,而且可以促进就业和改善民生、消除贫困,甚至还可以促进农业生产方式改变,为农村地区培养更多的新型职业农民,进而提升农业现代化水平,实现产业结构优化升级,发展传统优势产业、特色产业和新兴产业。不过职业教育要想实现这些宏愿,就必须不断探索新的办学模式和改革传统的人才培养方式,为区域经济发展提供更多的高素质劳动者和技能型人才。

(一)因地制宜,创新职业教育办学模式

关于办学模式的理解,可谓是仁者见仁、智者见智。潘懋元、邬大光[1]认为,办学模式是指在一定的历史条件下,以一定办学思想为指导,在办学实践中逐步形成的规范化的结构形态和运行机制。董泽芳[2]认为,办学模式是在一定社会历史条件制约与一定办学理念支配下形成的,包括办学目标、投资方式、办学方式、教育结构、管理体制和运行机制等在内的具有某些典型特征的理论模型或操作式样。对职业教育办学模式的界定,学界尚未达成共识。有学者认为,职业教育办学模式,是指"为实现职业教育培养

---

[1] 潘懋元、邬大光:《世纪之交中国高等教育办学模式变化与走向》,《教育研究》2001年第3期。
[2] 董泽芳:《现代高校办学模式的基本特征分析》,《高等教育研究》2002年第3期。

目标,在充分了解职业教育内涵特征、准确把握职业教育发展规律基础上,在一定办学理念指导下,对职业教育实施机构的管理体制和运行机制所做的特色性、系统性归纳与设计"[1]。纵观世界职业教育办学模式,德国的双元制模式、澳大利亚的职业技术教育学院(Technical and Further Education,TAFE)模式等都取得了很好的效果。不过,客观来说,在实施"三化同步"战略的大背景下,比较适宜于贵州省的职业教育模式主要有以下几种:

一是集团化整合型办学模式。职业教育的先驱者黄炎培先生曾说:"只从职业学校做功夫,不能发达职业教育;只从教育界做功夫,不能发达职业教育;只从农工商职业界做功夫,不能发达职业教育。"职业教育要加强和教育界、职业界之间的沟通和联络,充分发挥各方的优势,进而为经济建设服务。职教集团在20世纪90年代开始形成,是以一个或若干个发展较好的职业教育组织为核心,以专业建设、人才培养、科技开发或某种资产为主要连接纽带,以集团章程为共同行为规范的,基于区域、行业、校企合作平台的多法人职业教育联合体。[2] 这就预示着,各职业教育单位可以通过强强联合、资源共享、力量整合等途径,组建各种类型的职业教育集团,并借以形成规模效应和示范引领作用,不仅要充分利用各方资源来提高职业教育的办学水平,更要以名校为主导,打造职业教育品牌,进而使区域内职业院校和企业更好地合作,最终形成资源共享、优势互补的共赢发展局面。

目前,根据贵州省的实际情况,现已存在铜仁职业教育集团学校、清镇大数据产业职教集团、建设职业教育集团、农业工程职业教育集团等多家职业教育集团。职业教育集团的发展任重道远,要借鉴东部、中部地区集团化办学经验,大力推进集团化办学进程,围绕贵州地区传统优势产业、特色产

---

[1] 唐林伟:《职业教育办学模式论纲》,《河北师范大学学报(教育科学版)》2010年第5期。

[2] 于秀琴:《职业教育集团化办学内涵和发展历程》,《中国职业技术教育》2008年第17期。

业和十大产业建设计划,依托国家示范性高职院校及分布于各县的重点中等职业技术学校,以专业联系为沟通纽带,组建由实力雄厚的知名企业、重点院校、行业协会等参与的职业教育集团,从而实现职业教育的跨越式发展。

在集团化办学模式中,要树立"政府+学校+企业+行业"的多元主体参与意识,重视各方的整合作用。要充分意识到各级政府的主导作用,政府参与职业教育集团规划,可以把经济社会发展与职业教育发展有机结合起来,可以协调集团内部各参与方的需求和矛盾,引导集团健康平稳发展。政府对区域内职业教育资源的了解,可以为行业企业参与职业教育提供决策参考。也要充分认识到学校在培养人才方面拥有得天独厚的人力资源优势,企业在资金、技术、设备上具备有利条件,行业协会对行业领域的技术前沿、内在运作规律、人才需求状况十分了解。从国外的情况来看,在德国"双元制"办学模式中,行业协会发挥着极其关键的作用。对中国来说,也应充分发挥企业行业的作用,努力使这些参与主体之间积极互动以形成合力,最终开创职业教育办学新格局。

二是城乡职教一体化办学模式。所谓城乡职业教育一体化,就是把城乡职业教育发展作为一个整体,统一规划、通盘考虑,运用多种方法,通过制度设置,把城乡职业教育发展过程中所存在的问题及相互关系结合起来研究,统筹加以解决,让城乡职业教育资源要素畅通无阻地流动起来,进而形成城乡优势互补、相互渗透、协调发展、融为一体,共同发展的新型关系。[①]长期以来,受中国城乡二元经济结构的制约,城乡教育的发展很不均衡。由于外出打工人员的流动性、农村职业教育资源缺乏等农村社会的实际状况,导致农村地区的职业教育远远落后于城市的职业教育。面对当前农村空心化、人口老龄化的发展趋势,农村社会经济发展的滞后性必然会制约贵州省"三化同步"战略的实施进程。因此,必须实施城乡职业教育一体化办学模

---

① 邓晖、喻晓黎:《优化教育资源配置,促进城乡教育一体化》,《湖南教育》2001年第22期。

式,职业教育不但要做好城市下岗职工再就业培训、转岗培训等工作,而且要大力发展面向农村的劳动力转移培训、农村实用技术人才培训等工作,进而使进城农民工通过培训获得在城市就业的本领,在乡农民能更好地在生态农业和规模农业等现代农业产业的发展中建设好新农村。

城乡职业教育一体化办学模式主要是安排高等院校、城市骨干职业学校、企事业单位和行业组织,支援农村地区的职业院校,使"生源市场、就业市场、资金市场和师资市场等的调配作用在城乡职业院校之间实现资源优化配置"[1],提高农村地区职业教育的办学水平,达到城乡职业教育共同发展的目的。在办学过程中,要立足市场需求来引导和调节城乡职业教育的办学方向、办学规模、办学结构和办学质量,要通过"捆绑式(单法人+多校区)、结合式(多法人+多学校)、委托式(所有权与经营权分离)"[2]等多种发展模式来变革职业教育办学体制。发展城市与农村地区的职业教育事业,其目的都是为区域经济发展提供高素质的、具有一技之长的社会主义劳动者。虽然农村职业教育发展现状不是很好,但是其地位和作用是不可小觑的。城乡职业教育一体化办学模式就是为了逐步实现以城带乡、城乡互动、城乡一体的目标。应充分利用城市和乡村的现有资源,借以推动城乡职业教育的协调化发展,最终更好地促进经济社会的发展。

三是产业园区化职业教育办学模式。产业园区是区域经济发展、产业调整优化升级的重要形式,承担着聚集创新资源、培育新兴产业、推动城镇化等一系列重要使命。从中国目前产业园区建设的实际情况来看,园区的类型呈现出多样化的发展态势,主要有高新区、开发区、科技园、产业基地,等等。产业迅速升级、技能人才需求旺盛的局面为发展园区职业

---

[1] 梁成艾、朱德全:《文化同构境域:职教城乡一体化发展的体制与机制研究》,《教育与职业》2011年第33期。
[2] 高莉、李刚:《城乡教育一体化背景下的办学体制改革研究》,《教育科学研究》2011年第6期。

教育提供了条件。产业园区可以为园内企业提供信息交流和人才集聚平台。产业园区职业教育办学模式是把职业学校建到园区中,借以推进优质教育资源向园区聚集,办"园中校""校中园",充分利用园区资源,立足园区、依托园区、服务园区,借助多方力量,在此基础上形成具有园区特色的职教城。

要深刻认识到园区的发展需要高素质技能型人才作支撑,而职业教育就是高素质技能型人才的孵化器。产业园区职业教育模式可以为园内企业和职业院校搭建一个沟通交流的平台,充分发挥园区企业在设备、资金等方面的优势,学校在师资力量、优势专业的条件下,借以提升园区企业、职业院校的发展水平,走互利共赢的道路。当然,可以给予企业一定的优惠政策来提高企业参与职业教育的积极主动性。同时,应制订园区职业教育发展规划、建立经费保障机制,为园区职业教育模式的发展保驾护航。

(二)校企合作,创新职业教育人才培养方式

职业教育"对学生进行很强的技能培训,以便在规定的时间内达到某种职业所需要的基本技能或高级技能要求"[1]。在贵州省实施"三化同步"战略的背景下,经济社会发展对职业教育人才培养质量提出了更高的要求。职业教育应该"随着经济增长方式转变'动',跟着产业结构调整升级'走',围绕企业人才需求'转',适应社会和市场需求'变'"。职业院校应结合区域经济发展需求,在准确定位和深刻把握职业教育培养目标的基础上,不断探索和创新人才培养方式。

1.校企合作型的人才培养方式。校企合作、工学结合的人才培养方式是指利用职业院校和企业两种不同的教育资源和教学环境,将理论知识学习和实践技能学习结合起来以提高学生的综合素质、就业能力,以培养适合不同工作岗位的高技能型人才。这种培养方式的核心是理论知识

---

[1] 何洁:《职业教育的哲学基础——技术哲学的产生及其在中国的发展》,《职教通讯》2006年第11期。

和实践技能学习与工作实践紧密结合,通过校企合作共同培养经济社会发展所需要的职业技能人才。在具体办学的过程中,可以探索"引企入校、进厂办校、企业办校、校办企业"等多种组合形式。上述这些校企合作人才培养形式,它们的共同点是力求实现理论和实践的一体化,使学生尽早接触工作,将理论和实践贯穿于整个学习过程之中,有利于学生提高综合职业能力。但这种培养方式要遵循教育规律和人才成长规律,贯彻落实教育与生产劳动、社会实践相结合的指导方针,并根据职业活动的全部过程和真实工作内容等不断创新人才培养模式,以提高学生的职业道德、职业技能和就业与创业能力,使学生得以全面发展。在校企合作、工学结合人才培养方式中,创新职业教育人才培养模式尤为重要。而要创新人才培养方式,关键在于各职业院校动态性地更新专业、创造性地开发课程及教材,并形成专业建设管理规范化和教育教学信息化等特色,进而形成以"产业为引领,就业为导向,素质为基础,能力为本位"的多途径人才培养新局面。

除此之外,各职业院校还要与以生产劳动为主的行业龙头企业紧密联系,在人才培养、校内外实训基地建设等方面深度合作,企业通过参与学校合作办学等形式培养自己所需求的人才,学校则以企业的生产发展需求为导向来调整专业设置,学校和企业共同投入资金、技术、人才等资源,以"资源共享、优势互补、共同发展"为原则,不断探索和完善人才培养方案,从而解决专业适应性与针对性之间的矛盾,切实明确双方的责任和义务,共同搭建技术技能型人才培养平台。与此同时,企业要提高参与意识,不断解决各职业院校在实践教学方面的困难,最终推进"教育与产业、学校与企业、专业设置与职业岗位、课程教材与职业标准、教学过程与生产工程的对接",从而不断增强职业教育服务于区域经济社会发展的导向性和实效性。学校要和研发型企业积极互动,在师资培养、课程开发等方面切实加强合作,努力将企业的最新成果引入教育教学一线,从而使专业建设和企业行业技术进步的步伐保持一致,为专业发展注入动力。同时,各职业院校还要充分搞好调研,认真分析地方产业结构类型和经济社会发展趋势,要对企业的人才需求状况了如指掌,以找到校企合作的最佳结合点。具体可尝试以下人才培养方式的变革。

首先,"订单式"和"工学交替式"人才培养。所谓"订单培养",就是各职业院校要根据企业的真实岗位需求,确定人才培养目标,制订课程和教学计划,提高人才培养的针对性、实用性,以使学校按需培养人才,企业录用合格人才,达到学校、学生、企业三方共赢的发展局面。学校可以根据企业人才培养数量和规格,以企业冠名班级,组建"订单班"等方式来实现学校和企业之间的高度密切合作,从而有效落实"以就业为导向"的办学理念。正因如此,行业、企业、学校之间应达成共识,以适应区域行业产业发展需要和企业岗位胜任要求为出发点,共同制订人才培养方案。在此过程中,企业应在实训基地建设、"顶岗实习"等方面积极参与,成立专业建设与行业指导委员会,在专业设置、课程资源、毕业生就业等方面给予帮助与指导,学校要在课程学习和实践操作等领域引入行业、企业的生产标准,从而让学生了解企业的文化、强化职业道德意识,实现由学生到职业人转变的培养目标。"工学交替"是学生在学校学习与在工厂生产实践交替进行,以达到学用结合的目的。这种方式可以通过"理论—实践—再理论—再实践"的循环方式,即通过"学习—实习—重点培训—就业",对学生在实习锻炼过程中所遇到的各类问题与困难重点关注,从而巩固学生的理论基础并提升其实践操作技能,使学生更快胜任以后的工作。不过,在"工学交替"人才培养模式中,一定要实施开放式管理和开放式教学,聘请企业工作经验丰富的技术人员作为学生的实习指导教师,帮助学生有针对性地进行岗位实践操作,从而发挥学生的学习自主性和主观能动性,提高学生的实践操作技能。

其次,"三段式"人才培养方式。"三段式"是针对贵州省内教育资源不均衡,职业院校在招生、就业方面等方面所存在的问题,以发达地区示范院校的辐射带动作用来提升欠发达地区职业教育发展水平的一种人才培养方式。这种人才培养方式将学制分为三段,第一段是经济欠发达地区的职业院校负责学生公共文化课和基础专业课的教学,第二段是学生在经济发达地区职业院校进一步学习专业理论和实践技能,第三段则是学生在企业进行"顶岗实习"。要想做到这点,就要"推动示范院校与经济欠发达地区的对口支援、与区域内中高等职业院校的对口交流,促进高等职业教育整体质量的提升",从而在整体质量的不断提升中积极推进职业教育合作办学和加强民族地区职业教育特色学校建设。不过,在"三段式"培养方式中,发达地区职业院校要确定合作帮扶专业,使各院校之间互认学分,从而保障学生得以跨地区学习,充分发挥发达地区人力资源和教学资源优势,保证人才培养的标准化和规模化,带动薄弱地区学校不断优化人才培养方式,提升教育教学质量,改善欠发达地区学生学习环境。具体而言,在前两个阶段学习结束之后,要保证学生的"顶岗实习",通过实践操作等途径来深化学生的理论基础知识,进而提高学生分析问题与解决问题的综合能力。在实习过程中,要按照企业实际的工作任务、工作过程和工作情境组织教学,使教学符合企业生产实际,培养的人才满足企业要求,对于学生在学习过程中遇到的问题,要努力使其在真实工作环境下寻求解决办法。一般而言,"顶岗实习"的特点在于职业性和专业性,故要通过行业企业的辐射带动作用,尽量拓宽学生进行"顶岗实习"的专业范围,尽可能为学生提供更多获得专业实践技能的机会。与此同时,学生还要按照企业真实岗位的需求,进行职业岗位技能培训,并在此过程中,努力促成学校和企业达成"车间和教室合一、学生和学徒合一"的办学效果。根据贵州省内各区域职业院校分布和办学实际情况,以县级职业教育中心为依托,省(市)级示范院校对口支援欠发达地区的职业院校,利用自身优势,与这些职业院校共享实训基地、精品课程等教育资源,帮助它们进行师资培训、校内实训基地建设、选拔优秀教师到示范院校进行进修和挂职锻炼,通过科研项目合作和经费支持提高当地教师职业教育教学科研能力,使教师在教学过程中有的放矢。

2. 产学研一体化人才培养方式。产学研合作是企业、职业院校、科研机构三方共同承担产品研发、人才培养和科学研究的活动,这一活动充分利用学校和社会的不同资源,把学校的教学和科研、企业的生产实践和产品研发融入学生培养过程中,是一种开放式人才培养方式。产学研合作就是要实现教育与生产劳动相结合、生产与科学研究相结合、理论指导和实践操作相结合,从而达到既能满足企业发展需求又能提高职业院校人才培养质量的目的。在贵州省实施"三化同步"战略的背景下,随着产业结构优化升级,尤其是贵州省"十大产业振兴计划"和大力发展特色优势产业等提出,各行各业都加快了新技术、新产品的研发速度。而产学研作为一种有巨大发展潜力的人才培养方式,更应该受到重视。

首先要结合区域内产业特点,不断创新人才培养方式。要利用职业院校周围的产业基地、产业园区等区域布局优势,并结合职业院校自身发展的特点,努力为产业结构调整优化服务。一般来说,要适时根据产业园区内企业的发展需求确定人才培养目标,制订人才培养方案,并将教学、生产、科研看作一个有机整体,把企业及其岗前培训体系中的相关要求融入职业院校的实践教学中,把企业的职业技能资格要求融入职业院校的教学过程之中、把行业的生产标准融入职业院校的课程体系设置之中,进而有效提高产学研一体化的实效,最终培养学生的综合素质和职业能力。通常情况下,企业对职业院校拥有的人才优势、科研开发能力和科技成果是有巨大需求的。因此,职业院校更应该进一步面向企业,以企业生产或产品开发中所遇到的技术难题为载体,依托生产性实训基地、校外实训基地等平台,结合自身教学科研实际开展科学研究工作,并将研究成果应用到学习和生产实际中去。

其次要深化校企合作,构建科学合理的人才培养体系。校企合作是培养技术技能型人才的有效方式。为此,应深化校企合作程度,不断构建科学合理的人才培养体系。一是在校企合作过程中,认真推进"2+1"人才培养方式,即将学习和工作相结合,学生前两年在学校学习专业理论知识的同时充分利用好校内实训基地和校外实训基地,切实提升自己的实践操作水平。在此过程中学生参与和了解相关的科研工作,熟悉科研过程和动作程序、积累科研经验。最后一年,学生在企业内进行岗位训练和职业能力培养。二是在保证自身科学运转的同时,兼顾企业培训、生产、科研的发展需要,搭建一个沟通合作的平台,实现学生专业技能训练和创新能力培养的目标,凸显产学研一体化培养方式的优势,实现产业、专业和职业岗位无缝对接,生产与教学科研有效对接的良好发展蓝图。

(三)市场主导,科学建构职业教育教学模式

职业教育教学模式的有效建构对"三化同步"战略的顺利实施以及现代职业教育体系的科学构建都将起到关键性的作用,真可谓是"牵一发而动全身",因为它的有效建构过程会直接涉及专业调整、教材改革、教学评价等内容的改革。但无论如何,职业教育教学模式的有效建构都与实践取向的理论根基、需求导向的建构本质和就业路向的运行机制等有密切的关联。

1. 实践取向:职业教育教学模式有效建构之根基

职业教育的显著特征之一便是它的实践性,这一实践性主要表现在两个方面,一是职业教育教学过程的实践性。这一教学过程强调理论与实践的结合、教育与生产劳动的结合、知识与技能的结合。二是职业教育人才培养类型的实践性。职业教育所培养的是在社会生产一线工作的技术技能型人员,他们具备的共同特征就是都具有相对完整的实践能力和相对不完整的理论知识,这就决定了他们所受的教育必须带有突出的实践色彩。[1] 正是基于对这一认知的充分考量,故职业教育"需求导向型"的教学模式要充分体现出职业教育培养对象的实践性发展特征。

首先要以市场需求为导向。职业院校的改革和创新要以市场为依托,

---

[1] 刘春生、徐长发:《职业教育学》,教育科学出版社2002年版,第35—36页。

面向市场、融入市场、拓展市场、服务市场,将当地特色产业和社会人才需求作为确定职业教育改革与创新的依据[①],并以市场需求为导向,设置面向区域和地方经济发展需求的特色专业和品牌专业,以特色专业、品牌专业等为基础,以教学改革为核心,以优化教学结构为保障,以科学教学方法为指导,以师资队伍建设为根本,用先进的职业教育理念和科学的教育教学手段来培养市场紧俏的知识型、智慧型、实践型、市场型劳动者,进而真正做到"适销对路",将职业院校的人才培养与区域经济发展需求融合在一起。职业教育只有适应区域经济社会的发展、着眼于区域经济市场的变化,才能获得新鲜活力与永恒动力,进而实现可持续发展之目标。此外,以就业为导向的职业教育仍需要行业的更深层次参与,并通过产学合作途径,不断提高学生对职业岗位能力要求的适应程度。实现这一目标的关键在于积极探索产学结合的长效机制,在这一长效机制的保障下,使学生努力适应企业技术岗位对技术、工艺、技能型人才的需求,进而使毕业生进入工作岗位后能够尽快融入工作角色,并顺利适应职场环境的变化。

其次要以能力培养为中心。能力是为了顺利完成某些活动所表现在个体身上的经常性、稳固性的心理特征。它是个体固定下来的概括化的东西,这种东西不是表现在知识、技能本身,而是表现在获得知识与技能的过程中。"三化同步"战略的顺利实施要求人力资源由单一型职能岗位向综合型职能岗位转变,由简单型工种向复合型工种发展。不仅如此,劳动力市场的竞争机制也使劳动者由终生从事一种职业向一生变换多种职业转变。因此,"三化同步"的战略背景下职业教育培养目标也应跟随社会需求的变化而不断变化。概括地说,就是要培养学生的综合职业能力,即学生的职业发展能力和职业就业能力。职业发展能力主要是指学生进入职业社会后通过终身教育等渠道形成多种职业能力的转换能力,如计算机操作能力、人文自

---

① 李明:《高职院校艺术类学生创新素质培养探究——以盐城纺织职业技术学院为例》,《职教通讯》2012年第2期。

然科学素养、法理分析能力、人际交往能力、社会适应能力,等等。职业就业能力指学生通过在职业教育中对某一专业知识的学习,具备进入职业社会,并在劳动力市场获得某一职业且能胜任该职业的能力。能力的培养,尤其是"双能力"的培养是一项整体工作,任何一种单一的做法都是不科学的,这就要求各职业教育主体改革创新职业教育教学模式,借以充分适应"三化同步"战略的顺利实施对人力资源多种能力素养的要求。

最后要以科学方法为指导。教学模式的改革相应地会要求教学方式的改变,为此要以科学方法的变革为指导,不断突出本地区职业教育的教学特色。具体而言,一要突出优势专业特色。职业院校专业设置要依据社会经济发展和产业结构调整状况,从产业、技术和人才需求角度出发,设置市场需求量大的专业。不过在进行专业设置时既要注意凸显专业建设的共性特色,也要关注彰显专业建设的个性特色,避免"僧多粥少"或"热门不热"等尴尬现象的产生。二要突出职业教育教学模式的特色。在教育观念上,要形成创新性教育观念,将学生作为学习主体,并在充分预测市场需求的基础上,科学设置专业、灵活安排课程,使人才培养紧跟经济社会发展的步伐;在教育内容上,要根据经济社会的变化需求,围绕专业方向更新课程内容、优化课程结构、扩大课程口径,使学生具备普遍意义的思维方式与特殊场合的综合素质,具备较宽的知识面、较扎实的专业功底和较强的社会适应能力;在教育方法上,要摒弃传统的说教灌输式教学方式,通过师生之间的互动等激发学生的学习兴趣和创新热情。同时还可以借助多媒体教学等手段来增加教学方式的灵活性与丰富性,确保学生学习场景的多元性,进而在学习过程中不断通过发现问题、思考问题和解决问题提升自己的综合能力和职业素养。

2. 需求导向:职业教育教学模式有效建构之本质

以需求为导向的职业教育教学模式,概括地说,就是以职业所需、岗位所需、任务所需及市场所需为基本依据所设计的职业教育教学模式,这一模式能最大限度地实现教学体系与职业岗位要求的对应性,满足"三化同步"战略的顺利实施所需要的人力资源,促进职业院校学生的充分就业。

首先要建立面向人才市场的动态专业调整机制。一般来说,人才培养的方向与职业教育的专业设置有着密切关联。为此,"三化同步"战略是否能够顺利实施与职业教育所开展的专业能否适应人力资源需求变化密切相关。众所周知,职业教育是面向工作岗位的教育,因此专业设置的基本依据应该是工作岗位。然而,目前职业教育专业设置的依据较为混乱,还有许多专业不是以工作岗位为依据进行设置的。以贵州省为例,贵州省自然资源丰富,文化资源独特,区位优势明显,将职业教育专业建立在其自然资源优势基础上对发展当地的农业现代化、工业化与城镇化具有推动作用。但通过了解贵州省职业院校的专业建设情况可以发现,许多学校的专业建设并不完全是以工作岗位的需求进行设置的,尚存在以行业为依据、以通用技术为依据、以紧俏产品为依据等专业设置乱象,导致许多学校的专业定位不准确,教学目标不清晰,不能凸显贵州省特有的自然资源优势与深厚的民族文化特色。而在"三化同步"战略背景下,要建立以需求为导向的职业教育教学模式,不但需要明确每个专业的岗位定向,而且还要有利于当地经济社会的发展。正是基于对这些因素的充分考虑,故在进行专业设置时一定要按照职业性与需求性原则对专业建设的进程进行合理的梳理与分析,尽量按照职业岗位的需求对专业进行调整,并在此基础上适当增加彰显当地特色的、对促进当地特有资源与文化有不可替代性作用的专业类别,进而逐渐形成面向人力资源市场的动态专业调整机制,有效促进职业学校专业设置与人才市场需求的无缝对接,最终推动需求导向型教学模式的科学建构。

其次要开发特色化的立体多元教材体系。教材是教学思想与教育理念的物化形态,是进行课堂教学的基本依据与范本。多数教师是依据教材安排来进行教学活动的,基于这样的一个事实,将需求导向型的教学模式转化为具体教学行动的基本前提就是教材体系的转化。职业教育教材所存在的主要问题包括内容过难不实用,存在不能彰显实践性的内容,在内容组织方面倾向于单向陈述知识。面对这些弊端,需求导向型教学模式下的课程教材应彻底打破以往以知识授受为主轴的学科模式,推行以工作任务为核心的"项目主题式"教学单元①,使每个项目主题任务的学习以具体产品为载体,从而使学生通过完成具体的项目主题任务践行相应的理论与实践学习,最终实现理论与实践一体化的教学目标。除此之外,还要让教师明白,课本是教材的核心,但不是全部,教材还包括助教光盘、仿真软件等辅助材料,尤其是仿真软件,对提高学生的职业认知,改善职业院校设备短缺状况等具有重要意义。故应通过多方面、多渠道开发利用多种教学辅助材料,形成立体化教材体系,进而丰富课程资源,提高教育教学质量。与此同时,需求导向型教学模式下的课程教材还应充分利用开创自由空间,在立体化教材理念的指导下,让教师根据学生的具体情况和实际需要"改"教材,以便在教材中编入大量让学生自己动脑思考、动手操作的内容,丰富学生的想象力,优化学生的思维取向。

最后要优化需求导向的教学评价体系。职业教育教学评价体系作为职业教育教学的反馈环节,对整个职业教育教学体系的完善起到了不可替代的作用。教学评价贯穿于整个教学过程,对需求导向的教学评价体系进行改革与创新是实现教学目标的重要环节。当前许多职业学校虽有实践环节评价,但教师在选择评价方式时更青睐于书面考试,可操作性、实践性问题的评价常常只是点缀。这种评价制度严重削弱了实践在教学中的应有地位,不能准确而客观地反映职业教育的教学效果和学生的实际能力水平。因为用书面考试形式对学生学业成绩进行评价就是借助于语言或逻辑来反映学生的其他能力,这样必然会使学生的学业评价存在误差。需求导向的

---

① 梁成艾:《职业教育"项目主题式"课程与教学模式研究》,博士学位论文,西南大学,2012年。

教学模式既然考虑到了职业学校教学目标和教学对象的特殊性,就要建立起具有职业教育特点的评价模式。具体而言,一是在活动中学,在活动中考。只有将理论考核与操作考核有机结合起来的评价才是公正合理的。二是考核的内容和方式要从考核学生知道什么转向考核学生能做什么。因为"做"是个体驾驭所存储的信息的能力,反映的是个体运用知识的能力。除此之外,在教学评价体系中还要引入市场参与机制,把评价学生的权利交给市场,请生产和服务一线的技术管理人员参与评价,并将实践教学环节纳入独立的质量考核体系之中,突出实践操作环节在学生能力评价中的重要地位。

3. 就业路向:职业教育教学模式有效运行之保障

任何教学模式的建构都需要理论支撑和路向指引,但这仅仅是建构的基础,因为建构教学模式的终极目标是在实践中应用,为了充分保障教学模式的有效运转,还需要对其运行环境进行考量。

首先是经费筹措机制——多元化经费投入。经费投入是保障职业教育教学模式有效运转的重要前提。目前我国职业教育经费主要源于政府,多元化的经费投入机制尚未形成。为了充分保障"三化同步"战略的顺利实施,有必要建立以政府为主导的职业教育多元化经费筹措机制,究其原因:从政府层面来看,"三化同步"战略背景下职业教育经费筹措应逐渐形成以政府投入为主体、以科学增长为主轴的财政投入机制,充分发挥财政在职业教育经费投入中的主导作用。一是在中央财政总教育经费预算中,科学预算职业教育的投入比例;二是在中央财政转移支付预算中,把职业教育作为专项项目列入,借以有效解决职业教育内涵式发展所需要的经费;三是省级财政应在中央财政的统一规划下,对所管辖范围内的职业教育项目给予配套支持,切实保障职业教育的经费投入。[1] 总而言之,要科学建立职业教育经费筹措机制,明确各级政府对职业教育的投入责任,并通过有效措施

---

[1] 耿洁:《职业教育校企合作体制机制研究》,博士学位论文,天津大学,2011年。

促使各级政府将职业教育经费按比例纳入财政预算,以职业教育财政拨款稳定增长等渠道确保经费投入与职业教育发展相适应。从企业层面来看,毋庸置疑,企业是技能型和技术型人才的使用者,也是技能技术型人才的培养者和人力资本专用化程度提高的依靠者。然而,一些缺乏长远发展战略眼光的企业不愿承担自己在职业教育方面应承担的责任。虽然导致他们这样做的原因很多,但主要与他们未能在经济利益方面得到国家的倾斜帮助有关。鉴于此,有必要从国家层面制订一些鼓励引导企业投资职业教育的政策和办法,并以此促进企业加大对职业教育的投资力度,使其真正成为职业教育投资主体之一。从社会层面来看,要充分发挥社会力量办学的积极性,改变政府在教育上承担无限责任的状况,将一部分教育责任转移给社会承担,并强调政府与社会力量办学之间的灵活而多样化的合作。要在保证政府财政投入稳定增长的基础上,构建立体多元的经费筹措机制,多方面筹集职业教育的办学经费;要增加民间的职业教育经费投入比例,具体可科学采用税收、参股、彩票、融资、补助、土地流转等手段,确保职业教育经费多元化,为各种民间资本投资职业教育创设一个良好的发展环境。

其次是技术保障机制——与行业协会协作。行业协会是行业、企业的代表,它在校企合作过程中扮演的是一个辅助性的角色,故其常独立于政府和市场之外,它能有效影响到政府和市场所不能发挥作用的地方,在行业企业与职业学校之间发挥重要的资源配置作用。一般来说,各行业协会通过委员会进行沟通协商,并与职业教育部门和职业学校建立经常性的对话协商机制,最终在这一机制的作用下,实现市场与职业教育的"无缝衔接"。行业协会在校企之间扮演着沟通协调的角色,故它的参与能进一步推动校企合作、产学研结合。再加上行业协会的性质是非营利组织、民间组织。政府与民间组织以"共同的目标"而非"天然的垄断"为合作基础,分享社会空间的公共服务,共担公共事务的治理责任。这样,行业协会就成了在行业企业之上又能充分了解行业企业需求的组织,是职业教育不可或缺的部分。

因此,在确保政府主导作用的前提下,应努力把政府从职业教育的细节中解脱出来,充分发挥行业协会、企业特别是中小企业在职业教育中的作用。通过让行业组织积极参与配合政府机构或建立行业职业教育咨询机构等渠道参与职业教育,促进职业教育更好地与经济社会的实际需求相适应,最终保障"三化同步"战略的顺利实施。

最后是信息保障机制——开放的信息交流平台。充足的信息资源是"三化同步"战略背景下职业教育得以最大化发展的基本保障,信息互通和共享是形成校企合作、校校合作的基本条件和首要前提。"三化同步"战略的提出是以农业现代化、工业化和城镇化三者发展的不均衡为逻辑起点的,其背后包括人力资源配备的偏差和职业教育发展的不均衡,这一偏差和不均衡也必然会反映在信息资源掌握上的不对称。"需求导向"的职业教育教学模式要求三者信息的平等开放和密切沟通,这就需要建立一套开放畅通的信息交流机制。而信息交流机制的构建则有赖于政府、市场与院校三重主体的努力。一方面,政府以市场需求信息为导向,吸引企业、社会团体、其他社会组织等市场主体参与职业教育;另一方面,市场主体也能通过股份制办学、合作投资等形式拓展办学资金的来源,从而保障"需求导向"职业教育教学模式的有效运转,借以实现职业教育与各市场主体的利益共生共享。除此之外,还应在市场机制调解下,围绕产业链延伸等建构开放共享的信息交流平台,为职业教育发展提供充足的人力、物力、财力等信息资源支持。

(四)与时俱进,不断完善职业教育扶贫开发模式

从地理位置来看,贵州省贫困地区属于集中连片的特困地区。对于连片的贫困地区来讲,一般的扶贫方式和扶贫办法难以从根本上解决贫困问题。众所周知,教育是改变落后地区发展未来的重要战略举措之一。在连片贫困地区推进教育工作,逐步提升当地群众的文化素质,使其能够掌握一定的劳动技能,将是逐渐改变贵州省贫困地区落后面貌的关键之举。贫困地区人民群众的思想观念转变了,劳动技能提升了,才能将贫困地区的人口

压力转化成为带动贫困地区发展的优质人力资源红利。

1.增强教育脱贫观念,确保对职业教育的正确认识。通过学校、家庭、社会的广泛宣传、舆论引导和就业指导,对职业教育的重要性、专业性以及前景和意义展开宣传教育,营造支持重视职业教育、扶持鼓励职业教育发展的良好氛围,使得学生、家长以及社会的各个层面树立必须抓好职业教育的理念,使其了解政府对于职业教育的支持和关心,以及职业教育对于个人、社会的重大作用和良好意义,在广大人民群众中形成正确的思想认识。

2.优化联合办学机制,凸显职业院校的综合作用。积极探索联合办学机制,从根本上提升职业教育的整体质量。现有的职业院校总体上规模偏小、教学模式单一、缺乏自身特色,很多职业院校设置的专业课程相同或类似,出于教学成本的考虑,往往不用实训设备或用简单的实训设备进行授课。贫困地区职业院校要结合本地和周边省市的实际就业需要,确认当地经济发展方向,所需何种专业型人才,通过科学的资源配置设置相应专业,对学生进行教学、展开相应培训,使参与培训人员切实掌握相关技能,为本地区的项目引进提供必要的人力资源保障,形成人力资源优势,并在今后的工作中能够针对性地投入地区的脱贫建设,最终起到扶贫作用。也可以通过相应的课程,尝试"走出去、引进来"的模式,依托政策优势,使贵州省贫困地区职业院校与经济发达地区的职业院校建立互帮互助的关系,通过与环渤海地区、珠三角地区、长三角地区等制造业发达地区的职业院校联合办学,让本地学生和参训学员到优秀的职业院校学习和深造,掌握产业发展需求量大的工作技能,进而提升其就业能力,使学生和学员学有所用、学有所成,通过自己的双手改变家乡贫困落后的发展状况。

3.关注务工人员再就业,发挥职业教育培训的广泛作用。贫困地区推广职业教育不能只是关注职业学习教学,也要关注其培训作用。对返乡的务工人员进行后续培训,对新生劳动力进行职业培训都是发挥职业教育扶贫开发模式作用的直接体现。贫困地区外出务工人员普遍缺乏职业技能，他们中的大多数在企业从事重复性的体力劳动，这类工作的稳定性较差，缺乏职业发展机会。一旦从业企业面临发展困境，那么务工人员将直接面临失业的风险。对于这部分缺乏一技之长的贫困地区劳动力而言，要充分发挥职业教育的作用，有针对性地为这部分人员设置培训课程，使他们掌握一技之长。不过，无论是务工再就业人员还是新生劳动力人员，对于职业培训的内容都是新接触的，职业培训机构可以改变以课堂为中心的传统教学模式，通过"进入企业学习、早日奉献社会"，或采取"工作学习相结合、工作学习两不误"的方式对学员进行教学，使其与企业"零距离"对接，毕业后能够更快融入企业、融入社会，发挥自己的作用来改变区域落后状况。[①]

第二节　职业教育促进区域经济发展的保障功能及升级动力研究

受历史因素及地理环境的限制，武陵山地区经济社会发展比较滞后。这一经济社会发展相对落后的状况，在很大程度上与该地区的人力资源质量有关。当前，该地区迫切需要推动经济社会快速发展，以跨越赶超的精神拉近与其他发达地区的距离。这就意味着，该地区要通过加大包括职业教育在内的教育改革力度，培养足够多的人才满足其经济社会快速发展的需求。

一、优化人才结构，区域经济发展之人才支撑保障

职业教育适应市场需求开设专业，培养技能人才，具有优化职业人才结

[①] 郜玉艳、梁成艾：《"三化同步"战略背景下职业教育教学模式的有效建构研究》，《职教论坛》2014年第9期。

构的功能,通过这一功能为区域经济发展提供技能人才支持。武陵山区属于民族地区,该地区职业教育及人才结构有民族地区的特色,因此,在开展职业教育和优化人才结构中应结合民族地区的特点。

(一)促进职业技术人才结构转变

武陵山区职业技术人才结构不合理状况主要表现在职业技能人才不足,特别是高层次技能型人才比较欠缺,根源在于当地职业教育发展水平不高。《国家中长期教育改革和发展规划纲要(2010—2020年)》指出,发展职业教育是推动经济发展、促进就业、改善民生、解决"三农"问题的重要途径,是缓解劳动力供求结构矛盾的关键环节,必须被置于更突出的位置。[1] 高职高专院校的专业建设是一项系统工程,是学校适应社会人才需求和引导社会人才消费的一个基本尺度,反映学校对社会经济发展、科技发展和职业岗位的适应程度。[2] 武陵山区应该结合民族地区的特点大力发展职业教育,一是优化中等职业教育布局,力争在每一个县城开办一所中职学校,在专业设置上兼顾民族地区的特点,开设民族特色专业,促进区域人口的文化素质和就业能力提高;二是合理布局职业培训机构,培训项目也要兼顾民族特色需要,鼓励社会资金参与民办职业培训机构的投资,各级政府机构对此应提供政策的支持及财政税收的优惠政策,使各种职业培训机构成为培养职业人才的重要力量;三是强化高等职业教育,力争在每一个地级市重点扶持一所高等职业院校,在争取中央政策支持的同时,该地区省级和地级政府机构也要为本地区职业院校建设与发展提供强有力的支持,高等职业教育的发展应侧重培养民族地区急需的技能型人才;四是推动地方新建本科高校向应用型高校转型,为区域发展提供适应市场需求和兼顾民族地区需要的高水平技能型人才。职业教育

---

[1] 纪慧蓉:《产业升级视域下高职教育服务区域经济的功能及优化策略》,《教育与职业》2014年第9期。

[2] 谭卓婧:《湖南高等职业教育服务区域经济发展的思考》,《科技向导》2014年第27期。

的发展能够改变武陵山区职业人才结构不合理的状况,为区域发展提供智力支持。

(二)推动职业院校优化人才供给

当前我国处在发展方式转型升级的关键时期。在这一历史时刻,总体的人才供给与需求相对平衡,但是人才供给结构不合理,主要表现在中低水平人才供给比较充裕,而高技能型人才存在很大缺口。武陵山区当前正处于区域经济快速发展的时期,对人才的需求量尤其是高层次人才的需求量不断提高,而该地区职业教育的发展相对滞后,无法为区域发展提供足够的人才支撑。职业院校传统的专业设置和人才培养模式也无法适应经济社会发展的需要。因此,武陵山区职业院校应改变传统的以教育主管部门政策为导向的专业设置和教育模式,形成以民族地区区域经济社会发展中人才需求为导向的职业教育模式。这一转变有利于激发职业院校的内生动力和活力,有利于提高该地区职业院校的人才培养质量和毕业生的就业率,优化人才供给结构,为该地区提供紧缺人才,从而促进区域经济的健康发展。当今,新技术革命的深入推进为区域经济社会协调发展提供了很好的机会,武陵山区也迎来了区域大发展的关键时期。社会化大分工体系的劳动分工类型趋于细致,各类新型岗位和职业随之产生,墨守成规的传统专业设置体系难以适应社会化大分工体系对高职教育提出的新要求。[①] 因此,推动职业院校内部改革,促进技能型人才供给结构改革是目前的重要任务。

(三)带动职业院校革新人才培养

职业院校的办学宗旨应该是培养技能型人才,其培养的人才应该适应区域经济社会发展的需要。武陵山区在新的形势下正处于后发赶超的关键时期,经济社会发展速度高于其他经济比较发达的地区,因此,该区

---

① 纪慧蓉:《产业升级视域下高职教育服务区域经济的功能及优化策略》,《教育与职业》2014年第9期。

域对具有民族特色的技能型人才的需求也逐步增多。目前,社会公认高职教育具有"培养人才、科学研究、社会服务、文化传承"四大职能,其中,培养人才是核心职能,其他职能既是支撑也是高职教育发展的内在要求。[①]

因此,当地职业院校特别是高职院校应根据经济社会发展的状况合理调整自身的人才培养计划,使培养的技能型人才适应当地经济社会发展的需要。职业院校可以通过解读国家经济发展方针政策和地区经济发展措施等方式,深入了解区域经济发展现状、民族地区的特点,从而为人才培养提供参考,也可以通过解读国家和区域中长期发展规划,把握区域发展趋势,为职业院校专业建设提供借鉴。此外,职业院校应在调研区域经济社会发展状况的基础上,根据实际情况调整专业布局,在推动专业合理设置的同时,有效保障毕业生的就业,还要根据区域经济发展的情况,及时减少或淘汰社会需求量较少的专业。武陵山区目前正处于经济社会高速发展的时期,该地区的职业院校应抓住这一历史机遇,及时调整职业技术教育专业设置,合理分配专业招生人数,以保证职业院校高效率运转。

二、提供技术供给,区域经济发展之技术升级动力

职业教育对科技发展具有一定的促进作用,通过促进科技发展、提供技术供给,为区域经济发展提供技术升级的动力。职业教育对科学技术发展的促进作用主要表现在三个方面:一是为区域经济发展提供科技研发支持;二是为区域经济发展提供技术创新支持;三是为区域发展提供技能型人才支撑。武陵山区的职业院校应结合民族地区的特点,着力提供民族地区经济发展所急需的技术供给,为该地区经济发展提供技术升级

---

① 李晓明、麦影:《促进高职教育服务地方经济社会发展的政策与对策研究》,《教育与职业》2014年第27期。

的动力。

(一)为区域经济发展提供科技研发支持

科学技术的进步能有效促进生产力水平的提高,而生产力水平的提高又会对科技发展和人的素质提出更高的要求,从而促进教育的革新与发展。相对于其他教育模式而言,职业教育与科学技术发展的关系尤为密切,也可以说,职业教育本身就是科学技术发展的必然产物。在信息化时代,科技与信息成为支撑经济发展的主要动力,科技发展与进步在更加广泛的领域展开,信息、知识和智能已经成为当今时代的重要资源,同时,新科技革命的开展也对职业教育提出了全新的挑战。当代科技发展的趋势将使劳动力结构发生较大的变化,纯体力劳动者的比例会不断降低,而以技能为基础的脑力劳动者将成为主流劳动力,这也对职业教育提出了更高的要求。

武陵山区职业院校应把握时代发展的方向,紧跟信息化时代的发展潮流,努力适应区域经济发展要求,改革职业教育模式,推动该地区经济产业健康稳定发展。为地方、行业和企业提供技术服务是高职院校服务地方经济社会建设的重要方面。[①] 因此,武陵山区高职院校应抓住信息化时代的发展机遇,根据经济社会发展的全新态势和产业发展的走向,结合民族地区的特点合理地调整自身专业设置,并紧跟市场发展,及时根据新的职业需求设置新的适应市场需要的专业,满足区域经济发展的需要。职业教育的发展能够为区域经济发展提供必要的技术研发支持,从而推动区域经济在技术支撑中健康快速发展。

(二)为区域经济发展提供技术创新支持

技术创新是以现有的知识和物质,在特定的环境中改进或创造新事物,并获得有益效果的行为。武陵山区区域经济社会的发展需要不断推动技术创新的发展,从而为该地区发展提供更好的技术服务。而技术创新本质上就是区域经济行为,对于提升区域整体竞争力,优化区域产业结构,促进区

---

① 雷久相:《提升高职院校社会服务能力的策略研究》,《职教论坛》2012年第36期。

域经济社会稳定发展都发挥着重要的作用。武陵山区职业院校在推动技术创新中应扮演重要角色,一方面可以通过专业化的人才培养,为区域经济发展提供具有创新能力的技能型人才,从而推动技术创新的发展;另一方面可以职业院校自身的研发中心以及与企业合作共建的研发中心为依托,通过科研的发展,为区域经济社会发展提供源源不断的技术创新成果,从而有效促进区域经济的发展。

(三)为区域经济发展提供技能型人才支撑

改革开放以来,我国经济社会生活发生了巨大的变化,但也面临着"成长的烦恼"。长期以来,粗放型经济发展模式是以资源的过度消耗、环境的肆意破坏、投资的巨大占比和廉价劳动力的利用为代价的,随着有限资源的过度开发、生态环境的巨大破坏和劳动力红利的逐步丧失,传统的粗放型经济发展模式逐步走到了尽头,取而代之的应该是以提高资源利用效率、重视保护环境、推动科技进步和提倡创新为基础的集约型发展模式。经济发展模式的转变必然会引起教育领域的变革,我国的教育也必然转变以往的精英型教育,代之以普及型的大众化教育,而职业教育是促进大众化教育的重要手段。武陵山区职业院校应把握住这一发展趋势,大力改革内部运行机制,构建以民族地区市场需求为导向的专业设置方案,在教学中应注重对学生实践操作能力的培养,坚持理论联系实际,强化实践、实训操作,培养高素质的职业技能人才。职业教育能够培养高素质的科技人才和熟练的技术工人,从而满足科技进步和社会经济发展的需要。通过职业教育提高劳动力的素质已经成为世界上多数国家的重要国策。近年来,我国尤其重视职业教育的发展,大力发展各种层次的职业教育。只有拥有高素质的技能型劳动力队伍、掌握核心技术的高科技人才,才能在激烈的国际竞争中占据主动,立于不败之地。武陵山区面临经济跨越式发展的重大机遇,也必须注重职业教育的发展,抓住技能型人才培养的关键,为经济跨越式发展提供不竭的动力。

三、创新职教模式,区域经济发展之持续升级动力

职业教育的创新发展,能够为区域经济发展提供持续升级的动力。武陵山区职业院校应结合民族地区的特色需求开展职业技能教育和进行人才培养。具体而言,武陵山区职业教育的创新发展应从推动职业院校创新教育模式、推进高职院校创新教育制度和推动职业院校创新办学模式三个方面来着手。

(一)推动职业院校创新教育模式

职业院校创新教育模式的关键在于推进人才培养模式的改革。职业院校人才培养模式的改革方向在于强化创新型技能人才的培养,武陵山区职业院校应加强职业教育人才培养模式的创新,改革既有模式,培养适应民族地区需求的具有创新能力的人才。我国提出建设创新型国家是希望通过发展方式的转变,促进国家经济社会健康发展,提升国家竞争力。就国内而言,区域经济发展之间竞争的实质已经转变为各区域之间创新型技术人才的竞争,从而把创新型技术人才的地位凸显出来。职业教育特别是高等职业教育的主要职能就是培养掌握先进科学技术的高素质技能型人才,并通过与企业的联合培养,使这些人才适应企业和社会发展的需要。当今时代,创新型人才的培养占据更加重要的地位,因此,职业院校应转变人才培养的方式,从传统的以培养学生的动手能力为主转变为以培养依托学生创新思维和创新能力的技能为主,从而为区域经济发展提供具有创新思维的高素质技术人才。武陵山区职业院校人才培养模式可以从以下几个方面进行改革:一是强化人才培养中的实习、实训环节,创新实习、实训方式。加大对实习、实训设备的投入力度,并通过产学研相结合的方式拓展实习实训途径,协调企业的新型设备和技术人员参与实践教学,在实习、实训中采用企业员工指导实习生操作,教师进行现场观摩和理论指导的方式,提高实习、实训的效果。二是结合民族地区特点及时调整专业设置,根据时代发展设置新的专业门类,不断修改人才培养方案,同时职业院校应加强自身科研实力,

将科研成果运用到教学过程中,从而提升教学的质量与效果。三是职业院校通过教育教学方式的改革,改变传统的教育模式,为培养社会需要的创新型技术人才提供平台。

(二)推进高职院校创新教育制度

高职院校承担着为社会发展培养高素质技能型人才的重任,是职业教育系统的重要组成部分。当前的高职院校教育制度存在一些问题:一是传统的职业教育观念仍然占据主流,普通民众对职业教育存在一定的歧视;二是职业教育结构布局不合理;三是职业教育相关法律、法规不完善等。针对这些问题,武陵山区高职院校应进行深入的研究,着力推动职业教育制度的创新解决现存的问题。具体而言,首先,加强对职业教育的宣传推广工作,使人们认识到职业教育是大众教育中的重要组成部分,通过接受职业教育可以解决一定的就业问题,改变普通民众对职业教育的传统观念。其次,通过政策和市场的双重手段,推动民族地区职业教育结构的优化布局,着力解决职业教育结构不合理的状况。再次,借鉴发达国家职业教育的相关经验,特别是德国职业教育的经验,为推动武陵山区职业教育制度创新提供借鉴。最后,根据经济社会发展状况,结合职业教育发展情况,着力完善职业教育相关法律、法规。此外,还要深化内部管理体制改革,如推动后勤服务工作社会化等,提高高职院校有限经费的使用率,从而为鼓励有科研能力和服务能力的教师或教师团队积极服务社会创造条件,提升服务社会的实效。[①]高职院校创新制度体系建设应结合区域经济发展的实际情况来进行,武陵山区高职院校的制度创新需要结合民族地区经济社会发展的状况来推进,从而保障职业教育制度创新的针对性。

(三)推动职业院校创新办学模式

职业院校主要是培养人才的职业技能水平,这就需要在人才培养中注重学生的实习实训的开展,而校企合作平台的搭建,可以实现学校和企业高

[①] 李飞:《产业结构调整背景下高职教育服务社会研究》,《职教论坛》2015年第4期。

度的融合,充分发挥职业院校和企业的优势,既能培养学生的知识素养和理论知识,又能提高学生的实践操作能力。武陵山区经济发展需要大量职业技能人才,这就为该地区职业院校发展提供了舞台,而该地区工业的快速发展也为校企合作提供了良机。一是在当地寻找一部分实力较强、具有一定代表性的企业合作共建产学研基地。基地既可以建在学校,也可以把企业当作现成的基地,为职业院校提供教学科研的平台,促进科研工作的开展,这既能促进企业生产技术的创新,又能为学生提供创新的教学素材。也可以与企业合作办学,通过合作办学,不仅拓宽了学校办学空间,而且增强了办学实力。[①] 二是与区域内或者国内其他地区的有实力的企业合作共建学生实习、实训基地,为学生提供训练专业技能的平台。这种实习是与企业联合开展的,它既能让学生在真实的工作环境中尽快掌握专业技能知识,增强其实际操作能力,又能为学生毕业后提供一定的就业渠道。三是职业院校应与有实力的企业联合办学,充分运用企业与学校的优势资源。学校可以利用企业的资金弥补办学资金的不足,还可以把企业的熟练技术工人作为职业院校学生实习实训课的指导教师,从而提高学生的实践能力。企业既可以利用学校的科研平台提升企业产品的科技含量,增加产品的科技附加值,也可以让具有一定技能知识的职业院校的学生参与生产,提高企业生产效率,同时降低劳动力成本,增强产品的市场竞争力。

四、配置优化资源,提升区域经济发展之效率保障

职业教育的发展能够为社会提供具有较高知识修养和职业技能水平的人才,而合理配置这些高素质劳动力资源有利于促进企业劳动生产率的提升。武陵山区在人力资源配置中应结合民族地区的特点,合理配置符合民

[①] 何静、王萌萌:《高职院校与区域发展互动研究》,《中国职业技术教育》2013年第16期。

族地区经济社会发展需求的专业人才,促进该地区高素质人力资源的优化配置,进而有效促进区域经济的健康发展。

(一)提升人力资源的技能水平

职业教育的主要内容之一是教授实用科学技术和工艺技能,通过教学过程将复杂的技术与工艺简约化,以学生更容易接受的方式使其掌握这些技术与工艺。在教学过程中,职业教育以科学合理的课堂组织形式和教学方式,运用理论讲述与实践操作相结合的方法,将复杂的、少数人掌握的技术与工艺被更多的人所掌握,从而将大量的普通劳动者培养成为拥有高水平技能的熟练工人,以此来提高企业的劳动生产率。此外,由于职业教育的特殊性,其与经济社会发展结合较为紧密,职业教育的目的就是为经济社会发展提供高素质的职业技能人才。职业教育通过对劳动者安全意识的培养,从而有效地降低生产事故的发生率。职业教育还通过对劳动者开展职业道德教育使其拥有良好的职业道德素质,从而间接地提高劳动者的劳动生产率。武陵山区职业教育应结合本地区的实际情况,彰显和提高该地区人力资源的民族特色和技能水平,进而为提高该地区人力资源的利用效率奠定基础。

(二)强化人力资源管理

人力资源管理,是指运用现代化的科学方法,对与一定物力相结合的人力进行合理的培训、组织和调配,使人力、物力经常保持最佳比例,同时对人的思想、心理和行为进行恰当的诱导、控制和协调,充分发挥人的主观能动性,使人尽其才、事得其人、人事相宜,以实现组织目标。武陵山区职业院校的人才培养过程能够对区域发展中的人力资源管理产生一定的影响。一是通过开设管理学、心理学等课程,培养学生自我心理调适、自我控制与自我管理的能力,为人力资源提供自我管理的基础。二是通过开展素质拓展教育,培养学生在实际生活中分析问题、处理问题的能力,为人力资源提供现实环境中解决问题的基础。三是通过开设人力资源管理的专业,培养专门的人力资源管理人才,为区域发展提供人力资源管理的人才支持。

（三）优化配置人力资源

职业教育在拥有技能型人才培养和技术研发运用的功能之外，还具有人力资源配置的功能。简言之，职业教育可以作为整合人力资源与社会需求的平台，使社会上具有不同知识素养、不同技能水平和不同兴趣爱好的人通过差别化的教育找到适合自身的职业岗位，从而将劳动者个体需要与社会岗位需求有机结合，充分发挥人力资源的积极性与创造性，激发人的潜能，提高人力资源的配置效率，进而促进区域经济社会的发展。武陵山区的职业教育应作为该地区人力资源与社会需求之间的桥梁，要做到这一点，需要改革目前的职业教育模式。具体而言，经济社会发展日新月异，必然产生很多新的劳动力需求岗位，也要求社会提供更多的拥有新技能水平的劳动者，职业教育只有不断地根据社会发展情况更新自身的课程体系和专业体系，才能紧跟社会发展状况，及时培养具有新技能的社会紧缺人才，这既能提高人力资源的素质并优化其资源配置，又能提高当地职业院校学生的就业率。武陵山区在发展中应充分发挥职业教育的经济功能，以该地区经济社会发展状况为基础，合理布局职业教育机构，努力使职业教育专业设置与区域产业发展相适应。

职业教育服务区域经济社会发展的功能既包含优化人才结构和提供技术供给的功能，也包含开拓创新职业教育制度和优化人力资源配置的功能。武陵山区职业教育与区域经济发展之间是协调互动的关系，职业教育的发展为区域经济发展提供了人才、技术、效率等方面的支持，而区域经济社会的发展又为职业教育的发展注入了活力。武陵山区应高度重视职业教育的发展，特别是应用性较强的高等职业技术院校的发展，通过政策扶持和加大投入等方式推动区域职业教育的快速发展，以便为区域经济社会发展提供智力支持。武陵山区职业教育服务区域经济发展中还存在民族特色需求专业设置不健全的问题，针对这一问题，需要该地区职业院校在深入调查研究的基础上，切实结合民族地区的特色需求，优化职业教育的专业设置，以便为武陵山民族地区经济社会发展提供更多高素质的专业人才。[1]

第三节 职业教育促进人力资源开发功能嬗变的制度变迁理论研究

从19世纪60年代的洋务运动算起,中国的职业教育已经过好几次重大的转型,这些转型给中国经济社会的发展带来了巨大的变化。然而,纵观一百多年的职业教育发展史,不难发现,受"职业教育组织内部缺少有影响力的精英力量、缺乏强大的认可体系、缺乏真正的合法化地位"等因素的制约,中国的职业教育始终没有完成市场化的制度变迁历程,其每一次兴衰进程无不与政府的政策和资金支持有关。[2] 因此,在充分整合心理学、社会学、解释学、教育学和历史学等研究范式的基础上,以职业教育人力资源开发功能的嬗变进程为抓手,以不同时期职业教育的转型特征为切入点,从制度变迁理论审视之视角,为中国职业教育构建一个有利于其建立合法地位、科学发展的制度保障环境,不但是构建现代职业教育体系的必然,也是优化职业教育人才开发功能的重要举措。

众所周知,任何事物的发展演变都经历了一个漫长的过程。职业教育的人力资源开发功能也同样经历过"完善—欠完善—完善"的发展过程,故很有必要依据历史与逻辑的统一关联,对一百多年来中国职业教育之"完善—欠完善—完善"的历史发展脉络进行梳理,进而从制度变迁理论的角度来审视职业教育人力资源开发功能的微妙变化。一百多年的职业教育发展史表明,中国社会最有影响力的两次转型:一次是封建社会向社会主义社会的转型,另一次是在社会主义计划经济的基础上建立社会主义市场经

---

[1] 黄玖琴、梁成艾:《职业教育服务区域经济发展功能研究——以武陵山民族地区为例》,《中国成人教育》2015年第22期。

[2] 赵琳、冯蔚星:《中国职业教育兴衰的制度主义分析——"市场化"制度变迁的考察》,《清华大学教育研究》2003年第12期。

济的转型。这两次转型的过程中都交织着基于生存需要的、以追求政治功能为主,基于发展需要的、以强调经济功能为主,基于实现需要的、以科学发展功能为主的变化过程,尽管这些功能有的是通过人力资源培育这一媒介来达成的,但依然可以根据其变化特征将这一过程大致分为以下三个阶段。

一、民族社会生存功能:以追求政权民权功能为主

这一阶段(1860—1978年)是我国职业教育诞生与成形的重要阶段。然而,自以马尾船政学堂为标志的中国近代职业教育创立以来,职业教育的人力资源开发功能就只能从基本权利追求层面来探索以政治权利追求为表象的民族生存权与发展权。考虑到民族生存权与发展权诉求的特殊性,故该时期有关促进职业教育民族社会生存功能发展的制度政策自然也会呈现出"上下融合"型的变迁轨迹。因此,可以根据这些制度变迁的特征,把该阶段分为以下三个时期:

(一)十九世纪六十到九十年代洋务运动时期职业教育功能:强国富国

这一时期是中国近代职业教育开端与成形的关键期,职业教育在人力资源开发方面所呈现的外在表征是学习西方的科学技术,借以提升整个民族的生存能力。根据人力资源开发功能侧重点的不同,又把这一时期分为两个阶段。其中,十九世纪六十年代到七十年代初期为第一阶段,在这一阶段,晚清政府不仅创立了江南制造局、福州船政局等近代军事工业,而且还从改革科举制度入手对几千年来的封建人才培养模式进行了调整。第二阶段是十九世纪七十年代到九十年代中期,这一阶段的洋务运动不仅创办了一些民用工业,而且还开办了许多实业学校,培养直接为农工商业服务的人才。

然而,不难发现,无论是以"壬寅学制"的颁布为标志的近代军事工业的建立还是以"癸卯学制"的颁行为标志的科举制度的改革,也无论是民用工业的创办还是实业学校的开办等制度政策的出台,无不呈现出一

种"先下后上"型的表征路径,并同时表现出明显的诱使与强制相交叉的制度变迁特点。根据美国著名经济学家道格拉斯·诺思的制度变迁理论,制度变迁发生与否取决于制度创新者的预期收益与其成本的比较,此时无论是洋务运动实业派政治家"师夷长技以自强"的政治抱负或是改革派思想家"资以治生"的远大理想,都表明他们已深切认识到改良现行政治制度和政策法令将带来巨大的潜在利益,希冀通过对现行政治制度和政策法令的替代或更新来达到以民族生存为目标的"救亡图存"和"求富",在这一价值取向的指引下,该时期的职业教育在人力资源开发方面所表现的主要功能只能是以参与主体追求政治权利为途径来表征"强国富国"之目的了。

(二)二十世纪二三十年代乡村建设时期职业教育功能:救国救民

这一时期是我国近代职业教育多元与共生的繁荣期,职业教育在人力资源开发方面所呈现出来的外在表征主要是开展乡村教育、进行乡村建设,借以提升整个民族的生机与活力。在这一时期,以晏阳初为代表的平民教育派、以陶行知为代表的生活教育派、以梁漱溟为代表的新儒学的文化教育派和以黄炎培为代表的职业教育派等乡村教育与乡村建设运动风靡一时[①],不但使许多落后的农村地区成为教育救国救民理想实现的实验基地,而且还促使"乡村教育、乡村建设"的思想成为二十世纪二三十年代中国最有影响力的一种社会思潮,产生了轰动性的社会效应,并最终促使当时的职业教育呈现出救国救民等人力资源开发的多功能特征。

然而,尽管先驱们作了许多以救国救民为人力资源开发功能表征的乡村教育类的探索活动,并且这些活动也为整个乡村建设运动作出过巨大的贡献,但结果是这种试图改变当时农村贫穷落后面貌的活动大多以失败告终。究其原因,无外乎这类探索活动是基于"自下而上"之制度变迁的发展

---

① 石志勇等:《我国职业教育功能的历史演绎》,《河南职业技术师范学院学报》2008年第5期。

轨迹来进行思量的,属于非正式制度之诱使性制度变迁的范畴,尚没有达到制度创新者进行强制性制度变迁所要求的力度,因为对当时的制度创新主体而言,他们进行制度变迁时所追求的潜在利益远不在此处,这就注定了以救国救民为目的的乡村教育与建设活动的败局。

(三)二十世纪四五十年代新中国建设时期职业教育功能:巩固提高

这一时期是新中国职业教育改造与恢复的紧要时期。此时,职业教育在人力资源开发方面所呈现出来的典型表象是开办各类速成学校和文化实习学校,通过这一途径来提升人民群众的文化水平,进而培养新中国建设所需要的各类人才,并最终达到巩固新生的人民政权之目的。在这一时期,无论是《政务院关于整顿和发展中等技术教育的指示》等关于中等专业技术教育的法规和规章,或是中央人民政府教育部《关于开展农民业余教育的指示》等政务院行政部门制定的条例与意见,无不彰示出一种"自上而下"型的变迁路径。这些制度的创新主体已充分认识到旧制度所带来的种种弊端及严重后果,决意用一些潜在利益巨大的新制度来代替之,这一代替的过程就是典型的制度变迁过程,具有明显的强制性制度变迁之特征。

二、人力市场调节功能:以强调经济发展功能为主

这一阶段(1978—2013年)是我国职业教育改革与创新的"多事之秋"。职业教育在人力资源开发方面所表现出来的主要功能是通过对劳动力市场的需求状况进行调节来促进经济的发展和社会的和谐,侧重的是职业教育在人力资源开发方面所表现出来的经济发展功能,追求的是物质利益层面的发展需要,故其具有明显的工具理性和"自上而下"的强调性制度变迁特征。根据这一阶段职业教育在人力资源开发方面所表现出来的功能需求程度不同,可以将这一阶段分为以下三个时期。

(一)1978—1991年的职业教育功能

这一时期是"文化大革命"后中国职业教育重生与焕发的转折时期,也是

我国国民经济恢复和市场机制的引入时期,典型标志是党的十一届三中全会的召开和1984年《中共中央关于经济体制改革的决定》的发布。此时的职业教育体系基本被摧毁,无法有效体现其在人力资源开发方面的特有功能,这显然与拨乱反正后,经济社会重建急需大量一线应用型人才的现实需求不相吻合。于是,一系列诸如《关于改革城市中等教育结构、发展职业技术教育的意见》(1983年)、《关于大力发展职业技术教育的决定》(1991年)等旨在恢复和发展职业教育的政策和制度纷纷出台,标志着我国的职业教育正逐步走向表征人力资源开发功能的正常化发展轨道。纵观上述政策和制度,不难发现,这些政策和制度大多呈现出明显的"自上而下"的表征轨迹,这就充分说明,这些政策和制度的创新主体洞悉到新制度后面所隐藏的巨大利益,决定以新制度代替低效制度来凸显职业教育的人力资源开发功能,从而对不同利益集团进行收入再分配。这种代替方式具有典型的"自上而下"的发展特征,属于强制性制度变迁的理论发展范畴,因为这种方式能促使政府通过行政干预的手段,在短时间内使我国的职业教育呈现出欣欣向荣的发展景象。

(二)1992—2001年的职业教育功能

这一时期是我国由社会主义计划经济向社会主义市场经济全面转型的关键时期,标志性的事件是中国共产党第十四次全国代表大会的召开。在这一大的时代背景下,职业教育在人力资源开发方面所发挥的功能主要受经济利益的驱动,表露出明显的盲目冒进特征,结果导致此时的职业教育在人力资源开发方面呈现出了一种社会分层式的负面功能。处于劣势地位的职业教育在严酷的市场竞争面前无所适从,培养的人才无法满足企业行业的需求,最终导致职业教育整体呈现大幅下滑的状态。究其原因,主要是因为这一时期的职业教育对潜在利益过分看重,在一定程度上忽略了诸如区域性、民族性、类属性等制约因素,最终给这些"自上而下"的强制性制度造成了较大的负向作用,进而严重制约了职业教育人力资源开发功能的有效表征。

(三) 2002—2013 年的职业教育功能

这一时期是我国经济社会发展的转型调整期,职业教育在人力资源开发方面所表现的功能主要归属于社会整合和劳力供给两大领域,"和谐"与"高移"成为该时期职业教育在人力资源开发方面所呈现的外在特征。在这一特征背后是《国务院关于大力推进职业教育改革与发展的决定》《教育部等七部门关于进一步加强职业教育工作的若干意见》《国务院关于大力发展职业教育的决定》等一系列促进职业教育科学健康发展的政策措施的相继出台。这些政策措施的相继出台,不但折射出制度创新主体对"因片面追求经济效率所造成的'市场与再分配双重主导'的社会不平等"[①]及"因后工业化以及信息化所带来的产业升级给社会结构造成的断裂结果"[②]等影响不同利益集团进行收入再分配之负向因素的充分掌握,也说明制度创新主体试图通过对旧制度所造成的社会分层、低分低能等职业教育在人力资源开发所呈现的负向作用进行抑制的方式来彰显新制度所隐藏的巨大潜在利益。尽管这些制度大多属于强制性变迁的范畴,但其在民生、公平、和谐等社会整合和高素质技术技能型人才供给等方面所产生的巨大效应却是有目共睹的,其中,代表职业教育高移趋势的以"直通车"为代名词的现代职业教育体系和以弱势群体为培训主体的现代职业教育培训体系的构建就是两个典型的外证例子。

三、人格品性塑造功能:以强调人文关怀功能为主

这一阶段(1996—2013 年)是我国职业教育拓展与变异的临界时期,职业教育在人力资源开发方面所表现出来的主要功能则是通过对劳动力素养和品行等的强调来凸显职业教育之人格品性的塑造功能,它侧重的是职业教育在人才资源开发方面所表现出来的经济发展、社会进步和人性彰显等

---

① 刘玉照:《社会转型与结构变迁》,上海人民出版社 2007 年版。
② 孙立平:《关注 90 年代以来中国社会的新变化》,《社会科学论坛》2004 年第 1 期。

综合发展功能,追求的是生命体在精神层面实现自我的综合需要,旨在通过职业教育科学发展功能的不断彰显来表露职业教育的人文关怀理性和"先下后上"交替型的制度变迁特征。根据这一阶段职业教育发展相关促进制度变迁轨迹的不同,可以把这一阶段分为以下两个时期。

(一)1996—2005年的职业教育功能:学会发展

这一时期中国的职业教育在人力资源开发方面呈现出多元化的功能价值取向。此时的职业教育不再完全依赖人才培养这一途径来实现以政治和经济利益追求为目的之发展功能,而是将发展重点放到直接促进人格品性的塑造方面,着重关注人的生命价值和人的潜能与个性等内容。这一点可以从1996年联合国教科文组织21世纪教育委员会发布的《教育——财富蕴藏其中》报告有关"学会求知、学会学习、学会做事、学会共处"等内容和2005年举办的"正规教育中共同价值观教育"国际研讨会中求证一二。然而,令人遗憾的是,无论是《教育——财富蕴藏其中》报告或是"正规教育中共同价值观教育"国际研讨会,均是属于意识形态、文化习俗等非正式制度类的东西,不但缺乏有效的法律约束力,而且还表征出明显的"自下而上"的变迁轨迹。虽然创新主体认识到制度变迁背后所隐藏的巨大利益,但由于缺乏强有力的制度变迁主体的推动,故这些报告与研讨会只能算是诱使性制度变迁的范畴。这也就是为什么职业教育有关人性彰显之人力资源开发的功能现今尚处于提倡阶段的根本原因。不过,令人欣慰的是,虽然这些非正式制度属于诱使性制度变迁的范畴,但其却凸显出职业教育要求各参与主体不断表征"学会发展"之人力资源开发功能,进而为下一阶段人的全面发展之职业教育人力资源开发功能奠定了基础,积累了经验。

(二)2006—2013年的职业教育功能:学会变革

这一时期中国职业教育在人力资源开发方面所发挥的功能主要体现在关心生命价值和人的全面发展方面。具体而言,此时的职业教育不但注重通过提供优质人力资源来彰显自己促进经济发展和社会繁荣的功能,而且更注重通过人格品性的养成来表征自己关心生命价值和人的全面发展之人才开发功能。此时职业教育的人力资源开发功能不仅仅局囿于培养知识人、工具人和技能人之工具主义的范畴,更多的是以人的发展需要为前提,通过对人的尊严和人格之完整的关注来彰显其以关心人的精神生活为主旨的开发功能。为达成职业教育"学会变革"之人力资源开发功能,国务院不但于2006年出台了旨在提高农民整体素质的《中共中央国务院关于推进社会主义新农村建设的若干意见》,而且还适时完善了以提高人民生活质量为目的、旨在满足城市有闲阶层之休闲需求的职业教育培训体系。无论是《中共中央国务院关于推进社会主义新农村建设的若干意见》的出台或是休闲职业教育培训体系的完善,其所表征的路径都呈现出明显的"自上而下"的特征,属于典型的强制性制度变迁的范畴,也是先前诱使性制度变迁经验不断积累的渐变结果。

纵观中国职业教育一百多年的发展史,不难发现,虽然中国职业教育之人力资源开发功能经历了一个由"以追求政权民权功能为主"向"以强调经济发展功能为主"再向"以强调人文关怀功能为主"的嬗变过程,但这一嬗变过程中更多体现的是职业教育相关制度措施的变迁史。也许这些制度措施有的属于非正式制度的范畴,会因其"自下而上"的运行轨迹而缺乏应有的规范力,有的属于正式制度的范畴,会因其"自上而下"的变迁轨迹而彰显出强大的约束力,但它们都对职业教育之人力资源开发功能的不断完善做出过贡献,这也充分说明职业教育之人力资源开发功能是随着职业教育相关制度措施的不断完善而适时发展变化着的。换言之,职业教育相关制度措施是职业教育之人力资源开发功能不断优化的保障器。同时,人力资源开发功能的这一嬗变进程也表明,为有效达成职业教育的培养目标,制度创新主体应适时出台一些上下融合型的制度政策来整体优化职业教育的人力资源开发功能。[①]

[①] 梁成艾:《社会转型期职业教育人力资源开发功能嬗变之制度变迁理论审视》,《职教论坛》2013年第34期。

第二章 武陵山区农村劳动力就业创业能力提升的发展状况与问题归因

第一节 就业能力提升的发展状况与问题归因

随着区域经济社会发展,许多在家从事传统农业的农村劳动力面临着重新上岗的压力与挑战,闲散在家或间歇就业的农村劳动力数量比前些年有所增加。这一点在武陵山区这样的一个跨省份的"老""少""偏""山"地区体现得更为明显。考虑到劳动力的就业态势与就业质量不仅关系到农村地区的和谐与繁荣,而且还涉及社会的发展与稳定,弄清武陵山区农村劳动力的就业结构、就业要求、就业质量等基本情况,发掘农村劳动力就业过程中所遇到的问题及导致这些问题产生的原因,就显得十分必要了。

研究表明,武陵山区农村劳动力就业能力的提升会受到兴趣、动机、价值取向等个体自身素质及专业特长、岗位体验、专业情感等专技修养水平的影响与制约。为此,笔者紧扣上述要素,从外出就业和在家就业两大维度出发,了解该地区农村劳动力就业能力提升的基本情况。调查研究主要采用分层抽样和随机抽样相结合的方法,结合传统的区域划分办法,将武陵山区划分为湖北省的恩施地区、湖南省的吉首地区、贵州省的铜仁地区和重庆市的酉阳地区,然后再在每个地区随机抽取一些县份来进行调查,具体的调查分布及统计分析情况见表2-1。

表 2-1 武陵山区农村劳动力就业能力提升被试样本分布情况

被试样本所在地区		湖北恩施	湖南吉首	贵州铜仁	重庆酉阳	合计
被试样本所在区县		巴东县、建始县、来凤县、咸丰县、宣恩县、鹤峰县、利川县、恩施市	龙山县、凤凰县、泸溪县	石阡县、松桃县、万山区、沿河县、江口县、印江县、思南县	秀山县、酉阳县、黔江区	21(个)
调查乡镇数量(个)		200	107	62	39	408
样本数量	发放数(份)	650	650	650	650	2600
	回收数(份)	412	592	472	633	2109
	有效数(份)	394	567	470	597	2028

资料来源:根据笔者调研数据整理。

用SPSS18.0统计软件对所采集到的调查数据进行科学处理和分析之后发现,武陵山区农村劳动力的就业能力提升情况主要表现如下。

一、武陵山区农村劳动力就业能力提升的发展状况

(一)农村劳动力外出务工浪潮依然强势,并彰显出低层化、两端化、族群化等特征

统计数据表明,有64.8%的调查对象有过外出打工的经历,而且当问及"您2014年是否打算外出打工"时,有37.9%的人选择"打算"选项(见表2-2)。当问及"您的就业形式"时,依然有30.30%的人选择"外出务工"选项(见表2-3)。这说明,武陵山区农村劳动力外出打工的思潮依然旺盛,尚看不到有迅速衰退的迹象。

表 2-2 被试样本外出打工意愿统计

外出打工意愿	频率(人)	有效百分比(%)	累积百分比(%)
打算	769	37.9	37.9
还没想好	783	38.6	76.5

续表

外出打工意愿	频率(人)	有效百分比(%)	累积百分比(%)
不打算	476	23.5	100.0
合计	2028	100.0	—

资料来源:根据笔者调研数据整理。

表2-3 被试样本的就业形式统计

就业形式	频率(人)	有效百分比(%)	累积百分比(%)
务农	548	27.0	27.0
企业	271	13.4	40.4
零散打工	330	16.3	56.7
外出务工	615	30.3	87.0
家庭自主经营	145	7.1	94.1
闲散在家	84	4.1	98.2
兼职经商	15	0.7	98.9
其他	20	1.0	100.0
合计	2028	100.0	—

资料来源:根据笔者调研数据整理。

调查还发现,被调查的农村劳动力人群中,19岁以下、30—40岁、40—50岁这一年龄段占多数。这说明,外出务工的农村劳动力具有明显的两端化发展特征。不仅如此,在这类农村劳动力人口中,30—40岁和40—50岁这个年龄段的劳动力比19岁以下的劳动力多出31个百分点。表明现阶段的农村劳动力大多倾向于理性选择外出打工,不过其整体上依然存在盲目外出打工等现象。除此之外,在这些外出务工的农村劳动力人群中,其文化程度大多集中在初中和小学这两个层次,分别占总量的36.0%和40.5%,呈现出较明显的低层次化发展特征。故笔者认为,学历水平对农村劳动力的就业意向影响较大,学历层次越高的人,往往越倾向于从事其他类别的工作,对外出务工很少关注。

武陵山区农村劳动力的外出务工浪潮除呈现出学历低层次化和年龄两端化等发展特征之外,其人员构成也表露出明显的族群化发展特点。当问及"如果外出打工,您一般是通过何种途径找到工作的"时,有55.0%人选择了"亲戚朋友介绍"这一选项,有21.2%的人选择了"同乡介绍"这一选项(见表2-4)。这说明在众多有过外出务工经历的人群中,大家往往倾向于通过"血脉、友情、乡情"等纽带来组成具备一定族群架构的务工队伍,故该地区农村劳动力就业结构中呈现出明显的族群脉络特征。

表2-4 被试样本外出打工途径统计

打工途径	频率(人)	有效百分比(%)	累积百分比(%)
亲戚朋友介绍	1116	55.0	55.0
同乡介绍	429	21.2	76.2
中介机构	60	3.0	79.1
自己盲目寻找	341	16.8	96.0
政府劳动部门派遣	49	2.4	98.4
其他	33	1.6	100.0
合计	2028	100.0	—

资料来源:根据笔者调研数据整理。

(二)在家就业势头强势,并表露出多元化、高龄化、科技化等特点

调查发现,尽管武陵山区的大多农村劳动力依然倾向于选择外出务工,但也有一部分劳动力已开始考虑选择回家就业,这一就业势头呈现出多元化、高龄化、科技化等发展特征。

首先,在就业方式上。当问及"您的就业形式"时,有27.7%的人选择外出务工,选择常年在家务农的人数占总数的27.0%(见表2-5)。除此之

处,选择在企业上班、家庭自主经营、零散打工等就业方式的人也不少,累计超过37.8%,这说明,武陵山区的农村劳动力选择在家就业的人数较多,而且他们的就业方式也逐渐呈现多元化的发展态势。

其次,在年龄结构上。选择在家从事农业活动的劳动者大多集中在40—50岁、51—60岁、61—65岁这三个年龄阶段,其中51—60岁和61—65岁这两个年龄段的人所占的比例较高(见表2-5)。这说明,在家从事农业活动的劳动者的年龄结构呈现出高龄化发展特点。

表2-5 在家就业的被试样本的年龄段及就业形式交叉统计

年龄段	就业形式	务农	企业	零散打工	外出务工	自主经营	闲散在家	兼职经商	合计
19岁以下	计数(人)	158	73	76	115	39	24	4	508
	占比(%)	7.8	3.6	3.7	5.7	1.9	1.2	0.2	25.0
	年龄段(%)	31.1	14.4	15.0	22.6	7.7	4.7	0.8	100.0
	就业形式(%)	28.8	26.9	23.0	20.5	26.9	28.6	26.7	25.0
20—30岁	计数(人)	57	52	47	51	13	27	5	255
	占比(%)	2.8	2.6	2.3	2.5	0.6	1.3	0.2	12.6
	年龄段(%)	22.4	20.4	18.4	20.0	5.1	10.6	2.0	100.0
	就业形式(%)	10.4	19.2	14.2	9.1	9.0	32.1	33.3	12.6
31—40岁	计数(人)	128	69	92	203	49	14	1	580
	占比(%)	6.3	3.4	4.5	10.0	2.4	0.7	0.0	28.6
	年龄段(%)	22.1	11.9	15.9	35.0	8.4	2.4	0.2	100.0
	就业形式(%)	23.4	25.5	27.9	36.2	33.8	16.7	6.7	28.6
41—50岁	计数(人)	174	58	89	182	35	7	5	575
	占比(%)	8.6	2.9	4.4	9.0	1.7	0.3	0.2	28.4
	年龄段(%)	30.3	10.1	15.5	31.7	6.1	1.2	0.9	100.0
	就业形式(%)	31.8	21.4	27.0	32.4	24.1	8.3	33.3	28.4

续表

年龄段	就业形式	务农	企业	零散打工	外出务工	自主经营	闲散在家	兼职经商	合计
51—60岁	计数(人)	20	7	17	8	5	6	0	65
	占比(%)	1.0	0.3	0.8	0.4	0.2	0.3	0.0	3.2
	年龄段(%)	30.8	10.8	26.2	12.3	7.7	9.2	0.0	100.0
	就业形式(%)	3.6	2.6	5.2	1.4	3.4	7.1	0.0	3.2
61—65岁	计数(人)	8	5	4	2	3	1	0	24
	占比(%)	0.4	0.2	0.2	0.1	0.1	0.0	0.0	1.2
	年龄段(%)	33.3	20.8	16.7	8.3	12.5	4.2	0.0	100.0
	就业形式(%)	1.5	1.8	1.2	0.4	2.1	1.2	0.0	1.2
65—70岁	计数(人)	2	7	4	0	1	5	0	19
	占比(%)	0.1	0.3	0.2	0.0	0.0	0.2	0.0	0.9
	年龄段(%)	10.5	36.8	21.1	0.0	5.3	26.3	0.0	100.0
	就业形式(%)	0.4	2.6	1.2	0.0	0.7	6.0	0.0	0.9
合计	计数(人)	548	271	330	561	145	84	15	2028
	占比(%)	27.0	13.4	16.3	27.7	7.1	4.1	0.7	100.0
	年龄段(%)	27.0	13.4	16.3	27.7	7.1	4.1	0.7	100.0
	就业形式(%)	100.0	100.0	100.0	100.0	100.0	100.0	100.0	100.0

注:占比为该年龄段就业形式人数占总人数的比重。
资料来源:根据笔者调研数据整理。

最后,在科技含量上。当问及"您在家务工所从事的农业领域"时,尽管仍然有68.7%的人在从事传统农业,但令人高兴的是,被试样本中有12.3%的人在从事规模农业,5.9%的人在从事新型农业,10.3%的人在从事生态农业、观光农业和旅游农业(见表2-6)。这表明武陵山区的农村劳动力在沿袭传统的农业生产方式的同时,正大胆尝试与创新,试图通过生产方式的革新和高科技生产技术的引入来改革武陵山区贫穷落后的经济社会发展状况,最终使得武陵山区的农业生产活动逐渐呈现出科技化发展特征。

表2-6 在家务农的被试样本所从事的农业领域分布

从事的农业领域	频率(人)	有效百分比(%)	累积百分比(%)
传统农业	1393	68.7	68.7
规模农业	249	12.3	81.0
新型农业	119	5.9	86.8
生态农业	111	5.5	92.3
观光农业	47	2.3	94.6
旅游农业	51	2.5	97.1
其他	58	2.9	100.0
合计	2028	100.0	—

资料来源：根据笔者调研数据整理。

二、武陵山区农村劳动力就业能力提升的问题特征与归因分析

（一）纠结与无奈：在家就业农村劳动力所处的尴尬境地

调查发现，那些选择在家就业的农村劳动力虽然"身在农村"，但却"情陷尴尬"，表露出明显的纠结与无奈情绪，具有典型的内生型特征。首先，就其纠结情绪而言，在家就业农村劳动力之心理活动受主（客）观因素所制约，不过，这些制约因素大多隐藏在一些显性的活动之中。

调查发现，最容易导致武陵山区农村劳动力产生纠结情绪的因素是乡土观和民族情。当被问及"您承包地的主要耕种情况"时，有46.5%的人选择"自己耕种"，有21.4%的人选择"部分自己耕种"。当被问及"您在家务农所从事的农业领域"时，68.7%的受访者选择"传统农业"选项（见表2-6）。这表明，对于武陵山区而言，传统的乡土情结仍然根深蒂固。也许是出于先辈"寸土难得"的古训，或是源于对传统"养老观念"的沿袭，该地区农村劳动力大多有着深厚的乡土情结。在他们看来，土地不仅是其世代

繁衍生息的场所，更是其文化传承创新的支撑，难以离开养育他们的广袤土地，割舍传统的农作方式。这一点在41—50岁这一年龄段的劳动者身上体现得更是明显，比例高达30.3%。这说明，年龄越大，其乡土情结越浓厚。

除乡土观之外，浓厚的民族情结也是该地区农村劳动力纠结情绪产生的重要因素。由于武陵山区是苗族、侗族、土家族、瑶族等少数民族聚居的核心区域，故该地区各民族的生活习惯和风俗人情等差异性较大。为了维系本民族特有的文化脉络，各民族往往注重通过宗亲、血脉、祠堂等媒介来传承本民族文化的独特性，而宗亲、血脉、祠堂等媒介的物化形态则表现为族老对年轻族人的呵护、晚生对先辈哲人的推崇、父母对血脉亲胞的依恋和游子对年迈双亲的眷顾。

正因如此，当被问及"外出务工期间子女由谁照看"时，超过60%的人选择了"自己的双亲"，20.7%的人选择了"其他亲戚"。不仅如此，当被问及"找工作的途径"时，有74.8%的人选择了"亲戚和同乡的介绍"。这说明，虽然受到了其他民族强势文化的影响或冲击，但该地区农村劳动力的独特民族认同感却没有受到多大削弱，他们依然保持着其原始的民族归属感、浓厚的宗族家庭观及炽热的族胞血脉情。

然而，伴随我国改革开放进程的不断深入，周边地区在经济发展、社会稳定、文化繁荣等方面的榜样示范等辐射效应，特别是本民族的先行先试者在社会影响、经济地位等方面的成功表现所产生的同伴效应，致使那些在家就业的农村劳动力产生了纠结与彷徨的情绪。

其次，就其无奈情结而论，前文已经提到，在巨大的财富和地位等现实差距和经济诱惑面前，那些选择在家就业的农村劳动力也在尝试着改变。但是，他们尝试在家实现就业的愿望却受到就业信息闭塞、就业渠道不畅、就业技能错位、就业观念滞后等影响。如当被问及"找工作的途径"时，有16.8%的人是通过"自己盲目寻找"的方式来实现目标的，选择"政府劳动部门派遣"选项的仅占总量的2.4%。再加上受传统耕作方式的制约，农村劳动力大多集中在传统农业领域进行低水平、低附加值的初始农产品的生产活动,故他们在以追求改革开放和技术创新为主旋律,以规模化、集团化、产业化、生态化等为主要特征,以城市农业、观光农业、低碳农业和生态农业发展为特色的新农业建设大潮面前,所能做的除了感叹之外,大多只能是无奈了。

(二)乏力与寡助:外出务工农村劳动力所存的"两难"景象

调查表明,那些选择外出务工的农村劳动力不但处于乏力与寡助的"两难"交织景象之中,并且这种景象还有逐渐深化之趋势。首先,从武陵山区农村劳动力外出务工时所呈现出的乏力景象来看,主要表现在文化素质和技能水平等方面。相关研究表明,随着武陵山区农业产业化、文化品牌化、新型城市化等进程的不断加快,不仅新能源、新材料、现代制造等战略性新型产业急需大批高新技术工人,而且现代物流业、IT开发业、文化旅游业等服务性新兴产业也急需大量高素质人才。然而,调查表明,武陵山区的农村劳动力不仅文化素质较低,而且技术水平也偏低,属于"师傅"技术等级的劳动力仅占总量的14.3%(见表2-7)。很显然,这样的人才结构很难有效满足战略性产业和服务性经济等高速健康发展对高素质人才的需求。

表2-7 武陵山区农村劳动力技术等级调查统计 (单位:人)

劳动力技术等级	重庆市	贵州省	湖南省	湖北省	合计
生手	64	63	97	68	292
初学者	81	119	158	112	470
熟练工	268	154	179	97	698
师傅	129	52	59	49	289
专家	14	15	49	43	121
其他	41	67	25	25	158
合计	597	470	567	394	2028

资料来源:根据笔者调研数据整理。

当被问及"您选择外出务工的主要动因是什么"时,有80.7%的人选择了"在家收入太低"这一选项,选择"外出施展一技之长"的仅占总数的5.6%。当被问及"您认为哪些因素在外出打工中最重要"时,有54.09%的人选择了"收入高"这一选项,而选择"能发挥特长"这一选项的仅为1.9%(见表2-8)。

表2-8 外出务工因素调查统计

外出务工因素	频率(人)	有效百分比(%)	累积百分比(%)
收入高	1097	54.09	54.09
离家近	311	15.3	69.4
所在地生活习惯接近	88	4.3	73.8
风险小	152	7.5	81.3
工作稳定	279	13.8	95.0
熟人多	63	3.1	98.1
能发挥特长	38	1.9	100.0
合计	2028	100.0	—

资料来源:根据笔者调研数据整理。

调查表明,该地区农村劳动力的就业期望值较高,择业动机的功利性较强,对决定其工薪标准的根本制约因素——技能或特长等因素关注较少。而随着产业结构调整和经济结构转型发展步伐的不断加快,劳动力市场所增长的用工需求大多需要一定的文化功底、深厚的职业素养和娴熟的操作技能。这对武陵山区那些文化素质较低、技术特长不突出但就业期望值较高的农村劳动力而言,留给他们的只能是面对巨大的现实需求差距而产生的无力感。

此外,武陵山区农村劳动力外出就业时所呈现出来的寡助景象突出表现在就业渠道、就业质量、就业保障等方面。调查表明,武陵山区农村劳动力外出就业的信息来源较闭塞,就业渠道也不够畅通。这从"政府劳动部门派遣"这一外出打工途径仅占被试样本的 2.4% 就能看出。

不仅如此,该地区农村劳动力外出就业的质量不高,尚存在劳资纠纷、违规用工、维权困难等问题。调查发现,有 69.3% 的劳动者没有与用工单位签订劳动合同,59.8% 的劳动者表示用人单位没帮自己交"养老保险金、失业金、医疗金和公积金",41.9% 的劳动者对自己目前做工单位的居住条件或工作环境不满意,22.6% 的劳动者认为自己有过强制超时劳动的情况,12.5% 和 26.6% 的劳动者认为自己分别有过被非礼现象和被克扣或拖欠工资经历,30.5% 的劳动者感觉自己受到过歧视,且这种歧视突出表现在寻找工作的过程中。但面对这样艰难的就业局面,却仅有 15.7% 的劳动者"经常运用法律武器来保护自己或自家的合法权益不受别人侵犯"。

除此之外,促进该地区农村劳动力外出就业的保障措施也不够完善,许多有益于劳动者的法律法规、培育培训等帮扶政策,由于缺乏宣传力度、执行效力和监督机制以至于无法落到实处或落实效果不明显。

第二节 创业能力提升的发展状况与问题归因

近年来,受经济下行及东部地区机械化使用度的不断提升等因素的影响,越来越多外出务工的农村劳动力被迫返乡,形成了一股"回流潮"。如何安置这些返乡农村劳动力成为一个现实的社会问题。"大众创业、万众创新"的提出,无疑为此问题的解决提供了一个很好的思路。

武陵山区过去是以劳动力输出为主,而近年来由于受"长三角"地区、"珠三角"地区经济结构调整和产业结构转型等因素的影响,导致这些地区劳动力市场发生了巨大的变化,最终导致大批外出务工的农村劳动力逐渐返回家乡进行就业或创业活动。于是,厘清武陵山区农村劳动力的创业现状、发掘其创业能力提升过程中所遇到的种种障碍并指明其完善策略就显得十分重要了。

已有研究表明,劳动力创业能力的提升不仅受到年龄结构、教育程度、兴趣动机等个体因素的影响,而且受到市场环境、政策法规、社会形势等社会因素的制约,甚至受到信息渠道、专业类别、行业类型等综合性因素的牵制。鉴于此,为充分了解武陵山区农村劳动力创业能力的提升情况,笔者以上述因素为思考点,从基本信息和创业现状两个方面设置了17个问题,旨在通过对这些问题的调查,达成研究目标。

调查研究主要采用分层抽样和随机抽样相结合的方法,在调查区域的选择上,结合传统意义上的区域划分办法,将武陵山区划分为湖北省的恩施地区、湖南省的吉首地区、贵州省的铜仁地区和重庆市的酉阳地区,然后再在每个地区随机抽取一些的县份来进行调查,以期提高研究样本的信度和效度。

本调查共向上述四个地区的21个区县、408个乡镇发放调查问卷2600份,回收问卷2109份,有效问卷2028份,有效回收率达到78.0%(见表2-9)。

表2-9 武陵山区农村劳动力创业能力提升被试样本分布情况

被试样本所在地区		湖北恩施	湖南吉首	贵州铜仁	重庆酉阳	合计
被试样本所在区县		巴东县、建始县、来凤县、咸丰县、宣恩县、鹤峰县、利川县、恩施市	龙山县、凤凰县、泸溪县	石阡县、松桃县、万山区、沿河县、江口县、印江县、思南县	秀山县、酉阳县、黔江区	21(个)
调查乡镇数量(个)		200	107	62	39	408
样本数量	发放数(份)	650	650	650	650	2600
	回收数(份)	412	592	472	633	2109
	有效数(份)	394	567	470	597	2028

资料来源:根据笔者调研数据整理。

笔者用SPSS18.0统计软件对所有采集到的调查数据进行了科学处理和分析,通过分析2028份有效问卷后发现,此次调查的对象以男性居多,约占总人数的52.7%,调查对象集中在19岁以下、31—40岁、41—50岁这几个年龄段。调查对象的文化程度大多集中在小学(27.1%)和初中(34.4%)。他们的家庭年人均收入主要集中在2000元以下,而且主要依靠外出务工等渠道来维持日常生活。

一、武陵山区农村劳动力创业能力提升的发展状况

(一)武陵山区农村劳动力的创业动力逐渐增强,并呈现出情感性与价值性兼容之发展特征

通过数据的整理与分析可知,对于"您对自主创业感兴趣吗"这一问题,有766人选择了"很感兴趣",约占被测对象的37.7%,如果再加上选择了"一般感兴趣"和"感兴趣但没打算"这两个选项的949人,所占比例达到84.4%,这说明绝大多数的人对创业抱有一定的兴趣。对于"您创业的动力是什么"这一问题,选择"发财致富""展现自我实现价值"和"避免就业压力"三项内容的人数多达1796人,占被试样本的89.1%。

随着武陵山区农村劳动力打工阅历的丰富、打工经验的积累、打工资金的储备和打工技术的娴熟,他们越来越表现出强烈的返乡创业和回报家乡的意愿,希望充分实现自己的人生价值。尽管他们的创业意愿尚处于萌芽时期,创业行为也处于摸索尝试阶段,但他们表现出来的对价值理性的执着追求,却是足以让人感到欣慰的。统计数据表明,当被问及"自主创业要做好哪些准备"时,有957人将"专业知识"作为首选,占比高达47.2%。当被问及"创业要具备哪些素质"时,有1329人选择了"挑战精神和吃苦耐劳"这一选项,占被试样本的65.5%(见表2-10)。当被问及"现在自主创业的形势"时,选择"形势一片大好,成功可能性很高"这一选项的人仅占总量的8.5%(见表2-11)。这说明武陵山区的农村劳动力尽管具有高涨的创业激情,但却始终保持清醒的头脑,在实践中

不断发掘自己的价值理性诉求。

表 2-10 "自主创业要做好哪些准备""创业要具备哪些素质"调查统计

内容	专业知识	挑战精神和吃苦耐劳
数量(人)	957	1329
比例(%)	47.2	65.5

资料来源:根据笔者调研数据整理。

表 2-11 "对农村自主创业形势的认识"调查统计

内容	管理部门多,程序复杂	创业比较困难,但仍有机会	对国家创业政策不很了解	形势一片大好,成功可能性很高	合计(人)
数量(人)	557	946	353	172	2028
比例(%)	27.5	46.6	17.4	8.5	100

资料来源:根据笔者调研数据整理。

(二)武陵山区农村劳动力创业方略逐渐明朗,表露出协作化与理性化贯通之发展特征

武陵山区的农村劳动力具有强烈的创业意愿与适度的创业理性,尚需要严谨科学、切实可行的创业方略加以辅助。这一点从调查结果中也得到了有效验证。如表 2-12 所示,关于"对创业扶持政策的了解程度"这一问题,有 15.9% 的人经常关注创业的相关政策。如表 2-13 所示,当被问及"对创立一个企业的流程是否了解"时,有 10.0% 的人认为"很了解"。这些数据表明武陵山区农村劳动力创业方略的明朗性。

表 2-12 "对创业扶持政策的了解程度"调查统计

内容	经常关注,很清楚	偶尔关注,比较清楚	不太主动去了解,但知道一点	一点也不知道	合计
数量(人)	323	639	782	284	2028
比例(%)	15.9	31.5	38.6	14.0	100

资料来源:根据笔者调研数据整理。

表 2-13 "对创立一个企业的流程是否了解"调查统计

内容	很了解	一般了解	不了解	想了解但无从下手	合计
数量(人)	202	690	890	246	2028
比例(%)	10.0	34.0	43.9	12.1	100

资料来源:根据笔者调研数据整理。

武陵山区的农村劳动力在逐渐表征其创业方略明朗性特征的同时,还十分注重创业方略的协作化与创业领域的理性化。如表2-14所示,关于"希望获得帮助的途径"这一问题,分别有52.4%和36.2%的人希望获得政府和家庭的支持。这表明,武陵山区农村劳动力的创业策划并不是单向、闭合的一元行为,而是一种倾向于多元参与、双向沟通、开放整合的多元行为,具有十分显著的协作化特征。

表 2-14 农村劳动力创业"希望获得帮助的途径"调查统计

内　容	政府支持	家庭支持	经验支持	书本网络资源
数量(人)	1062	734	513	382
比例(%)	52.4	36.2	25.3	18.8

资料来源:根据笔者调研数据整理。

不仅如此,武陵山区农村劳动力的创业策划还是一种趋于理性的活动。当被问及"如果创业,那么您会选择哪个领域"时,有47.2%的人选择了"与自己能力相结合的领域"这一选项,加上14.4%的"政策扶持方向"和10.7%的"启动资金少,容易开业且风险小"的选择结果,就足以说明武陵山区农村劳动力在协作化地勾勒自己的创业方略的同时,还十分关注思考问题的理性度,能在协作化与理性化切实贯通的过程中不断完善自己的创业方略。

总之,武陵山区农村劳动力的创业能力提升杰势正呈现出内蓄动力、外谋方略的特点,在今后的很长一段时间内,其创业动机会持续保持强劲的发展势头,并不断呈现出情感性与价值性兼容的发展特征,其创业方略也会在创业情景的不断好转中表露出协作化与理性化贯通之发展特征。

二、武陵山区农村劳动力创业能力提升的问题特征与归因分析

前文已经提到,武陵山区农村劳动力不仅在创业动力上逐渐增强,而且在创业方略上也逐步明朗,并呈现出情感性与价值性兼容、协作化与理性化贯通的发展特征。但从他们创业的现实情况来看,却依然存在诸多问题。

(一)底蕴内涵欠夯实

这里所说的底蕴,其要旨是基础,即农村劳动力用来支撑自己创业的各种要素,诸如思想、知识、技术、经验、资源等。而这里所说的内涵,则主要是指隐藏在农村劳动力内心深处的各种要素,诸如气质、个性、精神、动机等,是农村劳动力可持续创业的心理支柱、内在动力和特色表征。在调查中发现,武陵山区的农村劳动力在创业所必备的底蕴和内涵方面还存在许多不足。虽然共有69.8%的劳动者对创业"很感兴趣""一般感兴趣"(见表2-15),但他们的创业动机集中在"发财致富"上,这一纯功利性的创业理念也许会给初期的创业活动带来一时的促进效应,但从长远来看,却不利于创业事业的发展,因为对一项成功的创业活动来说,经济利益只是其中一个方面,应更多地考虑如何回馈社会、答谢乡亲,这种集公益性、人文性、功利性于一体的创业理念必定会对那种纯功利性的创业理念产生质疑,进而促进武陵山区农村劳动力不断升华自己的创业理念。

表2-15 自主创业兴趣调查统计

兴趣程度	很感兴趣	一般感兴趣	不感兴趣	感兴趣但没打算	其他	合计
数量(人)	764	652	298	297	17	2028
比重(%)	37.7	32.1	14.7	14.6	0.8	100

资料来源:根据笔者调研数据整理。

不仅如此,调查中还发现,武陵山区的农村劳动力虽然有着强烈的创业意愿,但缺乏支撑创业活动所必需的技术、知识、经验和能力。如当被问及"限制您实现自主创业的因素是什么"时,61.6%的受访者认为"技术"不是限制创业的因素,68.4%的受访者觉得"个人能力"不是限制创业的因素,71.7%的受访者选择"经验"不是限制创业的因素。

与此同时,在问到"自主创业应做的准备"时,有60.0%以上的创业者不认可"做市场调查分析、到企业亲身实践学习、询问相关企业家"等积累创业经验的举措(见表2-16)。

表2-16 农村劳动力对"自主创业应做的准备"调查统计

自主创业应做的准备——做市场调查分析			
选项	频率(人)	有效百分比(%)	累积百分比(%)
不选择	1222	60.2	60.3
选择	806	39.7	100.0
合计	2028	100.0	—
自主创业应做的准备——到企业亲身实践学习			
选项	频率(人)	有效百分比(%)	累积百分比(%)
不选择	1260	62.1	62.1
选择	768	37.9	100.0
合计	2028	100.0	—
自主创业应做的准备——询问相关企业家			
选项	频率(人)	有效百分比(%)	累积百分比(%)
不选择	1604	79.1	79.1
选择	424	20.9	100.0
合计	2028	100.0	—

资料来源:根据笔者调研数据整理。

另外,当问及"对创立一个企业的流程是否了解"时,有43.9%的受访者认为自己对创立一个企业的流程不了解,34.0%的受访者觉得自己对创立一个企业的流程一般了解(见表2-13)。之所以会出现这种情况,主要是因为该地区的农村劳动力还处于创业的尝试探索期,他们对创业活动所必需的知识、经验和技能等的重要性认识不足,再加上缺乏政府的有效引导和积极促进,使这样的认识偏差有了立足之地。

(二)软硬资源欠完备

这里所说的软硬件资源,主要包括资金、信息、项目等内容。这些资源是武陵山区农村劳动力顺利创业的基本物质前提。然而,调查中发现,武陵山区农村劳动力顺利创业的软硬件资源并不是十分完备,创业的前期准备工作明显存在诸多不足。如当被问及"限制您实现自主创业的因素"时,接近60.0%的劳动者选择了资金。这说明,资金短缺是制约该地区农村劳动力顺利创业的核心因素。不仅如此,当被问及"自主创业时希望获得帮助的途径"时,有52.4%的劳动者希望得到"政府支持"(见表2-14),远高于其他选项。这表明,政府在支持武陵山区农村劳动力创业方面所提供的信息尚处于不畅通或不充足的状态,许多农村劳动力迫切需要政府提供诸如产品价格、流通渠道、供需情况等信息。

另外,调查还发现,在现实的创业尝试活动中,武陵山区的农村劳动力倾向于选择"与自己能力相结合的领域"和"自己感兴趣的领域"进行创业(见表2-17)。

表2-17 农村劳动力创业"选择领域"统计

创业选择领域	频率(人)	有效百分比(%)	累积百分比(%)
与自己能力相结合的领域	956	47.1	47.1
自己感兴趣的领域	549	27.1	74.2
政策扶持方向	293	14.4	88.7
启动资金少,容易开业且风险小	217	10.7	99.4
其他	13	0.6	100.0
合计	2028	100.0	—

资料来源:根据笔者调研数据整理。

然而,调查也表明,武陵山区农村劳动力"与自己能力相结合的领域"和"自己感兴趣的领域"大多集中在种植养殖、运输、驾驶等方面,这一点从他们所从事的行业、接受过的培训、欲接受的培训中可以得到印证(见表2-18)。

表2-18 农村劳动力"从事的行业、接受过的培训、欲接受的培训"统计

类别	选项	频率(人)	类别	选项	频率(人)	类别	选项	频率(人)
接受过的培训	运输	167	欲接受的培训	运输	159	从事的行业	种植业	695
	种植养殖	486		种植养殖	429		养殖业	329
	驾驶	480		驾驶	504		批发零售	137
	装修	262		装修	245		制造业	172
	维修	124		维修	221		流通业	121
	厨师	144		厨师	250		餐饮业	115
	电脑操作	301		电脑操作	433		其他	431
	其他	396		其他	146			

资料来源:根据笔者调研数据整理。

(三)情境氛围欠舒畅

调查发现,武陵山区农村劳动力的创业活动还欠缺一个舒畅的情境氛围。这里所要阐述的情境氛围,指的是影响创业活动质量的各种诸如风险、政策、合力等外在因素所形成的情境或氛围。

统计结果表明,保障武陵山区农村劳动力圆满创业情境氛围的各种诸如政策、合力等外在因素还不是很理想。当被问及"现在自主创业的形势"时,有27.5%、46.6%和17.4%的被调查者认为当前的创业情境与氛围并不融洽,依然存在"管理部门多,程序复杂""创业比较困难,但仍有机会"和"对国家创业政策不很了解"(见表2-11)。不仅如此,还有38.6%和14.0%的被调查者对国家的创业扶持政策"知道一点"和"一点也不知道"(见表2-12),18.1%的被调查者认为"市场环境"是限制其自主创业的主

因(见表2-19)。

表2-19 市场环境限制农村劳动力自主创业情况统计

限制创业的因素——市场环境	频率(人)	有效百分比(%)	累积百分比(%)
不选择	1660	81.9	81.9
选择	368	18.1	100.0
合计	2028	100.0	—

资料来源:根据笔者调研数据整理。

此外,当被问及"创业应具备的素质"这一问题时,63.8%的被调查者认为"经营经验和市场意识"不是创业应具备的素质。36.2%的被调查者表示创业活动希望获得家庭的支持(见表2-14)。再加上10.7%的农村劳动力选择"启动资金少,容易开业且风险小"的创业领域(见表2-17),使得大家完全有理由相信,当前,保障武陵山区农村劳动力圆满创业情境氛围的各种风险、政策、合力等外在因素还不是很理想。其中虽然有劳动者自身风险意识薄弱、市场观念淡薄、合作氛围缺失等方面的因素,但在很大程度上还与政府的技术技能培训方式、财政税收资助方式、政策法规宣传力度、创业典型激励程度、市场风险规避举措、创业服务支撑体系等有关。

第三章　武陵山区农村劳动力就业与创业能力提升的制约因素与机制障碍

第一节　就业与创业能力提升的制约因素

要想有效打开武陵山区人力资源开发的突破口,除了下大力气扭转该地区现存劳动力结构恶化趋势并重视对劳动力进行科学开发之外,关键是要找准切入点,即厘清作为人力资源核心构成要素的就业与创业能力之本质内涵、构成要素和影响因素,因为这一切入点是武陵山区人力资源开发的灵魂和基点,具有支撑性和基础性的作用。

一、构成要素

武陵山区农村劳动力就业与创业能力是一种将个体资源和社会资源深度融合与科学统整而形成的呈复杂结构形排列的能力包,其构成要素呈现出个体资源与社会资源相互交错样的建构特征。

(一)个体资源层面的构成要素

个体资源是形成武陵山区农村劳动力就业与创业能力的重要组成部分,但从武陵山区经济社会发展和文化历史传承的实际情况来看,构成该地区农村劳动力就业与创业能力的个体资源却是由众多元素集合而成的,并且这些元素中还有很多是其他地区所不具备的。不过,从武陵山区农村劳动力的整体发展情况来看,该地区农村劳动力就业与创业能力的个体资源主要由两部分组成,即个体自身素质和专业技能修养。其中,个体自身素质主要由需要、动机、兴趣、信誉、民族习性、价值取向、综合体能等元素组成,而专业技能修养则由专业识别、技能习得、岗位体验、专业情感、专业特长、专业特色、技能升华、技能变异等元素构成。正是在这些归属于心智活动范畴和实践操作领域之元素的共同作用下,个体自身素质和专业技能修养等个体资源才有效达成了生成武陵山区农村劳动力就业与创业能力之重任。仔细分析个体资源层面的构成要素可以发现,无论是归属于个体自身素质范畴的众集合元素,还是集结于专业技能修养领域的多组合元素,都具有明显的心理活动倾向。因此,从这层意义来说,武陵山区农村劳动力就业与创业能力的构成要素具有典型的心理化特征,是农村劳动力心理诉求的外在表征。

(二)社会资源层面的构成要素

除了个体资源之外,构成武陵山区农村劳动力就业与创业能力的另一个重要因素——社会资源的组成也是十分复杂的。它通常由包括自我认识、计划控制、风险规避、信息处理、组织指挥、分析决策、独立意识、自我推销等元素的经营管理要素和包括民族禀性、心理调适、执行判断、区位特征、信息流通、人脉网络、沟通协调、组织集会、合作交往等元素的市场行为要素组成。从传统意义上来说,不管是具有个体思想特征的经营管理要素还是具有市场竞争意识的市场行为要素,都应当归属于社会活动所需要的资源层面的范畴。尽管构成武陵山区农村劳动力就业与创业能力的社会资源层面的众要素具有一定程度的个体思想特征,但从各要素的集聚源和发散点来看,它们都是围绕着某一市场需求行为而发生变化的。也就是说,构成武陵山区农村劳动力就业与创业能力的社会资源层面的众要素具有明显的市场行为特征,但这一市场行为又是在个体思想的主导下发生作用的。

二、制约因素

明晰了武陵山区农村劳动力就业与创业能力的本质内涵,仅仅是为该地区劳动力的有效开发奠定了良好的基础,而对武陵山区农村劳动力就业与创业能力构成要素的厘清,也只是为该区劳动力的有效开发确定了一个科学的发展方向,要想真正从源头和本质上提升武陵山区农村劳动力的就业与创业能力,关键要对影响该区农村劳动力的制约因素进行分析,以期通过不断优化制约农村劳动力就业与创业能力提升的众影响因素之途径来促进该地区农村劳动力就业与创业能力提升的进程。根据武陵山区农村劳动力的发展特点,笔者认为,该地区农村劳动力的就业与创业能力主要制约因素包含以下两个层面。

(一)微观个体层面的制约因素

一是价值观念。价值观念是影响农村劳动力提升就业与创业能力的核心制约因素。因为价值观念是激发人的一切活动的内在动力和源泉,它需要通过后天的社会化培养才能逐渐形成。价值观念一旦确定,就会促使个体形成稳定的性格品质和心理素质。首先,就心理素质而言,无论是就业创业机会的识别与获取,还是良好社会网络关系的构建,甚至是对风险和机遇的把握,都需要农村劳动力具备思考与判断能力、沟通与协作能力以及拼搏与超越能力。心理素质水平的高低,将直接影响到武陵山区农村劳动力就业与创业能力的发挥。其次,就性格品质来看,独特的民族性格品质将有利于激发武陵山区农村劳动力的创新意识。一般来说,武陵山区农村劳动力受民族个性、文化传统、生活习性等影响,大多具有坚定的民族自豪感、超群的民族胆识力、坚韧的民族意志力和卓越的民族超越力,这些性格品质均能有效促进武陵山区农村劳动力在就业与创业的过程中,切实把握机会与机遇、科学谋划经营与管理、仔细规避挫折与风险。从这一层意义来说,性格品质是制约武陵山区农村劳动力就业与创业能力提升的关键所在。

二是专业技能。专业技能是指武陵山区农村劳动力所拥有的专业知识储备量和技能操作水平。专业知识储备量是影响劳动者就业创业成功率的关键,因为劳动者往往倾向于选择与自己所学专业知识相关或相近的领域进行就业创业活动,只有在这些自己熟悉的领域中进行就业创业活动,才能充分彰显专业优势,进而在专业知识与实际经营有效融合的基础上真正实现专业知识的辐射功能。[1] 此外,技能操作水平也是制约武陵山区农村劳动力就业与创业能力提升的关键因素。随着武陵山区经济结构调整和产业结构转型步伐的不断加快,人力市场的需求结构也发生了显著变化,各种新职业、新岗位逐渐增多,客观上对劳动者的技能操作水平提出了更高的要求。但武陵山区农村劳动力受文化素质偏低等客观因素的制约,无法有效给自己原有的技能操作进行升级,再加上现代化大生产给传统民族工艺带来的巨大冲击,使该地区的传统制造艺人在新型工艺面前显得手足无措。

三是教育程度。研究表明,农村劳动力的就业与创业能力与其所接受的教育程度呈正相关关系。也就是说,劳动者接受的教育程度越高、所得到的技能训练机会越多,其就业与创业能力就越高。令人遗憾的是,受武陵山区独特的地貌特征和弱势的区位分布等因素的影响,该地区的整体教育水平偏低,尤其是该地区的职业技术教育明显存在专业设置与产业结构和就业结构不匹配等现象,学校所开设的许多专业明显与职业岗位之要求不相吻合,教学内容与该地区民族文化的融合性不够紧密,不能很好地彰显该地区民族文化的特色与亮点,因此,该地区的教育机构培养出来的人才显然无法有效地满足该地区经济社会发展的迫切需求。提高该地区的教育教学水平,尤其是职业技术教育的办学质量,已成为制约该地区农村劳动力就业与创业能力提升的重要因素。

四是经管素质。经管素质是指农村劳动力的指挥领导素质、决策

---

[1] 杨金石:《高职学生创业能力构成要素与影响因素研究》,《黑河学刊》2010年第10期。

判断素质、组织协调素质、执行反馈素质等,它是制约农村劳动力就业与创业能力提升的主体要素。就武陵山区的农村劳动力而言,受个人因素和体制因素等共同影响,该地区农村劳动力的整体素质并不是很高,其经管素质较低。但随着西部大开发战略和《武陵山片区区域发展与扶贫攻坚规划(2010—2020年)》的逐步实施,武陵山区的经济结构、产业类型、就业结构等都在发生显著改变,这在客观上要求该地区的农村劳动力不断提升自己的经营管理素质,因为只有具备了与经济结构、产业类型、就业结构等变化相适应的良好的经营素质,才能有效地在就业创业活动中合理配置人力资源、科学分配精力智慧、有效整合社会资源、切实盘活团队实力,从而改变自由散漫的作风,最终不断提升自己的就业与创业能力。

(二)宏观社会层面的制约因素

一是市场情景。市场情景包括劳动力市场的需求结构、职业岗位的空缺状况、厂矿企业的劳动环境、就业创业的积极氛围、便捷完善的公共服务等内容,它是制约武陵山区农村劳动力就业与创业能力提升的外部环境要素。农村劳动力能否实施完满的就业创业活动,关键取决于劳动力市场人力资源的需求状况、职业岗位的技术要求水平、厂矿企业的工作环境、敬业乐业的良好氛围。而从武陵山区经济社会发展的实际情况来看,尽管该地区实施了西部大开发战略和《武陵山片区区域发展与扶贫攻坚规划(2010—2020年)》,但由此所催生的经济结构调整、产业结构转型等市场情景变化情况并不是十分乐观,再加上该地区农村劳动力早已习惯了千百年来所形成的传统劳作情景,因此,让其在这一不但陌生而且不完善甚至可能与自己原有的劳动传统情景相冲突的市场情景中提升就业与创业能力,显然是困难重重的。

二是家庭环境。家庭环境是指与农村劳动力直接相关的家庭照顾责任、情感关怀责任和居住环境条件等,它一般包括家庭收入、文化背景、家庭气氛、金融支持等内容。就武陵山区的农村劳动力而言,家庭收入是支持他们进行职业搜寻、职业更替、职业培训等就业创业活动的直接物质保证,离开了这一保证,他们的就业创业活动就失去了物质支撑。① 而文化背景和家庭气氛将会直接影响他们在就业创业活动中所扮演的社会角色、所担当的社会责任、所具备的社会形象等,因为在融洽和睦的文化背景和协作共助的家庭气氛中成长起来的劳动力,必然会在就业创业活动中表现出团队协作能力、亲和能力、沟通能力和内涵修养,而这些恰恰是建构和谐社会、追求幸福生活所必需的。无论是和谐社会的建构还是幸福生活的追求,都需要通过就业与创业能力的提升来作支撑保障,从这一层面来说,家庭环境是制约农村劳动力就业与创业能力提升的关键因素。

三是社会条件。社会条件是指促进农村劳动力就业创业活动的各种诸如交往方式、组织形式和思维取向等要素的集成。它通常由社会资本、社会组织和社会文化等构成。② 从当前武陵山区经济社会发展的实际情况来看,该地区农村劳动力自身所赋予的社会资本较少,没有多少异质性社会资源可以利用,而且还缺乏政府的科学引导,致使许多地方缺乏有效的社会合作组织。不仅如此,由于武陵山区属于多民族杂居地区,区域内社会文化的差异性较大,劳动者的价值观念和劳作理念异质性较强。这些不够完备的社会条件已成为制约该地区农村劳动力就业与创业能力提升的主要因素。因此,要想提升该地区农村劳动力的就业与创业能力,当务之急就是要通过加大异质性社会资源的获取力度、完善整合异质性社会资源组织、营造良好的社会文化氛围等途径来改善武陵山区农村劳动力就业创业的环境,进而在异质性社会资源的不断增多、合作型社会组织的不断完善、激励型文化环境的不断优化中激发武陵山区农村劳动力的就业创业意识、增强他们的就业创业能力、提高他们的就业创

---

① 罗恩立:《新生代农民工的就业能力研究》,《中国人力资源开发》2012年第2期。
② 郭平:《农民创业能力建设研究——以池州市大渡口镇为例》,硕士学位论文,安徽大学,2011年。

第三章　武陵山区农村劳动力就业与创业能力提升的制约因素与机制障碍

业质量等。

四是政府支持。这里所说的政府支持指的是政府主导出台的用于保障农村劳动力顺利进行就业创业活动的各种政策和制度。一般来说,这些政策和制度主要包括土地流转制度、公共财政制度、金融服务制度、统一户籍制度、社会保障制度等。从武陵山区农村劳动力就业与创业能力的实际情况来看,这些因素显然已成为制约他们提升自己就业与创业能力的核心所在了。因此,通过不断推进政府行政能力改革等途径,努力完善农村公共财政制度、健全农村土地流转制度、切实优化金融服务制度、积极探索统一户籍制度、改革社会保障制度,进而在这些制度的逐步创新中优化武陵山区农村劳动力的就业创业环境,最终在就业创业环境的不断优化中切实提升他们的就业与创业能力。

诚然,武陵山区农村劳动力就业与创业能力是一种将个体资源和社会资源深度融合与科学统整而形成的呈复杂结构形排列的能力包,并且这一能力包是由包括个体自身素质、专业技能修养在内的个体资源层面的要素和包括经营管理及市场行为等社会资源层面的要素所组成的。不但微观个体层面的价值观念、专业技能、教育程度和经管素质等制约因素之间存在复杂的联系,而且宏观社会层面的市场情景、家庭环境、社会条件和政府支持等影响要素之间也存在千丝万缕的关联。不仅如此,微观个体层面的众多影响因素也与宏观社会层面的各影响要素关联复杂。这些纵横交错型复杂关联科学而有效地推动着武陵山区的农村劳动力不停地创新自己的就业与创业能力,进而在就业与创业能力的不断提升中实现自己对幸福生活的种种诉求,最终切实推进武陵山区经济社会的和谐健康发展。[1]

---

[1] 梁成艾:《武陵山区农村劳动力就业创业能力的内涵、要素与制因研究》,《中国成人教育》2015年第15期。

第二节　就业与创业能力提升的机制障碍

一、输出式的农村教育机制

教育是促进经济发展、传承人类文明、提高农村劳动力素质的重要渠道。但在调研中笔者发现,当前武陵山区农村教育的发展格局总体上表征出一种输出导向型的运行轨迹。这种输出型的运行轨迹预示着大量优质的农村教育资源流向城市,进而严重破坏了武陵山区农村劳动力就业与创业能力提升的基础条件。而这种输出型的教育发展格局,又突出表现在以下几个方面。

1.在农村教育的层次与结构上。从层次上来看,武陵山区各乡镇的中小学所弘扬的教育理念大多属于"学而优则仕"等传统的思想范畴,分布于各区(县)政府所在地的各中职学校、技能培训机构也大多奉行一种"满足企业用工需求"之外向型的教育理念,分散于该地区的三所本科院校(吉首大学、铜仁学院、湖北民族学院)也有把为域外"双一流"高校输送优秀毕业生视为自己办学目标诉求之迹象,至于扎实为本片区经济社会发展培养农业科技类人才的机构和单位委实不多。从结构上来看,正规的国民教育大多关注的是农村劳动力基本文化素养的培育,家族教育侧重于"小富则安"思想及民族禀赋观念的传承,传统的道德教育聚焦的是"与世无争"伦理的沿袭及民族异质性文化价值彰显,缺少专门为本地区经济社会文化发展培养创新型、改革型农技人才的教育主体。

2.在农村教育的发展模式上。武陵山区农村教育的发展模式大多是立足于外部经济社会发展之需求的,主要是通过乡土教材的弱势化、民族文化的趋同化、评价方式的趋利化、基础建设的同质化等途径来加以体现的。如该地区部分乡镇苗汉"双语"教育模式的逐渐边缘化、一些村寨苗家服饰文化传承的缓慢另类化等就是这一"去农化、趋城化"农村教育发展模式的外在表征。

3.在农村教育的管理方式上。受武陵山区地域封闭性及农村人口思想落后性等因素的影响,该地区的一些教育管理部门较少切合本区域的教育发展实况,经常按照传统思维及通俗做法,以"条块分割型"的管理理念来管理该地区的教育事业,结果导致各管理部门之间有着等级分明的管理界线,各地区之间也存在泾渭分明的管理边界,且这些界线与边界之间缺乏灵活性、协调性与统筹性,进而形成了自成体系、无法兼容的发展格局,最终导致户口本分流制度、民族生照顾制度、域外生择校规定等防堵型的管理方式在该地区盛行多年,并长期推动着这一输出型教育机制的运行。

4.在农村教育的责任受体上。虽然近些年国家已逐步免除了武陵山区农村地区的大部分教育支出费用并给在该地区中职院校就读的学生一定的生活费补助,但由于在资源调控、资助标准、收费限制、助学贷款等方面尚存在较多不利于农村教育发展的因素,导致该地区农村教育的责任受体之主体地位始终得不到有效落实,进而导致其就业与创业能力提升缓慢。

二、翻身式的精神动力机制

精神动力是思想、理论、理想、信念、道德、情感、意志等精神因素对人从事的一切活动及社会发展产生的精神推动力量。[1] 它是维系一个民族可持续发展的内在灵魂,是推动现代社会高速发展的重要动力,具有明显的内化、共生、整合和强化等发展规律。调查中发现,受剽悍义气之民族禀赋性、峭壁悬崖之地域封闭性、神秘崇拜之文化传承性等既定性因素的影响,武陵山区的农村劳动力奉行的是一种"出人头地"式的处世原则和生活哲理,认为人生的最高发展境界就是要"跨得过火海、登得上刀山",进而"拔得到头

---

[1] 郝登峰:《现代精神动力论》,广东人民出版社2005年版,第16—17页。

彩",最终"比别人有出息",典型外在表征就是"地位高、影响大"。

很明显,这种具有典型"翻身式"特征的人生发展目标是该地区农村劳动力几千年传承下来的生活准则和道德诉求,是他们对自己传统式的生活习性与封闭式的居住环境的摒弃或叛逆。因此,在这种精神动力导向下会形成一种浓厚的"离农、弃农、厌农"之发展情结,进而在潜意识下形成一种不利于农村经济社会发展的舆论环境和精神境界,从而严重破坏促进该地区农村劳动力就业与创业能力提升的人文氛围。

三、单向型的城乡发展机制

千百年来,中国经济社会的发展基本上呈现出一种"农村支持城市、城市吸引农村"的发展格局。无论是就业与创业的舆论氛围,还是就业与创业的制度条件,抑或是就业与创业的保障基础,甚至是就业与创业的评价体系,奉行的都是城市优先的发展原则。即使是到了21世纪,这一城市优先的发展原则依然存在,并且在武陵山区体现得更为明显。该地区出台的诸如就业与创业管理体系、就业与创业服务平台、就业与创业保障权益等用以保障农村劳动力就业与创业能力提升的制度政策,大多是以城市的发展诉求和利益关切为逻辑起点的,那些充分、翔实顾及农村劳动力之真实感受及其可持续发展诉求的制度政策相对比较少。

从当前武陵山区农村经济社会的发展现况来看,这种单向型、一边倒的资源集结趋势,拉大了城乡之间的发展差距,加剧了诸如"空心村"、留守儿童等问题,严重制约了该地区农村经济社会的可持续发展,使原本贫瘠的农村地区更是萧条。

四、缺位式的公共服务机制

这里所指的公共服务机制主要包含财政支农资金政策、农村劳动力管理制度、公共服务供给机构等内容。调查研究发现,不仅武陵山区的公共服务水平有待提高,而且其公共服务机制也有待完善。比如说该地区涉农资金方面的服务政策大多集中在农业基础设施建设、农村土地管理与三权分置改革、传统特色农业等领域，对生态农业、低碳农业、创意农业、智慧农业等现代农业领域缺乏关注。不仅如此，该地区有关人力资源开发方面的服务举措也大多集中在低技能人力资源范围。如贵州省铜仁市每年都会在火车站、汽车站等人流量较大的地方设立"雁归暖冬"亲情服务点，湖南省吉首市实施的"两后生"培训计划，其目的在于帮助农村劳动力提升技能以及劝导打工返乡人员在家就业，缺少对本地区人力资源的有序流动、科学发展等进行统筹规划。除此之外，该地区为数不多的公共服务供给机构也因供给职能模糊、供给方式固化、供给制度残缺等因素的影响，未能向农村劳动力提供便捷性、适切性、舒适性的公共服务。

久而久之，这种缺位式的公共服务机制不但致使该地区诸如生态农业、低碳农业、创意农业、智慧农业等需重点帮扶领域的财政支农资金无法足额及时到账，还会导致农村劳动力就业与创业之合作平台、流动机制、专业保障、多元投入等重点范畴的服务举措无法有效实施到位，该地区农村劳动力就业与创业能力的提升缺乏一个适切的服务环境，严重制约其就业与创业能力提升的水平与质量。

五、后补式的政府干预机制

政府干预机制是一种不来自于市场调节效应的外部作用力。政府干预机制就是政府通过自身的行为对建立在市场机制基础之上的各类经济社会发展活动进行一定程度的管控，借以克服市场机制本身对各种经济社会发展活动剩余资源配置的分散性和迟缓性，从而有效提高市场传导经济社会发展活动剩余的效率。[①] 具体到武陵山区，经过近几十年的发展，该地区无论是在产业布局和生态保护等领域，还是在繁荣民族文化和落实精准扶贫等范畴均获得了长足的发展和可喜的成绩。但也要充分意识到，该地区正

---

① 李澂：《农业剩余与工业化资本积累》，云南人民出版社1993年版，第88—89页。

处于经济容易失调、社会容易失序、心理容易失衡、社会管理规则需要调整重建的关键时期①,各种异化的社会思潮、脆弱的自然生态、不均的分配格局、增长的贫富差异等将导致各种类型的突发事件和社会危机事件的频繁发生。② 如在该地区某些乡镇所出现的对农村网民利益诉求的无视、对农民群体敏感事件的迟钝、对农民群体极端行为的忽略等行为。

然而,令人感到遗憾的是,该地区的一些地方政府较少制定与出台相关的干预防控机制来防止这类事件再发生。只有当一些容易致使社会群体心理失衡及导致社会偏离有序发展状态的突发性事件发生时,政府部门才会采取相关的紧急补救措施来加以挽回。先不论那些事后干预补救措施的实施效果与影响如何,这类突发性社会事件发生必定会严重挫伤该地区农村劳动力的工作积极性及社会认同度,进而影响到农村劳动力市场的有序发展。

六、散漫式的市场导向机制

市场导向机制的概念是财政贸易利用市场的各种因素及其相互联系、相互制约的功能,促成自身经营目标实现的过程和方式。其具有宏观层面的调控作用、微观领域的管理职能、战略范畴的决策功能、战术范围的配置功能等效用。然而,要想充分发挥好这一导向机制的作用,则需要一个自愿让渡、等价交换、平等竞争、环境优良的条件或环境。③ 具体到武陵山区,调查研究发现,受地域封闭性、民族禀赋性等因素的影响,该地区经济社会发展的市场化进程起步较晚,促进农村劳动力完满就业与创业的农产品及生产要素市场依然处于混沌式的发展状态之中,保障农村劳动力充分就业与创业的劳动力市场也表征出放养式的生长发展特征,结果致使市场导向机

---

① 牛文元:《社会物理学:学科意义与应用价值》,《科学(上海)》2015 年第 8 期。
② 王红兵、王光辉:《社会事件网络舆情的政府干预机制》,《中国科学院院刊》2015 年第 1 期。
③ 严伟华等:《现代财政与贸易》,中国经济出版社 1997 年版,第 71—74 页。

制没有发挥出应有的集聚、统整、指向等功能,也没有彰显出促进市场健康发展、有序运行的本质效应,进而导致该地区的劳动力市场呈现出无序竞争、盲目流动等发展态势。

在散漫式的市场导向机制下,部分农村劳动力资源由于缺乏足够的信息媒介而无法实现与各种农业生产市场要素紧密对接,出现了就业不充分、创业不顺畅等现象,促使该地区农村劳动力流动轨迹与该地区农业结构调整无法步调一致,形成了农村劳动力无序流动的市场结构,挫伤了该地区农村劳动力就业与创业的积极性,进而制约了其就业与创业能力提升的质量与水平。

七、僵化式的土地流转机制

农村土地流转机制是指农村土地流转工作中所需要的组织机构和保障制度。通常情况下,这一流转机制的核心在动力激发、风险调控、市场供需、收益分配等内容。具体到武陵山区,调查研究发现,受特有的地理环境局限、低效的流转机制制约及落后的思想观念影响,该地区的许多农村土地无法及时而高效地转让出去,再加上该地区的土地分等定级与估价工作远落后于全国的平均水平,缺乏相应的价格评估与补偿机制,缺少保障农民收益的风险控制与收益分配机制,少见合理的土地转让经济补偿标准及科学的土地流转监督机制,导致该地区的吉首市、西阳县、恩施州等均存在不同程度的土地流转机制问题,如贵州省铜仁市部分乡镇所出现的土地流转信息无法有效对接等现象,湖南省吉首市一些区县所出现的产权关系不明晰、中介服务机构缺乏等现象。

这些现象源自诸如土地流转法律制度设计不合理、土地流转机制不完善、土地流转效益较低等弊端,严重挫伤了该地区农村劳动力进行土地流转的积极性,不利于和谐人文生态和规范制度环境的培育,进而会严重影响那些长期生活在这片土地上的农村劳动力就业与创业能力的提升。

第四章　武陵山区农村劳动力就业创业能力提升机制的建构内容

第一节　就业能力提升机制的建构内容

一、教育培训机制

受地域封闭性、交通不畅性等众多因素的影响,居住在武陵山区的土家族、苗族、侗族、仡佬族等少数民族同胞普遍受教育程度不高。正因如此,要想提升该地区农村劳动力的就业能力,首要任务就是创设一个科学的教育培训机制。要建构这样的一个教育培训机制,需要在充分遵循以人为本、服务为先、均衡配置、资源共享、统筹城乡等原则的基础上,加大培训主体、培训内容、经费投入、培训模式等教育培训领域的改革力度[①]及就业观念、就业咨询、就业规划等职业指导领域的重视程度,具体而言:

1. 突出农村教育的重要地位。要逐渐扭转往昔单纯重视城市教育的传统观念,在国家层面上的各种教育规划中注重凸显农村教育的重要性;要在不断加大中央财政对农村教育转移支付力度的基础上,要求省级财政、市级财政也加大农村教育的经费投入比重;要出台一些帮扶农村教育发展的政策法规,在资源配置、师资流动、进修提高、交流合作等方面向农村地区倾

---

① 魏学文:《新型职业农民:内涵、特征与培育机制》,《农业经济》2013 年第 7 期。

斜,借以逐渐缩小城乡教育发展之间的差距,为该地区农村劳动力就业能力的有效提升营造良好的发展条件。

2.凸显农村教育资源的整合作用。要以位于该地区中心的吉首大学、湖北民族学院、铜仁学院三所本科高校和湘西职院、铜仁职院等五所高职院校为"龙头",通过强强联合、精确帮扶、校企合作等资源整合形式,充分发挥城区本科院校和职业院校强大的技术推广和社会服务能力;要以城市教育支持农村教育等办法,科学整合农业广播电视学校、农民合作社、农业技术推广机构等的办学资源,帮助农村建立与完善学前教育、职业技术教育及成人教育等农民教育培训体系,借以满足不同年龄层次及从事不同生产之农民的教育需求;要整合城区的各类优质教育资源,通过培训包、教育券、积分银行等形式,参照湖北省恩施州"金蓝领"开发工程、"千人双培"行动等经验做法,通过项目引导主动接受职业技术教育培训、农业知识远程教育和农民经纪人、技术性农民教育培训,进而为农村经济社会的优化发展提供人才支撑及智力保障,借以大力提升农村劳动力的就业能力。

3.优化培训主体,明确办学目标。按照《武陵山片区区域发展与扶贫攻坚规划(2011—2020年)》建设跨省协作创新区、民族团结模范区、国际知名生态文化旅游区[①]等战略发展目标的要求,武陵山区农村劳动力就业能力的提升工作不仅要特别关注农村劳动力之文化知识修养、伦理道德涵养等内涵素质领域的全民普及型培训活动,而且要更加重视农村劳动力之信息处理能力、市场驾驭技巧等专业技能层面的重点倾斜性培育活动。为此,加大武陵山区教育改革力度就需要从明确办学目标、优化培训主体等方面着手。具体就是要以特色生态农业、现代服务行业、民族文化产业、旅游观光产业、农产品加工行业等就业大户的培育为抓手,重点加强对那些在旅游文化公司、特色农业基地、专业合作组织、农产品加工企业的市场经管人员、

---

① 倪春华:《涪陵加快培育新型职业农民的对策研究》,《中外企业家》2015年第12期。

农产品推介人员、农村经纪人、致富带头人、技术研发人员等进行培训,借以增强其就业本领、提高其就业能力。

4.加大培训投入,提高办学效率。充足的资金投入,是提高办学质量、达成培训目标的根本保证。鉴于武陵山区培训资金严重不足之事实,建议通过项目孵化、资金投入、物质帮扶、智力股份、转移支付等融资途径,建立以政府投入为主体、企业投入为主轴、个体投入为辅的经费投入体系[①],借以充分调动企业参与的积极性和主动性、提高个体参加培训的责任心和紧迫感、提升政府投入的意愿性和成就感,最终在办学效率的不断提升中切实促进农村劳动力就业能力的提高。

5.改革培训内容,提高办学质量。武陵山区农村劳动力就业能力的提升要特别关注农村劳动力文化知识修养等内涵素质领域的全民普及型培训活动,要更加重视农村劳动力市场驾驭技巧等专业技能层面的重点倾斜性培育活动。改革培训内容,提高办学质量,具体就是要彻底转变武陵山区过去那种单纯重视传统种植养殖技术的培训观念,充分结合当前现代化、规模化涉农企业的发展实际和多元化、定制化农产品市场的需求变化,以提高农村劳动力之科技素质、职业技能和经营能力为改革主轴,不断加大农产品加工与销售、家庭农场管理、职业农民培育、专业化生产技术、潜在市场开拓等培训内容的比重,并通过这些培训内容的不断优化与夯实,有效提高影响该地区农村劳动力就业能力提升水平的培训质量。

6.创新培训方式,凸显办学魅力。除积极创新教育培训内容之外,还应努力创新教学模式和实践方式,借以提高培训实效、凸显办学魅力。具体而言,在教学模式的设计上,应充分重视订单式、定向式培养模式的作用,并灵活运用"工读结合、半工半读"等教育方式,通过采取案例剖析、网络教学、车间实操、田野实践等集中面授、个别辅导、小组学习相结合的办法,通过

[①] 马燕玲等:《甘肃省"十二五"科技投入的机制分析与对策建议》,《中国科技论坛》2014年第6期。

采取专家引领、巧匠示范、现身说法、典型宣传等有机结合的团队架构路子,不断增强培训教学的针对性和实效性,最终在产业发展带头人、技术创新领军人、岗位标兵示范人的成功培育中切实提高培训实效并凸显办学魅力。

7.完善鉴定机制,健全办学体系。完善职业资格证书鉴定机制,关键在于创新鉴定考评方法、改革专业人才评价方式。具体而言,要在严格执行职业技能鉴定补贴政策、严格职业资格证书办理程序、提升职业技能鉴定质量的基础上,不断加强对武陵山区所有职业技能鉴定机构的审批、督查和指导等工作,努力打造武陵山区职业技能鉴定的行业品牌,进而在职业资格证书鉴定机构的科学运转中,依托现有的农民专业合作社、农业技术推广机构、农业院校、企业行业和培训机构,逐渐建立起政府为主导、农业院校为主体、社会培训机构为补充、农场企业为基地,面向市场、聚集农村、多元参与的农村劳动力就业能力提升培训体系。[①]

8.创新管理模式,明确办学责任。在农村劳动力就业能力提升之培训过程中,一定要努力创新教育管理模式,在条件公开、公平竞争、合理布局、择优认定的基础上,通过逐步统一培训目标、规范培训教材、优化考核指标、严格资金管理等途径,严格审批和重点扶持一批办学特色突出、设备设施先进、管理理念前沿、教学经验丰富的定点培训机构,进而最大限度地发挥出各定点培训机构的培训资源效能。与此同时,还要加大对各培训机构的办学监管力度,明确各培训机构的办学责任。要继续对一批办学特色不够鲜明、管理中还存在问题的培训机构进行检查和清理整顿,以便规范办学行为、净化培训市场,最终通过这些改革措施来提升培训质量,进而保障武陵山区农村劳动力就业能力的有效提升。

9.开展就业教育,做好职业规划。就业教育是促进农村劳动力充分就

[①] 魏学文:《新型职业农民:内涵、特征与培育机制》,《农业经济》2013年第7期。

业的重要影响因素。武陵山区农村劳动力就业教育可以从以下几方面展开。一是开展就业观念转变教育。应加大宣传教育力度,帮助农村劳动力更新就业观念,克服"小富即安""种好自家三分地""在家千日好"等小农意识[①],根除事事依赖政府的懒散思想,最终树立起以市场为导向的就业意识和风险意识之新型就业观念。二是开展就业能力提升教育。就业能力提升教育主要是针对就业者开展以求职教育为核心内容的教育。针对武陵山区农村劳动力自身素质不高、文化程度较低等现象,在求职教育中应重点开展求职基本知识、求职面试基本礼仪和求职面试答题技巧等方面内容的教育,并通过这些教育活动的有效开展,有效提高该地区农村劳动力就业的成功率,同时也在一定程度上提升其就业能力。三是开展就业指导教育。就业指导教育主要包括就业选择和职业规划两个方面。在武陵山区农村劳动力中开展择业教育,一定要针对劳动力的个人特长来选择适合他自己从事的职业,以便充分发挥他们自身的实力。与此同时,还应在农村劳动力中大力开展职业规划教育,引导他们根据自身的特长选择好自身长期从事的职业,认真做好自己的职业发展规划。

二、激励促进机制

武陵山区农村劳动力就业能力的提升除了需要建构一个科学的教育培训机制来加以激发之外,还需要构建一个切实有效的激励促进机制来加以保障。要建构这一促进机制,重点则应针对那些"想就业"和"就好业"的农村劳动力的实际需求出台一些奖罚分明的激励机制。而要出台这样的激励机制,关键还需要从以下两个方面来着力。

1. 政府管理层面。建议武陵山区的酉阳县、铜仁市、吉首市、恩施州等地的各级人事劳动管理部门根据《武陵山区农村劳动力就业创业能力提升评价指标体系》的要求,以村、组为单位,对本地农村劳动力的就业能力情

---

① 陈爽、张艳:《农村劳动力就业能力影响因素及对策研究》,《农业经济》2007年第6期。

况进行一次整体性评估,弄清各地农村劳动力就业能力的基本情况,然后根据各村农村劳动力就业能力的结构状态[1],制定出以奖励为主轴、以惩罚为辅助,以层次推进为路径、以年限阶段为周期、以统筹提升为目标的《武陵山区农村劳动力就业能力提升行动计划》,在注重本地农村劳动力就业能力提升的同时,时刻关注区域间农村劳动力就业能力的整体性推进及差异化发展工作,确保武陵山区的农村劳动力在特色中彰显本领,在共性中提升能力。

2. 社会舆论层面。诸如铜仁微网、恩施电视台、《湘西日报》、《重庆日报》等传媒平台要坚持正确的舆论导向,为本片区农村劳动力就业能力的提升创设一个良好的舆论环境。各个村落的基层管理组织也要通过各种喜闻乐见的活动形式,积极营造一个健康向上、活泼快乐、和谐融洽的生活环境,助力该地区农村劳动力就业能力有效发展,并最终在各种虚拟宣传情景、现实生活环境、真实成长案例的共同作用下,助推该地区农村劳动力就业能力的有效提升。

三、扶持培育机制

诚如上述,除了充分发挥就业能力提升之评价激励机制的导向促进功能之外,武陵山区农村劳动力就业能力的提升还需要一个适切而完善的扶持培育机制,而这一扶持培育机制又应包括以下几个方面的建构内容。

1. 不断完善就业方面的相关政策。武陵山区地处西南腹地,是典型的内陆少数民族聚居区。由于历史原因,这一片区经济社会的发展步伐相对比较滞后,而且政府部门的影响力也相对比较弱势。正因如此,在推动该地区农村劳动力就业能力提升中就需要充分发挥政府部门的主体作用,构建运作高效、结构科学、执行有力的组织领导体系,优化政策法规、机制制度等管理体系,借以彰显该地区各级地方政府的主体作用及影响力。

---

[1] 张建武:《农村劳动力就业的制约因素和对策》,《华南师范大学学报(社会科学版)》2000年第5期。

(1)构建高效、有力的组织领导体系。提升武陵山区农村劳动力就业能力,既是国家关于农业、农村和农村劳动力问题中的关键问题,也是国家实施西部地区大开发战略和推进《武陵山片区区域发展与扶贫攻坚规划(2011—2020年)》的必然要求。为有效提升该地区农村劳动力的就业能力,当前的主要任务是理清发展思路,整合部门资源和区域影响力,构建科学的组织领导体系。具体来讲,一是坚持正确的指导思想。要通过深入学习领会党的十八大以来的重大方针政策,在习近平新时代中国特色社会主义思想指导下,统一思想认识,提炼关于"三农"问题的方针政策及指导思想,为武陵山区农村劳动力就业能力的提升问题提供发展方向和奋斗目标。二是构建高效有力的组织领导体系。鉴于武陵山区跨越湖北省、湖南省、贵州省、重庆市等行政区域之地域性分布特点,要实现区域经济的协调发展,需要设立跨区域的武陵山区农村经济发展领导小组,且该领导小组的成员应由相关片区的政府部门推荐产生。[①] 该领导小组负责统筹领导武陵山区农村经济发展问题,制定本区域农村经济发展目标,拟订发展规划,协调农村劳动力的就业工作,并召开农村劳动力就业工作联席协调指导会议,开辟农村劳动力就业服务平台等。构建武陵山区农村经济发展领导小组有利于协调各行政区域的关系,制定统一的农村经济发展政策,拟定科学的农村劳动力就业能力提升方案,从而有利于该地区农村经济社会的协调发展。

(2)优化政策制度体系。基于武陵山区经济社会发展比较落后之实际情况,为有效促进该地区经济社会的又好又快发展,应当从政策制度方面着手,通过优化政府政策制度、制定有效发展措施等办法来促进区域经济良性发展。针对该地区农村劳动力的就业问题,具体应从以下几个方面入手。一是改革传统的农村土地管理制度,认真做好农村土地的确权与登记颁证

[①] 张小筠:《武陵山区域经济协调发展障碍与对策研究》,《长江师范学院学报》2014年第3期。

等工作,完善农村土地征用或并转机制,让农村劳动力拥有一定的土地产权,能够在土地被征用或并转中获得一定的收益,从而解除他们的后顾之忧。二是积极探索农村土地流转模式与集约化经营方式,通过允许农村集体土地自由出入交易市场和农村土地经营权的流转等方式来实现农村土地的集约化经营[①],进而提高农村土地的生产效率,促进农业生产力的发展,又能在提高农村劳动力收入的同时,有效释放农村劳动力资源。三是推进农村劳动力就业服务政策的制定,通过各级人力资源与社会保障部门为农村劳动力完满就业提供就业信息服务、职业技能培训服务和就业岗位服务等,有效改善农村劳动力的就业环境,切实提升其就业能力。

2. 健全就业服务体系。构建农村劳动力就业服务体系是促进武陵山区农村劳动力就业能力提升的关键。通常情况下,该服务体系主要包括就业信息服务、就业市场服务等建构内容。

(1)建立就业信息服务中心。各级地方政府要以人事劳动与社会保障部门为依托,以"互联网+大数据"为平台建立联网型的就业服务中心,专门组织一定的人力、物力为农村劳动力就业提供信息服务。这些服务应采用多种方式,包括传统媒体与新兴媒体等方式,尽最大可能获取有效的就业需求信息,再经过分析处理等技术环节,筛选出适合农村劳动力的就业需求信息,随后通过报纸、广播、电视和地方门户网站等形式发布就业需求信息。此外,鉴于农村地区信息相对闭塞之实况,这些就业需求信息还要通过村级行政机构的参与,采用村级广播、板报、村民QQ群、村民微信群、召开村民大会等形式,让更多的农村劳动力知悉这些就业需求信息。

(2)建立城乡统一的劳动力市场。城乡统一的劳动力市场体系是农村劳动力市场制度建设的重要组成部分。[②] 农村劳动力是市场重要的生产要素,农村劳动力市场则是市场体系中的重要组成部分,建立健全城乡统一的

[①] 唐勇:《推进农村土地集约化经营形成规模效益》,《农家科技(下旬刊)》2012年第5期。

[②] 李华:《我国农村劳动力就业的路径选择与制度支持》,《人口学刊》2003年第5期。

劳动力市场体系是社会主义市场经济发展的必然选择。[1] 鉴于此,一是要通过建立就业信息网、健全劳动力市场网络、规范劳动力市场秩序等途径,建立覆盖城乡的公共就业服务体系和与之相应的信息统计网络体系,形成以职业介绍中心为主导、各民办职业介绍机构为辅助的服务体系及对劳动力市场全方位的监督和监管体系。[2] 二是要通过建立跨区域的协调机构、规范劳动就业政策、完善就业准入制度、健全社会保障机制等办法,形成竞争公平、结构合理、流动有序的人力资源市场。

3.转变思想观念。思想观念问题是影响农村劳动力就业能力提升水平的重要制约因素。为此,不仅要转变农村劳动力的思想观念,而且也要转变农村基层领导干部的行政理念。

(1)转变村干部的行政理念。应加强村级行政领导干部的行政理念转变工作,使他们摒弃传统的思维方式,树立和落实科学发展观,认识到农村劳动力就业能力提升的重要性,认识到提升农村劳动力素质的必要性。受武陵山区特殊地理位置等因素的影响,该地区许多村干部的市场经济意识淡漠,缺乏开拓创新的精神,能动性、创造性不够,存在"小富即安、小成即满"的小农意识;发展谋划缺少科学性,思想狭隘,满足现状,存在短期行为,跟不上国家大政方针和政策调整步伐,不适应经济社会发展的形势;科技意识不强,对现代农业所需要的新技术推广乏力,农业产业结构调整指导力度不够,组织与服务现代农业产业化发展的能力欠缺。诸如此类的问题,严重制约了该地区农村劳动力就业能力的提升质量。为此,应切实加大该地区各级村干部行政理念的转变力度,不断培养其开拓创新、调查学习、关注发展、重视科技等变革思想。因为村级领导干部观念的转变能够为武陵山区农村经济社会的发展提供坚实的领导基础,能够影响和带动其他农村

---

[1] 宋山梅、刘文霞:《资本禀赋对农村劳动力外出就业影响机制研究》,《贵州大学学报(社会科学版)》2015年第1期。
[2] 李红梅:《走出"三农"困境的城镇化发展研究》,知识产权出版社2013年版,第177页。

劳动力转变思想观念,从而适应农业现代社会发展的需要,最终推动该地区农村经济社会的快速发展。

(2)转变农村劳动力的思想观念。受各种客观因素的制约,武陵山区的不少农村劳动力对科技兴农缺乏认识,对市场富农缺乏理解,思想观念依然停留在传统的农耕模式上。为此,应切实加大农村劳动力思想观念的变革力度,一是要通过科技知识普及、经营理念教育、现代农业展示等观摩学习与现场体验相结合的方式,逐渐改变农村劳动力单一地重视农业生产的观念,从而促进农村劳动力开展多样化生产及市场化经营活动;二是要逐渐改变以家庭为单位的传统农业种植模式,通过家庭农场、"四在农家"等途径,促进农村土地集约化经营,以便提高农村土地的生产率;三是要逐渐改变单纯从事农业劳动的从业方式,以乡村旅游业为抓手,积极开拓非农就业领域;四是要逐渐改变靠天吃饭的传统观念,通过科技创新和产业链延伸等形式,促使农村劳动力根据市场发展需要开展生产经营活动;五是要逐渐改变读书无用论的陈旧观念,依托农广校、农业职业院校等机构,通过职业培训、远程教育等平台,不断促进农村职业技术教育的发展。

(3)变革农村劳动力的思想观念。由于受城乡二元式发展架构及农村地区滞后型发展态势等因素的制约,武陵山区农村劳动力的弃农、厌农等思想比较明显,要想培育出新型农村劳动力,就要变革农村劳动力的思想观念。一是要重塑农村劳动力的思想境界。即要创新农村劳动力的精神面貌,改变其长期形成的"等、靠、要"和"弃农、厌农"的思想,重拾对农村劳动力身份的自信,培养其内驱力。[1] 在解决农村问题时,既要为农村经济社会发展提供政策及资金的支持,又要为农村发展做好长远规划,做到农村经济社会的可持续发展。常言道"授人以鱼,不如授人以渔",与其仅仅给予农村劳动力暂时的资金支持,不如培养他们个人发展所需的能力。这样可以

---

[1] 张海涛:《农村劳动力就业问题分析——基于托达罗人口流动模型的思考》,《江西社会科学》2009年第2期。

防止农村劳动力产生依赖思想,从而通过教育培训解放他们的思想,培养他们自身的素质,提升他们发展的能力。二是要培养其市场意识。要通过搞好基础设施建设、开展农业经营培训、建立经济合作组织、建设学习型村组、职业农民专业化发展等办法,提升农村劳动力的市场意识。对政府而言,不要随意安排农民的农业生产活动,而是将政府的行为转变为在宣传惠农政策上予以指导,为农村劳动力收集、整理与发布更多有效价值的市场信息,把农村劳动力引向动态市场,培养他们的市场竞争意识和优胜劣汰观念。

4. 优化就业社会环境。武陵山区农村劳动力就业能力的提升需要改善其就业的社会环境,具体来讲,需要通过营造良好的就业舆论氛围、促进武陵山区农村社会经济发展和完善现代农业支撑服务体系三个方面来进行。

(1)营造良好的就业舆论氛围。受民族文化与传统观念的影响,加之受区位条件限制,武陵山区的农村劳动力缺乏一种自我择业的舆论氛围。为此,应抓住西部大开发战略、《武陵山片区区域发展与扶贫攻坚规划(2011—2020年)》、《国家"十三五"促进就业规划》等重大发展机遇,围绕《武陵山片区区域发展与扶贫攻坚规划(2011—2020年)》的战略目标,一是全面整合人社、教育、农委、扶贫、旅游等部门的资源,依托县、乡两级政府和村支"两委",通过报纸、广播、电视、互联网等大众媒体,采取"进村、入户、到人"等办法,宣传国家和各级地方政府针对农村经济社会发展的相关政策。二是努力挖掘武陵山区农村劳动力就业先进事例和模范事迹,利用"微铜仁"、"神秘湘西"宣传栏、恩施文明网等现代化的传播工具,把他们作为就业典型案例在当地农村社区中进行宣传教育,力图以典型示范为其他农村劳动力就业提供榜样,最终通过多种媒体参与、多种形式体现的宣传活动,为武陵山区的农村营造一种积极向上的舆论氛围,激发农村劳动力提升自我就业能力的积极性和主动性。

(2)促进武陵山区农村社会经济发展。一是要大力发展特色优势产业。要在严格保护耕地和基本农田的基础上,以绿色生态农业发展和农业园区建设为抓手,整合农业、扶贫、财政、国土等部门的资源,充分发挥山地优势,实施农业产业"双百"工程、中药材产业培育工程、油茶产业培育工程等项目,着力打造生态茶叶、精品水果等特色产业,初步形成一批生态环境好、地域特征明显的优势产业。二是要努力推动农村土地集约化经营。农村土地集约化经营是农业经济发展的必然趋势,通过集约化经营既可以提高土地的生产效率,又可以提升农业生产抵御风险的能力。武陵山区农村土地集约化经验可以采取"公司+基地+农户"等形式,由实力较强的公司进行大面积的农产品开发,然后再通过完善订单协作、推广股份合作、推动产销联动等途径,建构新型利益共同体,进而使农村劳动力在获得土地经营权转让收益外,还可获得在农产品开发公司务工的劳务收益。三是要实施农旅一体化工程。要结合武陵山区少数民族人口较多的特点,立足山区农业生态景观、传统农耕文明习俗等农业生态及民族文化,秉承农旅一体化发展思路,依托园区、景区、示范区等支点,打造集休闲、观赏、体验、旅游于一体的农业产业带,推进农旅一体化发展进程。这样,既能带动当地农村劳动力的就业,又能通过此途径来提高他们的就业能力。

(3)完善现代农业支撑服务体系。一是要通过完善农产品市场体系、推动农产品品牌建设、发展农村电子商务、强化农技服务力度、完善农产品流通体系等办法,依托农产品市场流通体系和冷链物流体系,不断完善现代农业服务体系。二是要通过加强农村基础设施建设、强化农产品质量安全监督、提升农业科技装备水平、健全农业减灾机制等渠道,在农业发展的夯实中和安全监测网络的完善中逐渐提升支撑现代农业发展的服务水平。三是要通过完善农村基本经营制度、鼓励发展新型经营主体、大力发展农业产业化龙头企业等方式,在家族经营专业化、统一经营组织化、经营主体多样化、龙头企业汇集化的发展效应中,建构新型农业经营体系。四是要逐步打破城乡二元分割式的社会保障之制度基础,消除城乡社会保障的不均衡状况,并建立统一的社会保障体系。要逐步扩大农村地区社会保障的覆盖范围和惠及数量,在农村扩大医疗保险、养老保险、最低生活保障在内的社会保障体系的覆盖范围,做到应保尽保,逐步使农村社会保障与城市社会保障接轨。五是要推行城乡一体化的社会保障管理制度,通过建立完善的社会保障法律体系、合理定位政府在社会保障体系建构中的责任等办法[1],在社会保障享有人数不断增多、城乡社会保障水平不断提升、城乡社会保障法律体系不断健全与完善、城乡社会保障监督机制不断完善中[2]逐渐实现区域新型农保、征地保障办法与城市保障的全面"并轨",进而建立具有区域特色的城乡一元化社会保障体系,最终保障武陵山区农村劳动力就业能力的有效提升。

第二节　创业能力提升机制的建构内容

一、精准帮扶机制

要想扎实而有效地提升武陵山区农村劳动力的创业能力,首先需要一个精确的帮扶机制来为其创业活动提供制度保障。而要创设这样的一个精确帮扶制度,关键要紧扣国家《武陵山片区区域发展与扶贫攻坚规划(2011—2020年)》的整体发展规划和区域建设任务的宏观目标要求,切实加大财政、金融、税收、投资保障、土地征用、生态补偿、就业教育等政策与法规层面的支持力度,建立起诸如"创业带动就业、创业带动扶贫"等"一创双带"模式的精确帮扶机制。

1. 做好顶层设计,强调方向指引。这里所说的顶层设计,就是指在制定扶持武陵山区农村劳动力进行创业活动之相关政策的过程中,重点要从理念层面做好有利于农村劳动力提升其创业能力的基础性、战略性发展规划,并借助财政、金融、税收等政策的导向功能,倚仗就业教育的培育效果,科学

---

[1]　田涛等:《构建城乡一体化的社会保障体系的可行性及其路径分析》,《安徽农业科学》2015年第21期。
[2]　杨秋明、杨征平:《宿迁市城乡一体化社会保障体系建设研究》,《经济研究导刊》2012年第3期。

引导农村劳动力朝着经济社会发展之主潮流方向来提升其创业能力。具体而言,既要制定一些像《国务院关于大力推进大众创业、万众创新若干政策措施的意见》这样有利于农村劳动力创业能力提升的长远发展规划,也要出台一些像《恩施州人民政府关于深入推进大众创业、万众创新的实施意见》等阶段性的、区域性的有助于推进农村劳动力进行创业活动的保障举措;既要制定出像《铜仁市"十三五"促进城乡就业创业专项规划》这样的促进农村劳动力提升其创业能力的专项发展规划,又要把这些促进创业能力提升的相关政策纳入像《湘西州国民经济和社会发展第十三个五年规划纲要》《武陵山片区区域发展与扶贫攻坚规划(2011—2020年)》这样的整体规划和实施方案中,进而在这些政策措施之导向作用的不断彰显中,保障武陵山区农村劳动力创业能力提升的差异化、协调性发展。

2. 制定专项政策,倾斜重点群体。制定一些诸如《中共铜仁市委铜仁市人民政府关于建设铜仁高新区大龙开发区人才特区的意见》《中共铜仁市委办公室铜仁市人民政府办公室关于印发铜仁市雁归工程实施方案的通知》等促进武陵山区农村劳动力创业能力提升的专项政策,并重点向能创业、敢创业、想创业的农村劳动力群体倾斜。具体而言,在专项政策的制定过程中,既要使这些政策具备良好的战略性、基础性、稳定性、指导性,借以达到促进农村劳动力提升其创业能力之战略目的,又要确保这些政策兼备针对性、导向性、倾斜性、可操作性,进而切实保障那些能创业、敢创业、想创业的农村劳动力群体能顺利得到农业补贴、金融税收、土地流转、技术服务、项目投资、产业开发等方面的政策支持,进而彰显专项政策倾斜重点群体之设计理念。

3. 优化实施办法,重视监督评估。无论是顶层发展规划的制定,还是专项促进政策的出台,都需要落实到具体的行动之中。因此,细化发展规划、优化专项政策、监督实施进程、评估建设效果就成为提升武陵山区农村劳动力创业能力的重要举措。要充分彰显这些举措的潜在功效,不但需要在明确政策落实标准的基础上凸显这些促进措施的落实对象、倾斜主体和关注重点,并做到纵向一贯、横向平等,还需要通过开展满意度调查、第三方评估及建立责任追究制度等方式,在做好对政策实施科学监督的进程中评估这些促进措施的社会影响、提升水平和经济利益,并把这些促进措施的实施效果纳入区域发展绩效考核指标中,作为评价领导干部政绩的重要依据。除此之外,要通过推行动态管理机制等办法,对帮扶对象进行盘点清查,并建立起"库、档、簿、册、卡"相结合的精确帮扶对象信息数据库,进而在各项政策措施的纵向一贯、横向平等、适时监督、及时反馈等实施进程中切实提升武陵山区农村劳动力的创业能力。

二、创新激发机制

除精准帮扶机制之外,农村劳动力创业能力的提升还需要一个切实有效的创新激发机制来加以促进。而这里所讲的创新激发,主要是指农村产业的规模化与现代化、组织化与产业化、生态化与特色化,只有通过这些内容的不断创新,才能在创新活力的不断激发中切实提升农村劳动力的创业能力。

1.要在农村产业规模化、现代化进程中激发武陵山区农村劳动力提升自我创业能力的动机。现代意义上的创业活动,是以生产资料集约化、生产经营规模化和生产程序现代化为典型标志的。这也就意味着,现阶段提升武陵山区农村劳动力之创业能力的根本还在于农村产业的规模化、现代化水平。而农村产业的规模化与现代化,归根结底就是土地资源、基础设施、农业生产资料等的规模化与现代化。其中,土地资源的规模化是基础,只有土地资源等要素实现了规模化,才能更好地实现基础设施和农业生产资料等的现代化。[①] 因为基础设施和农业生产资料等的现代化是现代农村经济新常态建设的核心标志,同时也应是武陵山区农村劳动力的升级版经营手

---

① 秦小红:《经济法视域中的若干涉农制度研究——基于对农民理性的分析》,博士学位论文,西南政法大学,2014年。

段。而农村劳动力经营手段的不断完善,就是其创业能力不断提升的外在表征。也就是说,经营手段升级和农村产业规模化进程能有效激发农村劳动力提升自我创业能力的动机,进而确保其创业能力的有效提升。

2.要在农村产业组织化、产业化进程中激发农村劳动力提升自我创业能力的动力。农村产业的组织化与产业化需要根据其自然环境和社会经济条件的特点,以市场为导向,以农户、农业龙头企业或合作经济组织为依托,以经济效益和生态效益为中心,以系列化、快捷型服务为手段,将农业生产过程的产前、产中、产后诸环节联结为一个完整的产业系统的过程,实现种养加、产供销、农工商一体化、规模化经营。① 而农村产业一体化、规模化经营格局的形成,则需要一个分工明确、服务便捷、运转灵活、结构严密的社会化组织来加以推动。为此,应通过建立包含网络技术、信息管理、物资供应等部门在内的服务网络体系及完善农户家庭承包经营和中小农业企业进入大市场之一体化经营服务体系等途径,实施支农再贷款杠杆化运作和扶贫再贷款+地方法人金融机构信贷资金+扶贫资金贴息等"再贷款+"模式,大力提倡"公司+协会+农户""农业经济技术专业协会+农户""合作社+龙头企业+农户"等多种经营方式,认真落实农业企业稳岗补贴政策,积极推动落实小额担保贷款、民贸民品贴息贷款等财政政策,逐渐形成关联行业和农村产业逐步向农业合作组织靠拢、广大农户和农村产业企业密切合作型的多元化、多层次、多样式的农村产业合作组织,不断激发农村劳动力不断提升自我创业能力的动力。

3.要在农村产业生态化、特色化进程中激发农村劳动力提升自我创业能力的热情。无论是农村产业的规模化、现代化发展,还是农村产业的组织化、产业化发展,均是其增加生产要素投入、转变生产发展方式的重要手段。但不容置疑的是,无论是粗放式经营模式的变革,还是规模化生产方式的集成,都离不开农村劳动力的积极投入、热情参与和努力推动。也就是说,在

---

① 魏学文:《新型职业农民:内涵、特征与培育机制》,《农业经济》2013年第7期。

当今社会,农村劳动力已由过去单纯的农田耕种者转变为先进经营方式的推动者,这种先进的生产方式注定其所促进的产业再也无法像过去那样局囿于传统概念之农业领域,而是逐渐演变为具有明显生态化、特色化特征的观光农业、休闲农业、生态保护型乡村产业。这种变革必然会激发农村劳动力的创业激情,进而促使农村劳动力自觉加大学习力度,努力提升自己的创业能力,最终适应农村产业经营方式变革的需求。

三、环境孵化机制

适宜环境的孵化作用可使农村劳动力在其创业能力提升的过程中达成核裂变状的结果,即由单项能力层面的提升裂变成双项、多项提升,由单个个体领域的能力提升裂变成群体、集体提升。为达到这一孵化机制的应有效果,具体应做到:

1. 加强农村基础设施建设,营造更加舒适的居家生活环境。农村劳动力提升自己创业能力的根本目的在于为自己和家人营造一个更加舒适的居家生活环境,但鉴于当前农村基础设施建设严重滞后之现实,许多劳动者已将其创业目标瞄准了城市,这必然会进一步制约农村产业的可持续性发展。具体到武陵山区,其农村基础设施建设应以"四在农家·美丽乡村"等项目为抓手,按照"产业协调、生活幸福、乡风文明、人物和谐、村容整洁、环境优雅、服务便捷"的总体建设目标,在科学遵循"宏观统筹、整体布局、科学规划、环境先行、和谐发展"之原则的前提下,综合考虑"宽带乡村""数据铁笼""两纵三横两联""绿色富硒产业""三网融合""四大智慧行动""三小时交通圈"等区域内交通运输、能源开发、信息保障等基础性、支撑性服务设施的建设工作,加快贯通内外、功能完善、高效舒适、理论先进的现代化服务体系之建设力度,进而为片区内的农村居民营造一个更加舒适的居家生活环境,最终通过服务设施及服务体系等建设过程为该地区的农村劳动力提供更多的创业机会,进而不断提升他们的创业能力。

2. 实施创业优先战略,营造更加积极的政策支持环境。提升农村劳动力创业能力的首要目标就是保证他们能更加高效地创业,为此,应抓紧实施创业优先战略,打造"准孵化+孵化器+加速器+稳定器"的梯级孵化体系,打通"创业、创新、经济和就业增长点"培育链条,统筹产业链、创新链、资金链和政策链,形成线上与线下、孵化与投资相结合的开放式综合服务载体,大力支持培育一批吸纳就业能力强的创新型创业企业,进而为农村劳动力更好地创业营造一个更加积极的政策支持环境。具体来说,一是在制定经济增长政策时,要牢牢树立创业就是增长经济的发展理念,优先考虑创业工作的发展需求,科学兼顾"增长优先"与"就业优先"之间的互动关系。在出台产业结构调整政策时,要更加注重发展那些有利于增加就业创业和利用人力资源的产业,要重点扶持那些吸纳创业能力较强的现代服务业、战略性新兴产业、劳动密集型企业和小微型企业的发展,建成一些诸如贵州铜仁的阿里巴巴农村淘宝运营中心、武陵源·西拓中小电商孵化培育基地、宅尚O2O体验中心、IBM大数据培训中心等互联智造创业创新平台。二是要加强创业政策与产业、贸易、财政、税收、金融等政策措施的协调,加大公共财政对促进创业的资金投入,完善财税金融扶持政策[1],开展以政策集成服务、法律综合服务、专业金融服务、多元信息服务、特色创业服务、品牌战略服务等全链条增值服务,促进符合条件的重点群体创业。三是要拓宽农村劳动力创业的路子。通过发展特色产业带动农村劳动力创业,引导和支持农村劳动力进入科技创新型、资源综合利用型、劳动密集型、农副产品加工型、出口创汇型、现代服务型等产业或行业,创办各类企业、兴办各类专业合作组织或从事个体经营,并根据国家的相关产业政策,结合本地区经济社会发展实际,创造性建立一些有利于农村劳动力创业活动展开的创业项目库。四是要搭建农村劳动力创业平台。要以特色农业产业和生态农业产业的培育为中心,通过金融、信贷、债券等多种筹资、融资渠道,重点建设一批具有

---

[1] 欧阳力胜:《新型城镇化进程中农民工市民化研究》,博士学位论文,财政部财政科学研究所,2013年。

山区特色和民族特征的生态农业创业基地和观赏农业种养殖基地,吸引更多的农村劳动力来此就业创业。同时还可在交通便捷的村落建设一些标准加工车间和厂房,以无偿使用或低价租赁的方式为想要创业的农村劳动力提供创业场地。

3. 构建协调和睦劳作关系,营造更加平等的劳动工作环境。武陵山区农村劳动力提升创业能力的首要目的就是更好地工作,而协调和睦的劳作关系不仅可以通过提高工作愉悦感、工作满意度等渠道来进一步增强农村劳动力提升自己创业能力的愿望,而且还能通过增强就业的稳定性、提高创业的成功率等方式来提高其创业活动的生产效率。为此,可通过推行集体商议及集体签约等办法,优化统筹事关劳动关系的三方机制。健全最低工资增长机制,建立统一规范的企业薪酬调查和信息发布制度,完善企业工资决定和正常增长机制、工资支付保障长效机制。完善有关涉农产业方面的劳动保障监察机制,提升劳动保障监察领域的执法能力建设力度。加强劳动争议调解仲裁工作规范化、标准化、专业化、信息化建设[1],加快劳动争议调解仲裁服务体系建设,建立健全重大集体劳动争议应急调处机制和仲裁特别程序,积极构建协调和睦劳作关系,营造更加平等的劳动工作环境,促进农村劳动力创业能力的不断提升。

4. 健全城乡一体化人才机制,营造更加便捷的人才配置环境。前文已经提到,农村劳动力创业能力提升的目标就是更加高效地创好业,但受武陵山区区域经济差异化发展等因素的影响,某一类既定的创业能力可能会面临区域性、局部性等结构性失业的尴尬。为此,健全城乡一体化人才机制,营造更加便捷的人才配置环境就显得十分必要了。具体而言,可以通过健全城乡一体化的均衡性创业服务机制,创新城乡一体化的灵活创业服务范式,健全城乡一体化的便捷创业信息平台,完善创业效能第三方评估机制等

---

[1] 周俊:《河南省召开劳动人事争议调解仲裁工作座谈会》,《人才资源开发》2017年第7期。

办法,努力建成公益性、公众性、营利性、互动式的农村劳动力创业服务体系。与此同时,还可通过健全人才市场监管体系、规范人才市场运作秩序、完善城乡均衡型的创业保障制度、建立与国际接轨的"三农"人才引进制度等方式,努力彰显市场调节机制在整个人力资源配置过程中的基础性、导向性、支撑性作用,进一步破解人才市场城乡分割、片区分割和身份分割之局面[①],进而确保农村劳动力创业能力的稳步提升,使之最终成长为农村产业的专业户、自助社带头人和农村企业家。

5.创新农村公共文化服务体系,营造更加高效的文化服务环境。良好的文化环境不仅是培育农村劳动力健康向上精神文明的摇篮,同时也是其创业能力迅速提升的重要保障。为此,应按照公益性、区域性、便利性、民族性等变革要求,坚持"政府主导、社会参与、共建共享、改革创新"的变革原则,不断创新农村地区公共文化服务理念。具体到武陵山区,则是要通过开展"道德讲堂"、实施"文化惠民"工程、深化"种子工程"项目等方式,采取政府购买服务、项目补贴资金、定向资助帮扶对象、贷款贴息补助帮扶对象等政策措施,利用梵净山生态文明与佛教文化论坛、《湘西》民族文化数据库、恩施文艺精品建设工程等平台,保护传承优秀历史文化,构建公共文化惠民体系,在区域内创建一批网络健全、特色明显、运行有效、覆盖城乡、惠及全民的公共文化服务示范区,培育一批展现武陵民众形象、富有武陵民族特色、深受武陵群众喜爱的公共文化服务项目,全面促进该地区文化事业的发展,进而不断提升武陵公共服务文化的国际影响力和区域竞争力,最终使该地区的农村劳动力在这样的文化服务环境中增长见识、增强素质、提升品位。

6.加大媒体推介力度,营造更加健康的社会舆论环境。研究表明,新闻媒体的宣传推介是提升劳动者创业能力的重要手段。因此,为迅速提升武

[①] 陈宪、黄健柏:《劳动力市场分割对农民工就业影响的实证分析》,《开发研究》2009年第3期。

陵山区农村劳动力的创业能力,一是要建立政府主导、企业参与、媒介跟进型的宣传推介机制,充分利用影视、广告、故事、专栏等传统媒介和宣传栏、电子屏、板报、墙报等宣传阵地,创新运用微信、QQ、微博等现代信息传播渠道,以农村劳动力的科学创业为逻辑起点,通过标语、横幅、挂图、宣传画、春联等形式宣传农村劳动力创业创新等相关信息,并不断深化这些活动的宣传效果,进而营造出一种良好的有利于农村劳动力创业能力提升的舆论氛围。二是要通过实地宣传、新闻宣传和情感宣传等多种途径,充分利用重庆电视台、铜仁微网、《恩施日报》、"神秘湘西"等各类宣传平台,大力宣传各级政府制定的诸如《湘西自治州创新创业带动就业扶持资金管理暂行办法》《恩施州人民政府关于深入推进大众创业万众创新的实施意见》等鼓励劳动力创业的相关政策,做好《创业能力提升工程》《新型职业农民培育工程》等创业培训和创业服务方面的经验与成效。三是要灵活利用各类媒体的舆论导向功效,不但要积极宣传农村产业发展所急需的小型特色养殖和家庭农场旅游等新项目、循环农业和云上销售等新技术、无机培育和规模种养等新设备,而且要通过展示"创业之星""优秀创业企业""荣誉市民"等优秀农村创业者精神风貌等办法,从新型职业农民、农村实用人才、技术能手等群体中,将一批有思想、有文化、懂经营、善管理、敢闯敢干、敢为人先、勤于耕耘的农村劳动力之创业创新典型选拔出来[1],大力提倡以"助人之德"精神鼓励创业,以"容人之量"精神宽容失败,总结推广好典型、好机制、好创意,进而全方位、多途径营造一种崇尚创业、褒奖成功、宽容失败的和谐创业环境及良好创业氛围,引导广大农村劳动力在创业创新中学习借鉴,引导和鼓励更多的潜在创业者积极投身到农村创业创新中来,并最终在创客文化和企业家精神[2]的不断培育中提升武陵山区农村劳动力的创业能力。

---

[1] 农业部调研组:《农业部关于实施推进农民创业创新行动计划(2015—2017年)的通知》,《农业日报》2015年8月29日。

[2] 李可祥、关志强:《西部农民创业促进工程的现状及发展对策分析——以新疆布尔津县为例》,《经济研究导刊》2013年第1期。

四、社会保障机制

提高武陵山区农村劳动力的创业能力,还需要依靠社会保障机制的作用。而要充分发挥社会保障机制的应有效用,关键是从制度变革角度入手,出台一些能保障创业能力提升的政策与制度,借以消除阻碍农村劳动力创业能力提升的体制局限和制度障碍。

1.完善涉农产业职业准入制度,建立健全区域协调化的职业鉴定机制。提升武陵山区农村劳动力创业能力的核心目标就是充分保证这些人员成长为专业人才,借以保证其顺利完满创业。而职业准入制度不仅有利于涉农产业专业技术人才的培养,还能有效提升涉农产业职业本身的专业化发展水平。也就是说,完善涉农产业职业准入制度,是提升武陵山区农村劳动力创业能力的有效保证。但要完善涉农产业职业准入制度,建立健全区域协调化的职业鉴定机制却是一个漫长的发展过程。就目前武陵山区经济社会发展的实况来看,应在充分结合区域自身发展特点的基础上,科学借鉴其他地区的涉农产业职业准入制度等建设经验,逐渐建立与完善具有武陵山区民族区域特色的职业技能鉴定及行业准入制度,给那些经过培训且合格的农村劳动力颁发职业资格证书和行业准入证书,同时在项目扶持、税收减免、技术辅导、财政补贴、创业信贷等涉农产业方面帮扶这些获得证书的农村劳动力,最终在其创业活动的健康发展中不断提升他们的创业能力。

2.优化社会保障制度,建立健全舒适便捷的社会保障体系。要想扎实而高效地提升农村劳动力的创业能力,一是要创设一个便捷的社会保障制度体系。要按照统筹城乡、覆盖全民的总体建设思路,坚持"先行先试"的建设原则,以城乡一体化的养老保险制度、医疗保险制度、医疗救助制度、公共服务体系的积极探索与逐步完善为着力点,建立起个人适当交一点、企业酌情补一点、政府相应投一点的独立于企业事业单位之外、融资渠道多元化、保障制度规范化、管理服务便捷化的社会保障体系。二是要建构一个舒适的社会服务体系。要充分发挥现有创业服务机构的重要作用,建立健全涉农产业服务机构,为涉农产业创业农民提供法律、法规、政策、证照办理等方面的基本咨询服务。要完善组织机构,为涉农产业中的农村劳动力的创业活动提供法律政策、创业辅导、筹资融资、市场开拓、技术支持等方面的基本服务。① 要整合武陵山片区各单位涉及创业方面的有关数据,多方位搜集整理创业市场的最新信息,进而为该区农村劳动力创业活动的有效展开提供精准服务。要建立涉农产业创业信息发布平台,向农村劳动力公布各项行政审批、核准、备案事项和办事指南,及时提供法律、法规、政策和各类市场信息。要建立健全创业指导(服务)中心和基层创业服务平台,为农村劳动力提供项目信息、创业指导、融资支持、政策咨询等服务。② 要大力培育和扶持专门针对农村地区的社会中介服务机构,借以为农村劳动力的各种创业活动的展开提供专业化服务。

3. 规范农村土地流转制度,建立健全经营规模化的土地流转机制。武陵山区农村劳动力的创业活动需要以生产资料集约化程度较高、生产经营规模较大、生产程序现代化水平较高的社会化组织为基础,但这些社会化组织的建立或健全,是需要一定的土地规模作为支撑的。为此,应在继续稳定原农村土地承包责任制度的基础上,本着自愿、守法、等价的转换原则,规范农村土地流转机制,鼓励更多的农村劳动力通过租用、合作、交换等多种形式把自己闲置的农村土地流转出去,进而使这些农村土地通过使用权的依法流转逐步集中到这些社会化组织中,借以帮助他们发展多种形式的适度规模经营,最终推动农村土地经营向集约化、规模化发展③,为农村劳动力创业能力的提升创造更多的发展空间及潜在可能。

4. 整合部门资源,健全创业风险防控机制。农村劳动力创业能力提升的过程并不总是一帆风顺的,可能会遇到一些制度上的障碍或者他人的误

---

① 农业部调研组:《农业部关于实施推进农民创业创新行动计划(2015—2017年)的通知》,《农业日报》2015年8月29日。
② 张建明:《创业带动就业,实现城乡居民收入倍增问题研究》,《中国经贸》2013年第10期。
③ 魏学文等:《新型职业农民:内涵、特征与培育机制》,《农业经济》2013年第7期。

解甚至排斥。为此,要通过加快法律法规建设进程等办法,为农村劳动力创业能力的提升建构一个运作高效的风险防控机制。

首先要健全完善法律体系,出台保障农村劳动力提升创业能力的法律法规。不少国家充分认识到提升农村劳动力创业能力的重要性和紧迫性,纷纷出台了许多法规法律来保障这一提升进程的顺利开展。如英国通过颁布与实施《职业交换法》《产业训练法》《就业与训练法》等法律法规,基本建立起一个较为完善、系统的职业训练法规体系;法国政府出台了《职业培训与就业训练法》,使其职业训练类的法律体系变得更加完善;澳大利亚联邦政府颁布了《澳大利亚技能2008年法案》,该法案是一个建立"澳大利亚技能"机构及其有关的法案[1];日本政府分别于1985年和1999年颁布了《职业能力开发促进法》和《雇佣——能力开发机构法》,充分保证了劳动者的终身训练机会[2]。我们也很有必要结合中国的实际情况及武陵山区的发展现实,制定出台一些诸如《西部地区农民创业促进工程试点工作指导意见》《关于完善支持政策促进农民持续增收的若干意见》等促进农村劳动力创业能力提升的法律法规。与此同时,还应清理、废止那些不合理的限制农村劳动力创业活动的相关制度与法规,简化农村劳动力创业活动所涉及的行政审批事项,为大力发展农产品加工、休闲农业和乡村旅游、农村服务业等劳动力密集型产业项目提供保障,推动科技、人文等元素充分融入农业产业的创业活动中,努力探索农产品个性化定制服务、会展农业、农业众筹等新型业态,培育出更多的乡村手工艺品和农村土特产品等知名品牌。

其次要交流区域发展经验,出台促进农村劳动力能力提升的规章制度。考虑到中国疆域辽阔、区域发展差异较大等客观现实,仅仅依靠国家层面的法律法规来保障农村劳动力创业能力提升是不现实的。为此,在法律法规

---

[1] 梁成艾:《六国职业教育立法之嬗变进程与特征研究》,《职教论坛》2014年第2期。
[2] 祝士明:《二战后日本职教立法及其启示》,《中国职业技术教育》2010年第9期。

的整体框架下,农业农村部、人力资源和社会保障部、财政部、教育部、国家发展和改革委员会等部委还应制定相应的促进农村劳动力创业能力提升的规章制度。武陵山区的各级地方政府也可以根据各自片区农村劳动力的发展现状,出台一些诸如《创业促进管理办法》《铜仁市"十三五"促进城乡就业创业专项规划》《湖南省武陵山区区域发展与扶贫攻坚实施规划》《湘西州失业保障和再创业促进意见》等地方性法规。这样,国家层面的法律法规、部委层面的规章制度、地方层面的意见办法等就自上而下地形成一套完备的法律法规体系,更加得体、更加适切、更加完满地保障了武陵山区农村劳动力创业能力的提升进程。

最后要整合部门资源,构建创业形势监控机制。考虑到创业活动的风险性及农村劳动力承受挫折能力的弱势化等客观因素,为给农村劳动力创业活动提供一个公正而有力的创业环境,首要之务是科学整合不同区域、不同部门、不同领域的有生资源,通过"大数据""互联网+"等资源平台,构建出一种运作高效、形式新颖的涉农产业创业形势监控机制。具体而言,一是通过畅通信息收集渠道、丰富信息分析方法、完善信息统计口径等途径,优化涉农产业创业形态及创业情况观测指标,建构起一套完善的信息统计、分析指标体系,进而切实做好涉农产业创业统计分析等基础性的保障工作。二是充分利用政务平台和大数据技术,结合往昔的涉农产业创业形势,采取阶段比较、综合会商、前景预测等办法,及时对所收集的创业信息进行真伪辨别、时效判断等核查工作,不断健全涉农产业创业形势核查机制。三是加强政府部门与研究机构、市场分析机构的密切协作,通过资源共享、信息沟通、互通有无、统筹兼顾等方式,建立涉农产业创业数据与宏观经济、行业经营等数据以及社会机构相关数据交叉比对机制,借以提高涉农产业创业形势监测和分析能力。四是通过建立劳动力市场价格监测体系等渠道,及时掌握不同地区、不同行业、不同领域的创业形势及劳动力收入变化、岗位变动、人员去向等情况,并适时发布涉农产业创业岗位与创业领域预警信息,把涉农产业的创业风险控制在最低程度。

五、多元监管机制

武陵山区农村劳动力创业能力的提升,除了要充分发挥好社会保障等机制的作用之外,还需要努力彰显多元监管机制的运作效果。而要充分发挥这一多元监管机制的应有效用,关键还需要从制度建设、意识提升等维度入手,建立一个多元化的监管体系,借以切实优化武陵山区农村劳动力创业能力提升的制度情景。

1. 以意识提升培育监管的自觉性。长期以来,受地域封闭性等因素的制约,生活在武陵山区的农村劳动力普遍受教育程度不高,自身综合素质较低,再加上家庭承包制的分散经营模式及传统的小农意识的整体作用,导致许多农村劳动力的创业意识不强、创业动机不足,进而严重制约其创业能力的提升。鉴于此,可以"广阔天地·放飞梦想""创业富民、就业惠民"等为宣传主题,通过新闻媒介的宣传作用、创业典型的示范效应、生态农业的引领作用、绿色发展的导向功能、规模经营的现代效应、教育培训的引导作用,帮助武陵山区的农村劳动力摒弃过去那种陈旧的发展观念,逐渐树立敢于创新、勇于创业、勤于尝试的理念,并使这一理念成为该地区农村劳动力不断发展自我、不断完善自我的内在驱动力,逐步发展为自我监管意识。

2. 以社会监督增强监管的有效性。前文已经提到,可通过新闻媒介的宣传作用、创业典型的示范效应、生态农业的引领作用、绿色发展的导向功能等办法来提升武陵山区农村劳动力的创业意识,但这一提升过程需要一个由政府、企业和市场等组成的社会监督机构来加以保障。因为农村劳动力创业意识的提升是一个从外至内的内化过程,这一内化过程是无法通过外在表象来加以衡量的。这就意味着,农村劳动力创业意识提升的自觉性是需要政府的领导作用、企业的教育功能、市场的表征效应、社区的台账效应等来引导并予以监督的。只有政府发挥在农业经济的经营模式和农村管理的发展方式等革新中的领导作用、企业不断铸就团队意识和切实保障企业利益的教育功能、市场发挥在创业绩效和创业典范等显现中的表征效应、社区发挥在公共传媒和个性终端等凸显的台账效应,方能切实提升及准确衡量武陵山区农村劳动力创业意识提升的自觉性,并最终提高其创业意识提升自觉性的透明度。

3. 以制度建设保障监管的规范性。既然创业意识提升的自觉性需要政府的领导作用、企业的教育功能和市场的表征效应等来加以引导并予以监督,那么,无论是政府层面或是企业层面甚至是市场层面,均迫切需要通过加强制度建设等方式来保障监管机制的规范性。具体到武陵山区,一要建立激励奖惩办法。要结合武陵山区的实际情况,通过金融和税收优惠及以奖代补等政策,建立农村劳动力创业意识提升激励机制和法律保护机制,刺激、吸引更多的利益相关者参与到该提升过程的监管活动中来,并逐渐使其发展成一种自觉意识。二要建立参与激励机制。考虑到创业过程充满着不确定性并存在众多风险,因此,要结合农村劳动力的现有创业意愿及现实创业能力,通过建立风险规避机制和完善创业保险体制等方式,刺激、吸引利益相关者参与到创业行动的尝试中来,借以在创业意识的不断培育和自愿动机的不断养成中提升武陵山区农村劳动力的创业能力。三要建立互动合作机制。考虑到武陵山区地域的广袤性与劳动力结构的差异性,应通过探索各利益相关群体密切合作、有效沟通等模式,充分发挥各利益相关群体的发展优势,并在多个主体合作互动的过程中形成整合效应,实现"政府主导、农村劳动力自主多元参与"的有机协同,借以最终确保监管机制的规范性[1],并最终通过这一监管机制的应有作用,切实提升该地区农村劳动力的创业能力。

六、收益分配机制

在提升武陵山区农村劳动力创业能力的过程中,一定要综合考虑其民

---

[1] 冯华艳:《农村公共服务供给研究》,中国政法大学出版社 2015 年版,第 250—251 页。

族秉性,通过建构一种均衡性的收益分配机制来统筹兼顾其民族自尊心和自豪感。因为收益分配比例不但是维持其创业动机的重要推动力量,而且还是其创业成效的关键外在表征。主要应从以下三个方面来加以考虑。

1.建立合理性的土地增值收益分配制度。由于武陵山区农村劳动力的创业基地大多分布在广袤的农村地区,土地就成为其创业活动必不可少的环境保障及物质依托。也就是说,农村土地增值收益的分配机制,必然会影响其创业的成效,进而最终制约其创业能力提升的幅度。为充分保障武陵山区农村劳动力创业能力的迅速提升,首先要完善该地区农村土地的产权制度。即不但要在法律上对农村土地所有权主体进行明确界定,而且要通过产权证书颁发等方式,认真落实好农村土地确权登记制度。其次要完善农村土地征收补偿制度。要通过提高征收补偿标准或增列补偿项目、改革土地作价入股等补偿方式,优化农村土地征收补偿模式。再次要完善农村土地流转市场体制。要通过健全流转法规、明确流转程序、完善监督体制等完善农村土地流转市场。最后要健全农村土地流转价值评估体系。要通过第三方评估、专业机构评估、综合性评估等方式,丰富农村土地流转价值评估指标,最终在这些完善措施的共同作用下,形成合理性的土地增值收益分配制度,进而为提升武陵山区农村劳动力的创业能力营造一个良好的发展环境。[①]

2.建立层次性的创业效果收益分配制度。创业的根本目的之一就是创收,而创业收益的分配结构则又是创业活动能否持续发展的核心动力和坚实保障。从武陵山区农村经济的现有发展情况来看,农村劳动力的创业活动大多集中在休闲农业、观光农业等集美食体验、农业观光、休闲度假于一体的生产领域,因此其创业收益分配制度必然也会呈现出层次性的结构特征。即不但会在收益分配制度中规定好税收、环保、保险等公共性的分配比

[①] 谢付杰:《农村土地征收中的土地增值收益分配机制研究》,《农业经济》2016年第8期。

例,而且还会通过公益金、公积金、养老金、奖励金等形式,规定好职员的工资及福利比重,甚至还会发展基金的留置、激励基金的管理等办法,持续优化收益分配制度的结构,借以确保创业活动的健康、有效发展,最终持续提升武陵山区农村劳动力的创业能力。

3. 建立统筹性的市场运作收益分配制度。创业活动的成功概率直接影响创业者的创业愿意及创业积极性,但创业的风险性和艰难性必然会影响创业者创业活动的积极性,进而制约农村劳动力创业能力的提升效果。为保证武陵山区农村劳动力创业动机的旺盛及创业能力的发展,建立统筹性的市场运作收益分配制度就显得十分必要。建立这样的一种分配制度,就是要建立健全一种运作高效的市场预警机制。一是要建立公开透明的市场信息统计与发布机制,避免投机者利用信息不对称等来误导创业者的创业活动;二是通过联盟、社团、协会等组织,借助网络的作用,不断延长创业者的创业产业链,让创业者在创业市场中获得更大的话语权;三是运用创业价格保险、创业风险基金、目标价格制度等办法,优化创业活动的利益格局,充分保障创业者的创业收益,进而确保创业市场的良性发展[①],最终为武陵山区农村劳动力创业能力的提升创设一个良好金融环境。

第三节 就业与创业能力提升机制的建构内容

一、评价衡量机制

(一)评价体系的建构思路

建构思路是指建构武陵山区农村劳动力就业与创业能力评价体系所应遵循的技术路线,它主要由明晰内涵、理顺层次和确定权重三大部分组成。

首先要明晰武陵山区农村劳动力就业与创业能力的内涵意蕴。从众多

---

① 郭少雅:《建立更加均衡的收益分配机制》,《农民日报》2016年4月26日。

有关就业能力与创业能力之内涵解读类的文献中可以看出,就业能力与创业能力在本质上并没有多大的区别,虽然创业能力较多关注的是创业活动之新颖性、主动性、艰难性和影响性等特征的彰显,突出的是新事业的创造发明过程,但创业活动首先是一种人类活动,既然是人类活动,就一定会以某种目的为行动导向,可能此次创造发明的活动并不直接会给人类带来劳动报酬或经营收入等收益,但从长远来看,这种活动终归会给人类带来某种情感或物质上的满足,而这种情感或物质上的满足,本质上类同于就业活动所获取的劳动报酬或经营收入。因此,从这层意义上来说,创业能力与就业能力本质上是一体化的,都是一种人类谋求完满生活的手段。

其次要理顺武陵山区农村劳动力就业与创业能力的评价指标层次。评价指标层次指的是由评价维度或指标体系所构成的一个层次分明、结构严谨、逻辑清晰、立体交错的层次分析结构模型。这一体系由目标层、范畴层、变量层、指标层四个层级组成(见图4-1)。

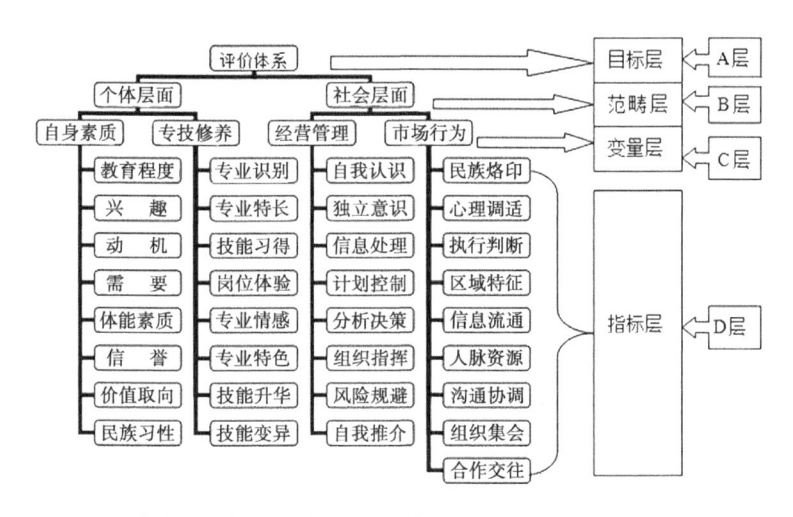

图4-1 武陵山区农村劳动力就业与创业能力评价的层次分析结构模型

一般情况下,目标层通常由一个具有统率性、总揽性、前瞻性、终极性等属性的元素构成,是对研究问题目标的全局性描述;范畴层指的是实现目标层之整体目标所倚仗的各构成因素所应归结的范畴或领域,它不仅是目标层设计意愿的展示环节,而且还是目标层设计意愿的阐述步骤;变量层是指归属于不同领域范畴并为实现目标层整体意愿而聚集在一起的各构成要素的集结层,考虑到这一层各构成要素存在变迁性等特征,故该层就成为衡量武陵山区农村劳动力就业创业能力高低程度的核心层与关键层,是整个评价体系的枢纽之所在;指标层是对变量层各构成要素的具体描述或细化阐述,它是决定武陵山区农村劳动力就业与创业能力多样性与差异性的表征层。

最后要确定武陵山区农村劳动力就业与创业能力之评价指标权重。指标权重是指标在评价过程中不同重要程度的反映,是决策(或评估)问题中指标相对重要程度的一种主观评价和客观反映的综合度量。① 权量的赋值是否合理,将直接关联到评价结果的科学性与客观性。为此,在充分认识该评价体系之测量指标复杂性和权重确定方法之多样性的基础性上,选择合理的分析方法来确定各测量指标的权重,就显得异常重要了。

鉴于武陵山区农村劳动力就业与创业能力提升评价体系的测量指标具有典型的模糊性、描述性等特征,无法用具体的数字加以表述,故此处适宜于用层次分析法、德菲尔调查法等方式来确定各测量指标的权重。② 具体而言,一是根据研究目标的前瞻性和研究问题的复杂性等来建立一个递阶结构清晰、从属关系明确的层次分析模型;二是构建一个利于同一层各构成要素进行比较的判断矩阵,并将判断结果以数值的形式表达出来;三是为同一层次上相应元素对于上一层次上的某元素的相对重要性进行排序;四是计算出组合权向量,并对其进行一致性检验。其根本目的是自上而下地将单一变量的权重进行合成。③

---

① 刘叶云、游钊:《中国新生代农民工就业能力评价体系的构建》,《湖南农业大学学报(社会科学版)》2011年第4期。
② 镇常青:《多目标决策中的权重调查确定方法》,《系统工程理论与实践》1987年第7期。
③ 刘叶云、游钊:《中国新生代农民工就业能力评价体系的构建》,《湖南农业大学学报(社会科学版)》2011年第4期。

(二)评价指标及其赋值

评价指标是武陵山区农村劳动力就业与创业能力提升绩效评价内容的重要载体,也是武陵山区农村劳动力就业与创业能力的外在体现,它通常包括个体资源和社会资源两大子指标体系。

首先是个体资源层面的评价指标及其赋值。个体资源层面的评价指标是武陵山区农村劳动力就业与创业能力提升之评价指标体系的重要组成部分,它通常由个体自身素质层面的评价指标和专业技能修养层面的评价指标两部分构成。它是影响武陵山区农村劳动力获取就业创业流动机会并争取更好职业发展前景的根本性、基础性的评价指标。正因如此,我们完全可以按照美国心理学家李克特的量表赋值法,以强弱、高低、多少、快慢、好坏、优劣等为标识单元,将个体资源层面的评价指标分成 7 种不同的状态,并用 1—7 分别加以表示。具体的赋值情况见表 4-1。

表 4-1 个体资源层面的评价指标赋值

评价指标	代表参数	存在状态	评价指标	代表参数	存在状态
教育程度	1	文盲	专业识别	1	很弱
	2	初中以下		2	弱
	3	高中或中专		3	较弱
	4	大专		4	中等
	5	本科		5	较强
	6	硕士研究生		6	强
	7	博士研究生		7	非常强
兴趣	1	非常低	专业特长	1	非常平凡
	2	低		2	平凡
	3	较低		3	较平凡
	4	中等		4	中等
	5	较高		5	较突出
	6	高		6	突出
	7	非常高		7	非常突出

续表

评价指标	代表参数	存在状态	评价指标	代表参数	存在状态
动机	1	很弱	技能习得	1	非常慢
	2	弱		2	慢
	3	较弱		3	较慢
	4	中等		4	中等
	5	较强		5	较快
	6	强		6	快
	7	非常强		7	非常快
需要	1	很弱	岗位体验	1	非常少
	2	弱		2	少
	3	较弱		3	较少
	4	中等		4	中等
	5	较强		5	较多
	6	强		6	多
	7	非常强		7	非常多
体能素质	1	很差	专业情感	1	非常浅
	2	差		2	浅
	3	较差		3	较浅
	4	中等		4	中等
	5	较好		5	较深
	6	好		6	深
	7	非常好		7	非常深
信誉	1	非常低	专业特色	1	非常隐晦
	2	低		2	隐晦
	3	较低		3	较隐晦
	4	中等		4	中等
	5	较高		5	较明显
	6	高		6	明显
	7	非常高		7	非常明显
价值取向	1	非常隐晦	技能升华	1	非常迟缓
	2	隐晦		2	迟缓
	3	较隐晦		3	较迟缓
	4	中等		4	中等
	5	较明显		5	较明显
	6	明显		6	明显
	7	非常明显		7	非常明显

续表

评价指标	代表参数	存在状态	评价指标	代表参数	存在状态
民族习性	1	非常少	技能变异	1	非常慢
	2	少		2	慢
	3	较少		3	较慢
	4	中等		4	中等
	5	较多		5	较快
	6	多		6	快
	7	非常多		7	非常快

资料来源：根据笔者调研数据整理。

一是个体自身素质层面的评价指标。个体自身素质层面的评价指标一般由教育程度、体能素质、需要、动机、兴趣、民族习性、价值取向、信誉等观测点组成，是决定武陵山区农村劳动力就业与创业能力高低程度的基础性评价指标。一般来说，在个体自身素质层面的评价指标中，教育程度和体能素质等观测点是外塑于个体身心之上的基础性评价指标，它决定着武陵山区农村劳动力能否获得基本的就业创业机会并凭此成为独立之社会人的概率；而需要、动机和兴趣等观测点是内隐于个体心灵底层的禀赋性评价指标，它是武陵山区农村劳动力之就业与创业原动力能否得到充分激发的根本保证；民族习性、价值取向、信誉等观测点是传承于民族聚集体的标志性评价指标，它是彰显民族特性、表征文化差异的重要评价指标。

二是专业技能修养层面的评价指标。专业技能修养层面的评价指标主要由专业识别、专业特长、技能习得、岗位体验、专业情感、专业特色、技能升华、技能变异等评价标量构成，表露出明显的实际操作经验特征，是衡量武陵山区农村劳动力就业与创业能力高低程度的根本性评价指标。其中，专业识别、专业特长等观测参数是衡量个体在专业技能修养形成初期之职业准备阶段的评价指标，它关注的是个体为专业技能养成所具备的技能准备程度；技能习得和岗位体验等观测参数则是衡量个体在专业技能修养前期之技能获得阶段的评价指标，它重视的是个体在此阶段技能习得水平和岗位体验深度,并通常通过技能掌握程度和岗位体验感受等来加以判断;专业情感和专业特色等观测参数是衡量个体在专业技能修养形成中期之技能娴熟阶段的评价指标,它观照的是个体在此阶段所获得的专业情感积累厚度和专业特色塑造亮度,其重视的是技能修养的不断提高并旨在通过专业情感的不断积累和技能特色的逐渐彰显来凸显该评价指标的重要性;技能升华和技能变异等观测参数是衡量个体在专业技能修养形成后期之职业流动阶段的评价指标,它突出的是个体在此阶段所能获得的专业感悟深度和技能泛化幅度,重视通过技能升华层次和技能变异跨度来测量个体的专业技能修养水平。

其次是社会资源层面的评价指标及其赋值方法。社会资源层面的评价指标是武陵山区农村劳动力就业与创业能力提升之评价指标体系的关键构成机体,它通常由经营管理素质层面的评价指标和市场行为素质层面的评价指标组成。它是影响武陵山区农村劳动力就业创业质量与发展提升概率的决定性、前瞻性的评价指标。社会资源层面的评价指标赋值情况见表4-2。

表4-2 社会资源层面的评价指标赋值

评价指标	代表参数	存在状态	评价指标	代表参数	存在状态
自我认识	1	很弱	民族烙印	1	非常隐晦
	2	弱		2	隐晦
	3	较弱		3	较隐晦
	4	中等		4	中等
	5	较强		5	较明显
	6	强		6	明显
	7	非常强		7	非常明显
独立意识	1	很淡薄	心理调适	1	非常慢
	2	淡薄		2	慢
	3	较淡薄		3	较慢
	4	中等		4	中等
	5	较强烈		5	较快
	6	强烈		6	快
	7	非常强烈		7	非常快

第四章 武陵山区农村劳动力就业创业能力提升机制的建构内容

续表

评价指标	代表参数	存在状态	评价指标	代表参数	存在状态
信息处理	1	很迟缓	执行判断	1	非常慢
	2	迟缓		2	慢
	3	较迟缓		3	较慢
	4	中等		4	中等
	5	较快准		5	较快
	6	快准		6	快
	7	非常快准		7	非常快
计划控制	1	很随意	区域特征	1	非常隐晦
	2	随意		2	隐晦
	3	较随意		3	较隐晦
	4	中等		4	中等
	5	较周密		5	较明显
	6	周密		6	明显
	7	非常周密		7	非常明显
分析决策	1	很草率且武断	信息流通	1	非常慢
	2	草率且武断		2	慢
	3	较草率且武断		3	较慢
	4	中等		4	中等
	5	较缜密且果断		5	较快
	6	缜密且果断		6	快
	7	非常缜密且果断		7	非常快
组织指挥	1	很乏力	人脉资源	1	非常少
	2	乏力		2	少
	3	较乏力		3	较少
	4	中等		4	中等
	5	较有力		5	较多
	6	有力		6	多
	7	非常有力		7	非常多
风险规避	1	很失策	沟通协调	1	很弱
	2	失策		2	弱
	3	较失策		3	较弱
	4	中等		4	中等
	5	较得当		5	较强
	6	得当		6	强
	7	非常得当		7	非常强

续表

评价指标	代表参数	存在状态	评价指标	代表参数	存在状态
自我推介	1	极少	组织集会	1	非常少
	2	少		2	少
	3	较少		3	较少
	4	中等		4	中等
	5	较多		5	较多
	6	多		6	多
	7	非常多		7	非常多
			合作交往	1	非常少
				2	少
				3	较少
				4	中等
				5	较多
				6	多
				7	非常多

资料来源:根据笔者调研数据整理。

一是经营管理素质层面的评价指标。经营管理素质层面的评价指标通常由自我认识、独立意识、信息处理、计划控制、分析决策、组织指挥、风险规避、自我推介等评价指标组成,具有较浓烈的个性促进特征,是影响武陵山区农村劳动力发展提升概率的决定性评价指标。其中,自我认识和独立意识等观测点是根植于个体思维表层的前提性评价指标,是武陵山区农村劳动力获取足够发展提升概率的普适性要求;信息处理、计划控制和分析决策等评测点是内隐于个体身心底部的支撑性评价指标,是武陵山区农村劳动力获取足够发展提升概率的必然性要求;组织指挥、风险规避和自我推介等测评点是蛰伏于个体心灵深处的拓展性评价指标,是武陵山区农村劳动力获取足够发展提升概率的延伸性要求。

二是市场行为素质层面的评价指标。市场行为素质层面的评价指标一般包括民族烙印、心理调适、执行判断、区域特征、信息流通、人脉资源、沟通协调、组织集会、合作交往等评价观测点,它具有明显的市场驱动特征,是权衡武陵山区农村劳动力就业创业质量的前瞻性评价指标。其中,民族烙印、心理调适、执行判断等个性特征层面的评价指标是衡量武陵山区农村劳动力就业与创业能力高低程度的内在观测指数,它关注的是在市场经济条件下个体心理特征对市场行为活动效率的影响程度;区域特征、信息流通、人脉资源等区位特色层面的评价指标则是彰显武陵山区农村劳动力就业与创业能力水准的外在观测指标,它侧重于从条件支撑层面来探测市场经济条件下地域优势对市场行为活动效率的制约作用,在整个评价体系中扮演着特质性的角色;沟通协调、组织集会、合作交往等社会交流层面的评价指标是判断武陵山区农村劳动力就业与创业能力提升层次的共性观测指标,它重视从社会关联层面来探究市场经济条件下各种社会性评价指标对武陵山区农村劳动力就业与创业能力提升水平的促进效应,是整个评价体系中不可或缺的核心组成要素。

(三)评价方法及指标权重

武陵山区农村劳动力就业与创业能力提升之评价体系主要由个体资源和社会资源两大子指标体系构成,而且这两大子指标体系中的各观测要素所扮演的角色也不尽相同。也就是说,武陵山区农村劳动力就业与创业能力提升之评价体系中的各观测要素拥有影响力不同的判断价值,即它们在整个评价体系中所赋予的权重是不一样的。为此,我们很有必要根据图4-1所建立的层次分析模型,分析出其相应的赋权。

首先,层次分析方法。武陵山区农村劳动力就业与创业能力评价体系具有层次性、深度融合性、复杂性及评价指标定性等特征,如何在将定性指标量化基础上,进一步明确科学的权重变量,最终使评价结果能够以一种更加综合、直观、清晰和明确的数值型形式呈现,层次分析法为我们提供了一个极佳的解决方案。

层次分析法(AHP)最早由美国运筹学家萨迪(T.L.Saaty)于20世纪70年代初提出,是一种解决多目标的复杂问题的定性与定量相结合的决策分析方法。该方法将决策问题分成不同的层次(目标层、准则层和方案层),

综合各领域专家的经验判断衡量各指标之间的相对重要程度并构建出各层次判断矩阵,运用求判断矩阵最大特征值与特征向量方法,求出下层指标对上一层指标的优先权重,并进行一致性检验,最后利用加权求和递阶进行并归得到各个指标层对目标层的相对权重。本书构建了5个判断矩阵(变量层1个和指标层4个),求出各矩阵变量权重和CR值,在CR值通过检验的基础上,分别求出范畴层的个体层面、社会层面权重和指标层的各变量加权权重。

其次,构造指标体系权重判断矩阵。根据图4-1所建立的层次分析模型,我们采用萨迪所提出的1—9标度方法,对层次分析模型中各个维度指标或变量给出赋权值,构造了下列5个指标体系权重判断矩阵,见表4-3、表4-4、表4-5、表4-6、表4-7。

表4-3 针对A层目标的变量层(C层)排列矩阵

	A	C1	C2	C3	C4
A表示评价体系	C1	1	1/3	1/2	1/2
	C2	3	1	2	2
	C3	2	1/2	1	1
	C4	2	1/2	1	1

资料来源:根据笔者调研数据整理。

表4-4 针对变量层(C层)"自身素质"变量的指标排列矩阵

	C1	D1	D2	D3	D4	D5	D6	D7	D8
C1表示自身素质	D1	1	2	1	1	3	5	9	9
	D2	1/2	1	1	1/2	2	4	8	8
	D3	1	1	1	1/2	2	2	7	8
	D4	1	2	2	1	3	5	9	9
	D5	1/3	1/2	1/2	1/3	1	3	5	6

续表

C1 表示自身素质	D6	1/5	1/4	1/2	1/5	1/3	1	3	3
	D7	1/9	1/8	1/7	1/9	1/5	1/3	1	1
	D8	1/9	1/8	1/8	1/9	1/6	1/3	1	1

资料来源:根据笔者调研数据整理。

表 4-5 针对变量层(C层)"专技修养"变量的指标排列矩阵

C2 表示专技修养	C2	D1	D2	D3	D4	D5	D6	D7	D8
	D1	1	1/2	1/3	1/3	1/5	1/6	1/8	1/9
	D2	2	1	1/2	1/3	1/3	1/5	1/6	1/7
	D3	3	2	1	1	1/3	1/4	1/4	1/5
	D4	3	3	1	1	1/2	1/2	1/3	1/5
	D5	5	3	3	2	1	1	1/2	1/2
	D6	6	5	4	2	1	1	1/2	1/3
	D7	8	6	4	3	2	2	1	1
	D8	9	7	5	3	2	3	1	1

资料来源:根据笔者调研数据整理。

表 4-6 针对变量层(C层)"经营管理"变量的指标排列矩阵

C3 表示经营管理	C3	D1	D2	D3	D4	D5	D6	D7	D8
	D1	1	2	1/4	1/3	1/3	1/2	1/7	1/8
	D2	1/2	1	1/7	1/4	1/5	1/4	1/9	1/6
	D3	4	7	1	3	2	3	1/3	1
	D4	3	4	1/3	1	1	1	1/3	1/2
	D5	3	5	1/2	1	1	2	1/5	1/2
	D6	2	4	1/3	1	1/2	1	1/6	1/3
	D7	7	9	3	3	5	6	1	2
	D8	5	6	1	2	2	3	1/2	1

资料来源:根据笔者调研数据整理。

表4-7 针对变量层（C层）"市场行为"变量的指标排列矩阵

C4	D1	D2	D3	D4	D5	D6	D7	D8	D9
D1	1	3	1/3	5	1/4	1/5	1/3	4	1
D2	1/3	1	1/5	3	1/6	1/7	1/5	1	1/3
D3	3	5	1	7	1/2	1/3	1	5	3
D4	1/5	1/3	1/7	1	1/8	1/9	1/7	1/2	1/5
D5	4	6	2	8	1	1/2	1	5	3
D6	5	7	3	9	2	1	3	7	5
D7	3	5	1	7	1	1/3	1	5	3
D8	1/4	1	1/5	2	1/5	1/7	1/2	1	1/3
D9	1	3	1/3	5	1/3	1/5	1/3	3	1

（C4表示市场行为）

资料来源：根据笔者调研数据整理。

其中，表4-3是针对A层目标的变量层（C层）排列矩阵，表4-4、表4-5、表4-6和表4-7是针对变量层（C层）"自身素质""专技修养""经营管理"和"市场行为"四大变量的指标排列矩阵。

再次，评价指标体系权重数值列表。依据表4-3到表4-7判断矩阵，运用AHP中的权重计算方法，求出各判断矩阵变量权重与CR值，见表4-8，通过表4-8可以得知各判断矩阵CR值都小于0.1，均通过一致性检验。同时该表也直观反映了范畴层的个体层面和社会层面权重。

表 4-8　武陵山区农村劳动力就业与创业能力评价指标体系权重赋值

目标层	范畴层 一级指标		变量层 二级指标			指标层 三级指标		
	名称	权重	名称	权重	CR	名称	权重	CR
武陵山区农村劳动力就业与创业能力提升评价指标体系	个体层面	0.5456	自身素质	0.1225	0.0038	教育程度	0.2318	0.0180
						兴趣	0.1602	
						动机	0.1599	
						需要	0.2517	
						体能素质	0.0998	
						信誉	0.0536	
						价值取向	0.0219	
						民族习性	0.0212	
			专技修养	0.4231		专业识别	0.0250	0.059
						专业特长	0.0370	
						技能习得	0.0602	
						岗位体验	0.0787	
						专业情感	0.1359	
						专业特色	0.1493	
						技能升华	0.2420	
						技能变异	0.2719	
	社会层面	0.4544	经营管理	0.2272		自我认识	0.0362	0.0149
						独立意识	0.0238	
						信息处理	0.1744	
						计划控制	0.0889	
						分析决策	0.0969	
						组织指挥	0.0676	
						风险规避	0.3395	
						自我推介	0.1727	
			市场行为	0.2272		民族烙印	0.0713	0.0445
						心理调适	0.0328	
						执行判断	0.1412	
						区域特征	0.0186	
						信息流通	0.1831	
						人脉资源	0.2973	
						沟通协调	0.1512	
						组织集会	0.0350	
						合作交往	0.0695	

资料来源：根据笔者调研数据整理。

在表4-8基础上,将指标层的各变量权重乘以对应变量层的变量权重,得出指标层各变量综合权重,见表4-9,最终可依据对武陵山区农村劳动力各评价指标的赋值和该表权重得出其就业与创业能力的综合评分,得分介于1—7,值越大表示该劳动力的创业与就业能力越强。

表4-9 武陵山区农村劳动力就业与创业能力评价指标体系各二级指标加权归一

二级指标	三级指标	综合权重
自身素质	教育程度	0.0284
	兴趣	0.0196
	动机	0.0196
	需要	0.0308
	体能素质	0.0122
	信誉	0.0066
	价值取向	0.0027
	民族习性	0.0026
专技修养	专业识别	0.0106
	专业特长	0.0157
	技能习得	0.0255
	岗位体验	0.0333
	专业情感	0.0575
	专业特色	0.0632
	技能升华	0.1024
	技能变异	0.1150
经营管理	自我认识	0.0082
	独立意识	0.0054
	信息处理	0.0396
	计划控制	0.0202
	分析决策	0.0220
	组织指挥	0.0154
	风险规避	0.1771
	自我推介	0.0392

续表

二级指标	三级指标	综合权重
市场行为	民族烙印	0.0162
	心理调适	0.0075
	执行判断	0.0321
	区域特征	0.0042
	信息流通	0.0416
	人脉资源	0.0675
	沟通协调	0.0344
	组织集会	0.0080
	合作交往	0.0158

资料来源:根据笔者调研数据整理。

(四)评价指标体系的应用

为有效验证武陵山区农村劳动力就业与创业能力评价指标体系的实际效果,利用事先制定好的调查问卷,在武陵山区随机抽取了一个村,并对该村的八位农村劳动力的就业与创业能力进行了测评。

首先,二级指标测评。基于表4-8各三级指标权重和调查问卷所获取数据分别对八位农村劳动力的自身素质、专技修养、经营管理和市场行为这四个二级指标进行测评,见表4-10,结果显示,农民8在自身素质指标上得分最高,农民1在专技修养指标上得分最高,农民4在经营管理指标上得分最高,农民5在市场行为指标上得分最高。

表4-10 武陵山区农村劳动力就业与创业能力二级指标测评结果

测评内容\测评对象	农民1	农民2	农民3	农民4	农民5	农民6	农民7	农民8
自身素质	4.4246	3.3906	3.5417	3.6620	4.3782	3.8655	3.7533	5.3596
专技修养	4.9133	2.6765	1.6926	2.1553	3.7970	2.8304	2.5756	2.9295
经营管理	4.1045	4.3571	4.2227	5.2736	4.5536	4.4133	4.1237	4.2352
市场行为	5.2591	3.9307	3.7733	4.4792	5.4577	4.4418	3.8052	4.6580

资料来源:根据笔者调研数据整理。

其次,一级指标及总体测评。基于表4-10计算结果,结合表4-8二级指标权重分别对八位农村劳动力的个体层面与社会层面两个一级指标值进行计算,见表4-11,结果显示,农民1在个体层面的得分最高,农民5在社会层面的得分最高。

表4-11 武陵山区农村劳动力就业与创业能力一级指标及总体测评

测评对象 测评内容	农民1	农民2	农民3	农民4	农民5	农民6	农民7	农民8
个体层面	2.6208	1.5478	1.1500	1.3605	2.1428	1.6711	1.5495	1.8960
社会层面	2.1274	1.8830	1.8167	2.2158	2.2746	2.0119	1.8014	2.0205
总　评	4.7482	3.4308	2.9667	3.5763	4.4174	3.6829	3.3510	3.9166

资料来源:根据笔者调研数据整理。

结合上述,我们基于表4-9各指标权重和调查问卷所获取数据对八位农民的整体创新创业能力进行测评,见表4-11总评行,结果显示整体就业与创业能力排名前四位的分别为农民1、农民5、农民8和农民6,其中农民1、农民5、农民8为在二级指标测评中单项指标居首者。

通过武陵山区农村劳动力就业与创业能力提升评价指标体系构建,不仅能为反映现阶段武陵山区农村劳动力就业与创业能力现状及各因素对其的相互作用提供一定的分析依据,而且还有利于科学预测该地区农村劳动力就业与创业能力的未来发展趋势,甚至还能为该地区政府管理部门在服务政策制定方面提供行政理念或判断工具层面的支持。

虽然本评价指标体系具有鲜明的区域性特征,但鉴于其在指标体系设计过程中存在数据来源单一性、因素分析单向性、赋权主体随意性、试验样本变迁性等先天性因素的制约,本评价指标体系自然也会存在许多缺陷,因此还需要在今后的实际工作中根据实际情况不断完善各项评价指标并适时调整相应指标的权重。

二、公共服务机制

农村劳动力就业创业问题是农业、农村、农民问题中的关键问题之一。

武陵山区作为国家级扶贫开发的重点区域,其农村劳动力具有自身的发展特点,如何提升该地区农村劳动力的创业能力是一个很值得关注的重点问题。前文已经提到,公共服务机制包含财政支农资金政策、农村劳动力管理制度、公共服务供给机构等方面的内容。针对武陵山区公共服务机制中所存在的涉农资金政策缺乏指向性、人力资源开发缺乏统筹性、公共服务特征缺乏照应性等弊端,不妨建立一种政府、企业、社会及农民四方联动型的公共服务机制来克服这些弊端。而要构建这样的一个服务机制,不但要搭建一个运作有力的支撑平台,而且要出台一些保障其能力提升的服务机制。

1. 搭建支撑平台。武陵山区农村劳动力就业与创业能力提升需要一个支撑平台,而该平台又是由政府层面、个体层面和社会层面三个方面的相应要素构成。

政府层面主要包括政策制度和服务体系两个方面。就政策制度而言,宏观政策主要包括中央和地方政府制定的促进农村劳动力就业与创业活动的相关政策制度,例如国务院制定的关于促进农村劳动力就业与创业活动的相关制度文件;关于武陵山区经济社会发展的相关文件中有关农村劳动力就业创业问题的内容;武陵山区各级地方政府制定的有关促进当地农村劳动力就业与创业能力提升的制度等。微观政策包括促进农村劳动力就业与创业活动扶持政策的落实;就业与创业的资金支持、税收优惠、金融支持及就业与创业激励机制的建立;促进产业发展的政策落实,为农村劳动力就业与创业提供基础。就服务体系来说,就业与创业服务体系主要是构建武陵山区农村劳动力就业与创业信息平台,由地方政府的人力资源与社会保障局负责建立这一平台,这一就业与创业信息服务平台主要通过获取就业与创业信息、发布信息、对接农村劳动力资源等来实现。除此之外,还应为农村劳动力提供就业与创业知识培训、提供就业与创业方向指导、提供就业与创业需要的各种特别服务等。

个体层面主要包括农村劳动力的思想观念和个人素质两个方面。就思想观念来说,武陵山区地处西南腹地,属于欠发达的国家扶贫开发重点地区,这一地区的农村相对比较落后,农民的思想观念相对滞后。因此,思想观念的转变是提升这一地区农村劳动力就业与创业能力的关键,而观念的转变既需要媒体的宣传与基层行政机构的大力推动,同时也需要从这一地区"走出去"的典型人物进行现身说法,这样就能够有效地解放农村劳动力的思想观念。就个人素质而言,由于武陵山区经济社会发展比较滞后,农村整体文化水平不高,具体到就业与创业能力方面,这一地区的农村劳动力缺乏足够的就业与创业的知识与能力,这就阻碍了其就业与创业活动的顺利开展。然而,思想观念的转变和个人素质的提升都离不开教育的发展,为此,要在武陵山区的农村加强基础教育、加强职业教育并开展就业与创业知识培训等活动,提升该地区农村劳动力的职业技能素质,发展其就业与创业能力。

社会层面即社会发展主要包括社会舆论环境、地区经济社会发展和社会保障体系三个方面。就社会舆论环境方面来说,良好的舆论环境能够为人们提供舒适的能力发展环境,武陵山区农村劳动力就业与创业能力的提升需要良好的社会舆论环境的支持,这一舆论环境需要地方政府宣传部门和农村基层行政机构的共同努力来加以营造。就地区经济社会发展方面来看,经济发展程度直接制约着农村劳动力就业与创业能力的发展。武陵山区属于经济欠发达地区,其农村劳动力就业与创业能力的发展存在许多不尽如人意的地方,只有经济发展了,才能为农村劳动力就业与创业活动的顺利开展架设更多的平台,进而为其就业与创业能力的提升提供尽可能多的机会。就社会保障体系方面来讲,社会保障体系是农村经济发展中的重要保障,社会保障水平的高低直接影响农村经济社会发展的质量,同时也影响农村劳动力就业与创业能力的发展。目前,武陵山区农村社会保障体系还不是很健全,社会整体保障水平仍然不是很高,这就需要继续加大投入力度,努力推动该地区农村社会保障水平的提高,从而为农村经济社会的发展提供有效的社会保障基础。

除弄清楚该平台的构成因素之外,还应厘清该支撑平台的运行机理及

第四章　武陵山区农村劳动力就业创业能力提升机制的建构内容

功能效应。首先,从互动机理层面来看。互动机理指的是支撑平台各构成要素之间的关系。武陵山区农村劳动力就业与创业能力提升的支撑平台之要素主要包括政府层面、个体层面和社会层面三个方面的内容。而这些要素之间是相互作用、相互促进的关系。具体来说,政府层面主要提供宏观政策制度和微观政策措施,为社会层面和个体层面的发展提供政策保障;社会层面主要是在政府政策制度指导下,开展创业保障和创业指导等服务工作,为个体层面的农村劳动力提供就业与创业能力提升的相关服务保障;个体层面主要是农村劳动力自身的思想观念与个体整体素质,是支撑平台的主体,其是政府层面政策制度的实际执行者,也是社会层面服务的主要对象。其次,从功能效应层面来看。武陵山区农村劳动力就业与创业能力提升支撑平台的功能主要包括提供政策支持、教育发展和就业与创业能力提升三个方面的内容。一是提供政策支持。主要是通过从中央到地方政府的推动,为武陵山区农村经济社会的发展提供一系列的政策支持,从政策制度上扶持该地区的发展,如《武陵山片区区域发展与扶贫攻坚规划(2010—2020年)》就是一个很好的例子。二是提供教育发展的机会。主要是通过各级政府教育主管部门教育经费投入的倾斜,如研究出台专门针对武陵山区教育发展的规划或政策,努力推动武陵山区农村地区基础教育与职业技术教育的大力发展,进而为该地区农村劳动力就业与创业能力的有效提升奠定发展基础。三是提供服务平台。具体可通过构建信息平台与服务平台等方式,依托互联网、大数据、人工智能等现代技术,夯实该地区农村劳动力就业与创业活动开展的技术基础,进而为该地区农村劳动力就业与创业能力的提升提供坚实保障与优质服务。

2.完善服务机制。具体来说,一要彰显政府的主体地位,通过构建覆盖城乡、惠及全民的医疗网络及改革农村医药卫生体制等方式,大力发展农村医疗卫生事业。二要凸显社会的联动作用[①],通过"微型书屋"驻农村、移动

---

① 路高信:《探索山区农业县统筹城乡发展的路径》,《人民日报》2012年5月7日。

图书馆入掌心、知识化终端进农家等方式,加大农村地区的文体事业改革力度。三要重视政府的主推作用。可借鉴贵州省铜仁市"4横3纵1环""3小时覆盖所有区县"之交通圈的做法,通过加强基础设施建设、城乡路网与生活设施建设等途径,把农村地区的精准扶贫工作与推进城镇化建设有机结合起来,切实彰显政府在统筹城乡基础设施建设过程中的推动作用。四要凸显企业的促进作用。以各地的工业园区建设为契机,通过加强厂与厂之间的联谊和增加社区文体中心建设等渠道,在企业的推动下,不断扩大农村劳动力的社会网络规模,健全对农村劳动力的社会支持体系。五要借鉴浙江省兰溪市农村社区网络全覆盖的做法,运用大数据技术与思维,通过完善就业创业信息网络系统及夯实农村信息服务平台等途径,努力扩大农村地区的社会网络规模,为农村劳动力的对外交流提供平台。六要充分发挥武陵山区的人事劳动管理部门、职业院校、农民合作社、农业技术推广机构、社区活动中心等的作用,建立健全专门针对农村劳动力的社会支持体系。政府应该重点关注、对口帮扶,增加网络资源相对匮乏劳动力的对外交往机会,并在合适时给予保障性支持,进而创设舒心的就业与创业能力提升环境。①

三、精神动力机制

动力机制是在社会生产活动中,各参与主体的经济利益与社会化大生产总目的之间构成的相互制约及相互影响的关系。② 动力机制是市场经济运行过程中各参与主体的动力源泉,同时也是市场经济运行机制的重要构成部分。一般情况下,各参与主体的动力源在于能够满足其发展需要和利益诉求。针对存在于武陵山区"翻身式"精神动力机制所引发的不利于农村劳动力就业与创业能力提升及农村经济社会发展的人文环境,不妨通过乡愁文化建设等途径,完善感恩式的精神动力机制等办法来加以优化。

---

① 胡金华等:《劳动力迁移的影响因素分析——基于社会网络的视角》,《农业技术经济》2010年第8期。
② 刘卫柏:《我国农村土地流转机制研究》,博士学位论文,中南大学,2013年。

具体而言,要以该地区农村劳动力的处世原则和生活哲理为基础,在鼓励其"拔得头彩"的同时,通过土家族、仡佬族、苗族等族群之节日庆典的举办、世俗情节的传承,通过舌尖耳畔的回味、儿时玩伴的追溯、牛背鸟巢的唤醒等途径来引导其树立正确的农村发展观,进而使其在追求自身发展目标同时不烙下"离农、弃农、厌农"的心结;反之还能在苗家宗祠、布依族谱等文化的追忆中,土家舞蹈、侗家大歌等文化的重现中,"六月六""赶秋""四月八"等民族传统节日的体验中承载、释怀对乡村的思念,留下"恋家、思乡、治理农村"的建设情结,进而能怀抱"感恩之心、回报之愿"反哺农村、建设乡村,给那些尚留在农村的农村劳动力留下发展的空间和前进的盼头,并在这一空间与盼头中不断增强他们感恩式的精神动力,进而确保其就业与创业能力的不断提升。

四、城乡发展机制

统筹城乡是将城市和农村的经济社会发展作为一个有机的整体,通盘考虑、统一规划、良性互动、优势互补、协调平等,促使生产要素和资源在城乡间优化组合和自由流动。[1] 其实城市和乡村是两种异质的人类聚落空间,它们之间存在功能分工上的差别。[2] 由于长期以来武陵山区的政府决策部门忽视了农村在国民经济发展中的重要作用,城乡失衡等现象更为严重。为此,应在坚持城乡一体化发展之战略方针的基础上,建立健全统筹式的城乡发展机制,进而为该地区的农村劳动力营造适宜的能力提升环境。

1. 凸显政府在城乡统筹中的主体地位。要发挥政府的宏观调控职能,可在坚持城乡协调、城乡均衡发展的基础上,推动城乡发展空间拓展和配置资源优化,可借鉴贵州省铜仁市"一带双核,创建绿色发展先行示范区"等规划

---

[1] 乌兰:《中国城市化进程中统筹城乡就业问题研究》,中国经济出版社2015年版,第26—28页。

[2] 田美荣、高吉喜:《城乡统筹发展内涵及评价指标体系建立研究》,《中国发展》2009年第4期。

经验,建构互补型、倾斜式的城乡统筹规划体系,为城乡统筹式发展奠定基础;可借鉴湖北省恩施州《"互联网+"现代农业三年行动实施方案》的做法,通过政府的政策支持作用,引导农村土地制度改革,规范土地经营权的流转,采用现代化科技设施及先进的农业经营理念,发展现代农业,发展生态工业,打造类似"仙居恩施""硒都篇章"的城乡统筹发展样板,最终在促进工业现代化的同时保证以工带农,城乡协调发展;要推进社会管理体制的改革,提升政府的整体综合治理水平。如贵州省铜仁地区可将江苏省苏州市的先进管理理念引入农村地区,推动"大城管"的区域管理模式,全面提高该地区综合治理水平,为农村劳动力就业与创业能力的提升创设良好的社会环境。[①]

2. 推动城乡经济社会统筹式发展。要通过精确发力、重点倾斜、难点攻关等办法,整体把握和宏观统筹城乡的各种资源要素,以协调式发展、反哺式配置等为建设理念,逐步优化城乡资源的要素配置工作,切实提升城乡一体化进程的发展效率。既要通过建立人力资源服务中心、劳动力资源数据库、乡镇劳动保障监督网格等途径,建立标准统一、结构合理、层次分明的人力资源市场,完善统筹城乡发展的人才保障机制,确保人力资源的合理流动及有效配置,形成以城带乡、以工促农、城乡互动、协调发展的新格局[②];同时还要不断深化土地制度改革,建立城乡统一、规范有序的建设用地市场,完善农村土地市场价格机制;要切实推进城乡产业聚集发展,走规模化、集约化、生态化创新之路。既要全面发挥市场调配及相关企业的带头领导作用,建立城乡互通的产业生产基地、农业产品加工基地,以富带贫,统筹城乡产业的协调发展;还要以企带农、以企带村,形成城市反哺与引导农村发展的长效保障机制[③],逐渐引导农民转变发展观念,提升武陵山区农村劳动力

[①] 叶裕民等:《中国统筹城乡发展的系统架构与实施路径》,《城市规划学刊》2013年第1期。

[②] 刘影、池泽新:《新型工农城乡关系:研究进展与述评》,《江西农业大学学报(社会科学版)》2013年第2期。

[③] 张守凤、李淑萍:《统筹城乡发展的内涵及路径研究》,《山东社会科学》2017年第3期。

的就业与创业能力。

3.完善城乡统筹发展的保障措施。要通过革新先行先试的发展理念和跨区域联动共享机制等办法,建立更为灵活的城乡统筹管理体制,健全城乡统筹发展的推进机制;要健全城乡社保体系,实现城乡社保合理衔接。在推动城乡一体化建设时可借鉴湖南省吉首市建立城乡居民医保中心及重庆市秀山县实施的"医保代办、确保精准服务"等做法,通过城乡一体化医疗改革、一体化养老体系建设、困难户和返贫户精确帮扶等措施,借鉴湖南省吉首地区保护传统村落、打造特色村寨之"美丽乡村"建设经验,全面推进社会医疗、卫生、养老、救助等各项保障措施的顺利开展,推动城乡一体化社保体系的建立与完善;要合理配置基本公共服务资源,创造快捷舒适的公共服务平台。应重视发挥统筹调度功能,合理配置社会公共服务资源,促进城乡居民的生活方式不断发生转变,并建立健全公共服务体系[1],解决农村劳动力的后顾之忧,为其就业与创业能力的提升营造良好的培育环境。

五、政府干预机制

针对后补式政府干预机制所催生的社会群体心理失衡及社会偏离有序状态等突发性事件所造成的不良影响,建议通过构建预防式的政府干预机制来加以消除。

1.搭建便捷的信息服务平台。其实很多群体性事件、突发性事故的发生都存在一个从量变到质变的过程。而这一量变的过程其实就是一个信息集聚的过程,当信息集聚量超过了极限阈值,就会引发质变。既然信息的流通是无法阻塞的,那么,不妨充分发挥政府的服务职能,利用微信、微博、网页、App、"大数据+"等公共服务平台,构建科学的焦点疏导体系,将那些事关武陵山区农村劳动力切身利益的热点、焦点问题放置在信息交流平台上,

---

[1] 张守凤、李淑萍:《统筹城乡发展的内涵及路径研究》,《山东社会科学》2017年第3期。

通过网络后台分拣及人机在线交流等方式,对各类有关的信息进行人性化、客观化、理性化处理,并适时发布,密切关注及时反映由此引发的后续跟进信息,进而及早发现事故苗头,将那些不安定因素消灭在萌芽之中,为农村劳动力就业与创业能力的提升创设和谐的信息环境。

2. 构建先进的网络干预机制。网络是一把"双刃剑",面对因网络的匿名性和开放性等因素而引发的不利于社会稳定的冲击波,不妨充分发挥政府的决策职能以及人才聚集中心之效应,利用应急处置中心、网络安全中心、网络监控平台等服务机构,依托移动应用、自助终端、"12333"热线等平台,创设线上线下一体化的网络管理体系,将那些有利于疏导武陵山区农村劳动力不满情绪的网络信息及弘扬正能量的网页窗口延展化、充实化,对那些负面、消极的信息符号实施重组或屏蔽,进而为该地区农村劳动力就业与创业能力的提升营造清新的网络环境。

六、市场导向机制

前文已经提到,市场的作用不是万能的。针对武陵山区存在的农产品生产结构与市场销售结构无法有机整合、劳动力资源结构与生产要素市场无法紧密对接、劳动力流动与农业结构调整无法步调一致等障碍,可以通过健全调控型的市场导向机制等办法来加以破解,因为市场经济的调节配置功能已从自发调节阶段过渡到把市场和计划两种配置资源的方式结合起来的微观调节阶段。也就是说,这种调控型的市场导向机制要求根据市场的运动规律和反映出来的各种指数、信号制定决策和计划[1],人为地利用各种经济和技术手段,对市场的各种经济活动进行理性调节。

落地到武陵山区,可在充分发挥市场之反馈与调节功能的基础上,以农业供给侧结构性改革为抓手,灵活运用政府宏观调控手段,通过价格保护、税收增减、租金减免、信贷收放、库存去留、技术研发等办法,对市场中已处

---

[1] 杨承训:《论"市场调节、调节市场"双导向机制》,《当代财经》2009年第9期。

于饱和状态的农产品、人力资源等进行合理分流,对市场中迫切需求的资源要素和人文因素等进行统筹调拨或配置,进而始终使市场处于有序、欠饱和的发展状态。如对贵州省铜仁地区已基本处于市场饱和状态的茶叶产品,就可通过茶叶产品的深层次加工、茶叶产区的旅游化开发、茶叶品牌的精品化包装、制茶人员的结构化升级等办法,对整体茶叶市场进行宏观控制,以使铜仁地区的茶叶市场始终处于有序化发展状态。诸如此类,不仅能建构起一个结构合理、流动有序、运作有效的市场环境,而且有利于农村劳动力在此市场的合理调配下,有组织、有目的地提升自己的就业与创业能力。

七、土地流转机制

针对武陵山区农村土地流转过程中所存在的农用土地粗放型经营、土地生产效益低下等问题,可以农业科技园区建设和家庭农场发展等为突破口,构建积极型的农村土地流转机制。

1.优化有利于农村土地流转的动力机制。农村土地流转的动力机制是一套以保障农村土地流转利益相关体之价值诉求的制度或政策,其目的在于保障农村土地流转工作的有序、和谐、持续发展。因为该动力机制的不断优化能切实满足农民、企业、政府等参与主体的现实需要及利益诉求。也就是说,只有当农民、企业、政府等参与主体均意识到自己的正当利益诉求可能得到充分满足的情况下,农村土地流转机制才会有运行与发展的源源动力。鉴于此,可通过流转预期增值化、使用权配置交叉化、流转程序规范化、流转方式联动化、农业发展的规模化等举措来优化武陵山区土地流转的动力机制,使农村集体土地不需经过主管部门审批,就可直接进入市场,用以发展农村的租赁住房、共享度假小院等实体经济,为该地区农村劳动力就业与创业能力的提升创设良好的发展环境和创造更多的提高机会。

2.完善有利于家庭农场发展的土地流转机制。从今后很长一段时期中国农村经济社会的发展趋势来看,家庭农场必将成为未来农村地区经济社会发展的主要形式之一。为此,可参照贵州省铜仁市马岩村规模种植、湖北省来凤县武陵山龙凤水产养殖等家庭农场的经验做法,制定或建立有利于家庭农场发展的管理规定、流转服务中心、农场发展专项基金等财政、金融、信贷、土地、技术支持、信息服务等领域的政策或法规,不断完善有利于家庭农场发展的土地流转机制,使农村劳动力有更多的空间或领域来提升自己的就业与创业能力。

3.完善有利于农业科技园区发展的土地流转机制。要结合当前农村地区生态农业、创意农业、循环农业、低碳农业、智慧农业等的发展需求,并根据武陵山区的地貌分布特征及产业结构布局等情况,通过为土地流转双方提供信息沟通、法律咨询、价格评估、合同签订和鉴证、矛盾纠纷调解处理等服务形式,加强有关土地流转工作的相关政策宣传,科学引导土地流转工作的顺利展开。要通过成立农村土地承包纠纷仲裁机构、乡镇农村土地管理服务中心、农村土地流转服务站等办法,规范农村土地流转程序,保障土地流转的合法性及企业与农民的合法权益,为农村劳动力就业与创业能力的提升提供更多的发展平台和机会。

上述研究表明,虽然武陵山区的农村劳动力由于受外来强势文化的影响,许多传统的创业领域及创业本领逐渐消失,进而在创业的整体架构中逐渐处于被动、不利的发展地位,但其民族禀赋的独特传承性依然强势。因此,不但可以通过建立健全教育培训机制、评价激励机制、社会保障机制等办法来提升其就业能力,而且可以通过运作精准帮扶机制、环境孵化机制、风险防控机制、多元监管机制等办法来优化其创业环境,进而以提升其创业能力,还可以通过大力彰显评价衡量机制、社会服务机制之效应等方式,切实提升其就业与创业能力。也就是说,只要这些机制能不断加以优化或改良,武陵山区农村劳动力的就业能力、创业能力、就业与创业能力就能不断得以提升。

第五章　武陵山区农村劳动力就业创业能力提升机制的创新路径

第一节　就业能力提升机制的创新路径

调查研究显示,武陵山区农村劳动力的就业态势正呈现出外输旺盛、内求优化的发展特点,同时也存在就业渠道不畅通、就业质量待提升、就业保障不完善等问题。鉴于此,笔者认为应通过"反哺式农村教育机制、感恩式精神动力机制、一体化城乡发展机制、主导型公共服务机制、前瞻性社会保障机制"等创新路径来改善农村劳动力的就业状况、优化农村劳动力的就业结构,提高农村劳动力的就业质量,借以提升武陵山区农村劳动力的就业能力。

一、优化农村教育结构,夯实农村教育基础,创设反哺式农村教育机制

针对武陵山区农村劳动力整体文化素质较低的实际情况,应着重抓好该地区农村教育结构优化工作,重视该地区基础教育和成人职业教育的发展,积极创设反哺式农村教育机制,为该地区农村劳动力就业能力的提升提供智力支撑保障。

就基础教育来说,应采取"多元投入、分类管理,为农村学校建设提供公平保障;注重内涵、塑造特色,为农村教育发展探索有效途径;支教和引进并举,建立良性的教师引入和互动机制"①等办法,充分利用城区的优质教育资源,采取城乡统一的办学条件标准、建立人性化城乡教师互动长效机制等方式,夯实武陵山区农村教育之基础。具体而言,一是既要向城区学校看齐,重视小学教育布局的调整,又不能搞"一刀切"。应在村级小学裁撤合并的大潮中根据农村的发展实际,有选择性地保留部分村级小学,以免出现因距离学校太远而无法入学的情况,避免因此而增加农民经济负担;通过整合各类项目资金向农村村级小学倾斜,用制度固化教师的逆向流动,使村级小学由教育发展的"短板"变为助推城乡教育均衡的强大"引擎"。② 二是要注重学前教育的发展。可借鉴铜仁市城区学前教育的发展经验,通过"就近流动原则、定期轮岗制度、以情感留人、以事业留人"等办法及"改变以县为主的单一投入模式,将农村基础教育财政投入责任主体上移至省级政府,大大提高中央和省级政府的投入比例"③等途径,以城区幼儿园为纽带,创设反哺式的农村教育机制,在每个行政村都建立山村幼儿园,为农村劳动力安心就业解决后顾之忧。

就职业教育来说,应充分利用城区优质的职业教育资源,以生态农业、观光农业、低碳农业、智慧农业等发展为契机,立足于农村实际,创设反哺式农村教育机制,并切实优化城市教育补偿农村教育的发展路径。不但要利用分布在城区的职业院校为农村劳动力就业能力的提升提供职业教育培训所需的师资队伍和技术资源,而且要利用扎根于城区的职业培训机构为农村劳动力提供就业技能和专业技术等方面的培训,甚至还要在农村地区开设有针对性的职业培训办学点。如可参照贵州省铜仁市设立"劳动者素质

---

① 郭少榕:《城镇化背景下我国农村基础教育优化发展的政策思考——以福建等地为例》,《教育研究》2010年第11期。
② 叶莎莎、刘徽:《湖北仙桃教育局局长彭中才谈"村小强化"战略》,《中国教育报》2010年11月8日。
③ 郭少榕:《城镇化背景下我国农村基础教育优化发展的政策思考——以福建等地为例》,《教育研究》2010年第11期。

提升行动""农民工职业技能培训""新型职业农民培育工程"等项目的做法,灵活而有针对性地开展各种切合农村经济社会发展实际的培训工作,保障武陵山区农村劳动力提升自己的就业能力。

二、加大道德宣传力度,强化思想素质建设,完善感恩式精神动力机制

思想观念是影响农村劳动力就业能力提升质量的重要因素。为此,应通过加大道德宣传力度、强化思想素质建设等途径来解构武陵山区农村劳动力的思想束缚,并重构起感恩式精神动力机制,进而为农村劳动力就业能力的提升扫清思想障碍。

加大道德宣传力度,改变农村劳动力"离农、弃农、厌农"的发展理念,为武陵山区农村劳动力就业能力的提升营造良好的舆论环境。随着农业供给侧结构性改革的不断深化,国家越来越关心武陵山区等集中连片贫困地区的发展,出台了一系列包括精准扶贫、绿色发展、文明共享等内容的旨在促进该地区经济社会快速发展的帮扶政策。为有效彰显出这些帮扶政策的应有功效,应以逐渐消弭该地区农村劳动力"离农、弃农、厌农"之落后农村发展观念为突破口,切实加大诸如《中共湘西自治州委湘西自治州人民政府关于进一步加强精准扶贫精准脱贫工作的意见》《中共铜仁市委铜仁市人民政府关于奋力创建绿色发展先行示范区的意见》《恩施州创建国家生态文明建设示范区规划(2015—2022年)》等帮扶政策的宣传力度,使该地区的农村劳动力能及时且详尽地了解现有的帮扶政策,并在这些政策的扶持下逐渐体会到农村的发展优势,最终在生态效益、绿色发展、文明共享等农村特有收益的不断获得中逐渐改变其传统的发展观念。这个过程需要加大宣传力度及运用示范引导等方式来加以保障,进而让该地区的农村劳动力发自内心赞成并参与到上述政策的具体实施活动中来,安心从事农村产业,诚心发展农村事业,真心开展农村活动,形成其回报家乡、感恩家人的观念,最终助推感恩式精神动力机

制的不断建立与完善。

强化思想素质建设,优化感恩式精神动力机制,为武陵山区农村劳动力就业能力的提升扫清思想障碍。具体而言,应以现代观光农业和智慧农业的充分发展为抓手,充分依靠村组党支部的战斗堡垒作用及驻村干部、大学生村官的引领作用,通过正面激励教育、灌输引导教育、榜样示范教育、情感交流教育等途径①,加强村级行政领导干部的思想观念建设力度,促使他们认识到农村劳动力就业能力与素质提升的重要性与紧迫性,认识到提升农村劳动力就业素质的必要性,并最终落实到其日常行政管理工作中去。与此同时,还要积极转变农村劳动力自身的思想观念,帮助其改变"等、靠、要"和"弃农、厌农、离农"等发展理念,重拾对农村劳动力身份价值的自信,培养与提升其内驱力②,最终引导该地区的农村劳动力形成崇尚科学、尊老爱幼的社会风尚,培养他们热爱祖国、拥护社会主义、奉献社会、回报农村、遵纪守法的良好品质及勇于创新、自主创业、踏实能干、任劳任怨的职业精神③,进而为该地区农村劳动力就业能力的提升提供思想保证。

三、加快城乡统筹步伐,完善就业保障体系,健全城乡一体化发展机制

针对武陵山区城乡发展严重失衡、城乡发展不协调等现象,应在坚持全面发展战略方针的基础上,通过完善城乡就业保障体系等办法,切实加强城乡统筹工作,最终建立健全城乡一体化发展机制,为农村劳动力就业能力的提升提供制度保障。

优化城乡就业制度环境。制度环境是制约农村劳动力就业能力提升质

---

① 李策:《韩国新村运动对农民思想教育的途径分析》,《华中农业大学学报》2010年第4期。

② 张海涛:《农村劳动力就业问题分析——基于托达罗人口流动模型的思考》,《江西社会科学》2009年第2期。

③ 胡天助、邹婷:《试论新型职业农民思想道德教育的途径》,《继续教育研究》2016年第5期。

量的重要影响因素。① 因此,要大力重视农村劳动力就业制度环境的改善与优化。既要从区域大环境上加快城乡统筹步伐,又要从农村小环境上健全就业保障体系。具体到武陵山区,应在坚持加速经济社会发展,力争达到后发赶超之效果的前提下,不但高度重视该地区城乡之间的协调发展,不能偏废,而且要坚持城镇化发展战略,以城镇化带动城乡一体化发展,还要通过诸如湖南省湘西自治州《张家界市中心城区"三化三改"工作方案》等中心城区提升工程、贵州省石阡县"苔茶之乡"等特色乡村发展工程及贵州省江口县"云舍"一村一特色等乡村旅游发展工程来提升中心城区的发展中心功能、特色乡镇的带动作用和乡村建设的示范效应。因为这些措施的落实不但能极大地促进城乡一体化发展,而且能有效缩短城乡发展之间的差距,最终在城乡一体化发展机制的健全中为农村劳动力就业能力的提升创设良好的制度环境。

完善农村就业保障体系。一是要充分发挥政府部门的主体作用,构建保障农村劳动力充分就业的组织领导体系,优化促进农村劳动力高质量就业的政策制度体系;二是要通过网络电视平台、公共信息专栏、报刊杂志媒介、流动宣传驿站等渠道,加强包括就业信息服务、就业市场服务等内容在内的就业服务信息的传播,建构城乡一体化的就业保障体系;三是要优化农村劳动力的就业环境,并最终在城乡一体化发展机制的建立健全中提升农村劳动力的就业能力。具体到武陵山区,完善农村就业保障体系则可与"大数据+""大扶贫+""大旅游+""大生态+"等相结合,通过人力资源与社会保障部门为农村劳动力提供专业的和针对性强的岗位需求信息。同时,还可以运用网络信息交流平台,通过网页、手机 App 等发布就业信息,为农村劳动力的充分就业提供更多的机会和可能。除此之外,还要以生态农业、观光农业、休闲农业等发展为切入点,切实做好针对农村劳动力

---

① 罗明忠、陶志:《农村劳动力转移就业能力的结构维度、测量及其分析》,《农林经济管理学报》2015 年第 2 期。

专业技能提升方面的培训工作,有目的、有侧重点地提升农村劳动力的就业能力。

四、凸显政府主导地位,健全公共服务体系,提倡主导型公共服务机制

公共服务水平的高低程度,不但是衡量农村经济社会发展水平和评价城乡协调发展程度的核心指标,而且是影响农村劳动力就业能力提升效果的重要元素。农村地区的公共服务不仅能够为村民带来便捷的生活,同时也带来了可延续的就业机会和职业发展可能。也就是说,农村基本公共服务的缺失或不到位,不仅会给农村居民带来生活的不便,更会导致各种资源禀赋的流失。① 为此,应通过健全公共服务体系,提倡主导型的公共服务机制等办法来提高农村地区的公共服务水平。

健全公共服务体系,凸显地方政府的主导作用。具体来说,一是要转变职能,科学规划好农村地区的公共服务体系。地方政府在制定经济社会发展长远规划中,应将推动农村公共服务体系建设写入总体规划,并做好专门的情景设计工作。同时,还应在政府的年度工作计划中,把农村公共服务体系建设作为重要内容来进行计划。另外,还要做好督促落实工作,建立以公共服务为导向的县、乡政府绩效考核体系,将其服务效果纳入年终绩效考核当中。二是要改革创新,积极探索农村公共服务多元化的投入机制。政府除了要酌情增加直接投入之外,还要改革农村公共服务供给的资金筹集制度,积极利用市场机制、社会力量、农村社区及农民自身的力量,逐步建立起政府主导、社会参与、适度竞争、监管有力的农村公共服务多元化投入机制,努力实现公共基础设施向农村延伸、公共服务向农村拓展、社会保障向农村覆盖、公共财政向农村倾斜、现代城市文明向农村辐射的公共服

---

① 王培培:《新型农村公共服务体系的构建及减贫效应研究》,《当代经济》2017年第7期。

务目标。①

优化公共服务体系,建立主导型的公共服务机制。优化公共服务体系,应避免一些错误的建设倾向。不但要避免面子工程,坚决杜绝政绩工程和不符合农村经济社会发展实际的工程项目,而且要避免形式主义,坚决打击只重形式不重实际的做法,还要力争避免短视行为,避免只注重眼前利益忽视长远利益的做法。除此之外,还要充分发挥村民小组及农民合作社的作用,积极调动广大村民的主观能动性,使他们主动与各级地方政府一起,共同参与诸如农村公路的建设、农村饮水工程的建设、农村网络工程和广电工程的建设等公共基础设施和农村最低生活保障、合作医疗、养老保险、社会救济等社会保障设施的建设,进而建立起一种主导型的公共服务机制,为农村劳动力就业能力的提升提供良好的公共服务平台及社会保障基础。

五、创新社区发展模式,完善社区文化体系,发展前瞻性社会保障机制

社区发展模式的创新发展和社区文化体系的建立健全对推动农村经济社会的发展和促进农村劳动力就业能力的提升意义重大,其不但能为农村劳动力就业能力的提升营造一种良好的文化氛围和培育环境,还可以通过这一具有前瞻性特点的社会保障机制的建立与发展,夯实农村劳动力就业能力提升的保障基础。

创新社区发展模式,建立前瞻性社会保障机制。社区模式的创新发展对推动农村经济社会发展和促进农村劳动力就业能力提升意义重大。创新农村社区发展,一是要紧扣"挖掘内部资源,低成本建设社区;贴近农民生活,激发农民参与;倡导生态发展,促进社区可持续发展"等创新原则,科学谋划社区模式的创新发展。二是要通过美丽乡村建设、宜居社

---

① 杨晓蔚:《加快建立和完善农村公共服务体系》,《政策瞭望》2008年第3期。

区建设、美丽庭院建设等措施改善农村社区环境,完善农村社区的基础服务设施,提高社区农民生活的舒适度和满意度,增强农村社区的吸引力。三是要发展农村社区经济,通过"打绿色牌、走特色路"和"推广农业网络信息系统"等办法,大力发展农民商会和农民协会,并在农民组织化程度的不断提高中切实提升农村社区的民生水平[1],最终建立起有利于农村劳动力就业能力提升的前瞻性社会保障机制。考虑到前瞻性社会保障机制的建立是一个时间较长的尝试过程,故只能通过试点、经验借鉴等方式,采用循序渐进的方针,逐步发挥前瞻性社会保障机制的作用,切忌搞"一刀切"。

完善社区文化体系,发展前瞻性社会保障机制。农村社区文化是普及文明行为常识、增强农民文明意识、繁荣社区文化的重要载体。它能培育农村劳动力"生活共同体"理念以及社区归属感,为保证这一理想意愿的圆满实现,应从以下几方面完善社区文化体系。一是科学制定农村社区文化建设规划,在制度上给社区文化建设提供政策、资金等支持。[2] 二是通过整合辖区资源、提升软件实力等措施加强社区文化阵地建设,推动农村社区文化基础设施建设,优化乡村书屋的藏书结构和环境氛围,建设农村社区文化广场。三是抓好农村社区文化队伍建设,充分挖掘村民中的民族文化资源,把具有各种传统民族文化潜质的村民培养成为农村社区的文化传播领头人,为农村社区文化发展提供人才保障。四是丰富农村社会文化活动内容,坚持贴近农村社区实际、贴近农村居民生活的原则,通过传统与现代相结合、乡土文化与外来文化相结合等方式开展丰富多彩的农村社区文化活动[3],进而有效促进前瞻性社会保障机制的发展。

---

[1] 袁方成:《"两型"社区:农村社区建设的创新模式》,《探索》2010 年第 1 期。
[2] 余胜群:《关于社区文化建设的几点思考》,《管理学家》2014 年第 9 期。
[3] 康之国、刘娴静:《和谐社区建设中的文化功能弱化问题及解决路径》,《社会主义研究》2008 年第 3 期。

第二节　创业能力提升机制的创新路径

虽然武陵山区农村劳动力在创业能力提升态势方面逐渐表露出内蓄动力、外谋方略的发展特征,但从其创业的现实情况来看,许多志在创业的农村劳动力还深陷创业底蕴不深、创业资源不足、创业情景不畅的困境中。因此,通过完善创业能力提升机制、大力提升人力资源存量、优化农村劳动力的创业条件等路径来提升武陵山区农村劳动力创业能力,就显得迫在眉睫了。

一、针对能力层级性,灵活设计创业能力培育体系

创业能力主要包括知识能力、技术能力和认知能力三种类型。其中,知识能力指的是农村劳动力的受教育年限,即劳动者的受教育程度和文化水平,它是衡量一个地区人力资源质量高低的重要指标,通常用学历层次这一专有名词来表述。而技术能力则包括农村劳动力的农业技术、非农技术和创业技术等,它是农村劳动力获得基本创业能力的前提条件。至于认知能力,则主要是指农村劳动者对新事物的认知、自我激励和自我管理能力[1],它是农村劳动力职业生涯获得成功的潜在要素。

（一）完善教育体系,努力提升农村劳动力的知识能力

知识能力是衡量一个地区人力资源水平高低的重要指标,知识能力的提高离不开各类教育的作用。相关研究表明,"武陵山区的教育现状还远不能适应社会发展,需要加快发展、调整结构、提高质量,大力开发教育资源"[2]。武陵山区当前迫切需要的是掌握一技之长,具有创业敬业精神、市

---

[1] 张艳：《辽宁农村劳动力就业能力提升研究》,辽宁省哲学社会科学获奖成果汇编(2007—2008年度),2010年8月1日,第230页。

[2] 谭志松：《武陵山区民族教育五个问题的调查与思考》,《北方民族大学学报(哲学社会科学版)》2010年第4期。

场竞争意识和现代农业经营理念的新型农村劳动力,而要培养具有这种品质与能力的专业技术型农民,当务之急就是以该地区农村劳动力知识能力的不断提高为抓手,以农业技术推广中心、农村成人教育夜校、农村广播电视学校、职业教育培训基地等为依托,以劳动力市场需求为中心,树立农村终身教育观念,多渠道、多方式整合教育资源,大力推行"五教统筹"政策,逐步建立健全以现代农业高等教育为龙头,以农村义务教育和高中阶段教育为主体,以农村幼儿教育和学前教育为基础,以农村职业教育和成人教育为两翼的现代农村教育体系,通过"广覆盖、宽领域、多层次"的现代农村教育体系的不断完善来提升武陵山区农村劳动力的知识能力,最终提升该地区农村劳动力的劳动贡献率。

(二)改良培训结构,切实提升农村劳动力的技术能力

农村劳动力技术能力的提高需要通过不断改良职业培训结构等加以保障。前文已经提到,技术能力包括农村劳动力的农业技术、非农技术和创业技术等。顾名思义,农业技术指的是各种农作物的培育种植、大规模现代化机械操作、病虫害防治、环保及可持续农业等方面的技术,它是农村劳动力获得基本就业的前提;非农技术指的是农产品的深层次加工、市场营销、组织管理、休闲生活等方面的技术,它是农村劳动力进行创业活动的基本条件;创业技术包括商品信息采集、市场前景预测、先进技术引进、发展商机捕捉、营销策略制定、公平竞争理念等方面,它是农村劳动力从事创业活动的必备能力。然而,无论是农业技术的获得还是非农技术的形成抑或是创业技术的习得,都离不开各种职业培训教育活动的帮助。为有效提高武陵山区农村劳动力的创业能力,应通过引进现代市场竞争机制、凸显培训主体多元性、优化培训质量等途径,以商品信息采集、市场前景预测、先进技术引进、发展商机捕捉、营销策略制定等能力的培育为核心,切实加大农村职业培训结构的改良力度,逐渐建立起以"培训费用实惠、培训保障实在、培训主体实诚、培训课程实际、培训技术实用、培训项目实效"等为原则,以"规范化的职业培训项目开发机制、市场化的职业培训运行机制、一体

化的职业培训公共服务体系"等为保障的农村劳动力创业技术能力培训体系。

(三)提升主体意识,不断培育农村劳动力的认知能力

认知能力是指农村劳动力对新事物的自我认知、自我激励和自我管理能力,是农村劳动力创业能力的基础与核心。然而,武陵山区农村劳动力的认知能力明显不足,尽管在西部大开发战略和《武陵山片区区域发展与扶贫攻坚规划(2011—2020年)》的强势推动下,该地区农村劳动力的创业情景及创业心态已有了显著改观,但受传统小农思想"重义轻利""重农轻商""君子言义,小人言利"等影响,导致该地区的农村劳动力无论是在精神文化上还是在物质观念上,均表现出浓厚的传统文化色彩,一些现代化的科学决策、效率观念、价值取向等市场经济的基本文化观念在他们身上很难固化下来。① 很显然,导致这一精神与物质之困惑存在的根本原因在于该地区农村劳动力认知能力的欠缺。提升该地区农村劳动力的认知能力,需要通过提升农村劳动力主体意识等途径,以创业观念的转变、市场竞争意识的铸就、经营管理理念的培育、创业动机的孕育等为抓手,通过健全农业科技推广制度、加强农村劳动力心理素质教育、创新农村社会保障制度、用法律保护农民主体的权益、鼓励农民成立合法自治的协会组织等办法加大农村教育改革力度,最终通过农村劳动力主体意识不断升华等途径有效提升他们的认知能力,满足武陵山区农业结构调整与优化、农业增长方式转变与革新、农业可持续发展和与时俱进的需求。

二、紧扣劳力异质性,大力提升农民人力资源存量

劳力异质性是不同劳动力个体所具有的不同边际生产力水平,它决定了不同劳动力所具有的不同技能等级水平。② 一般而言,导致劳动力异质

---

① 疏仁华:《关于农民思想观念现代化的几点思考》,《中国农学通报》2006年第2期。
② 敖荣军:《劳动力流动与中国地区经济差距》,中国社会科学出版社2008年版,第62页。

性产生的主要因素源自不同劳动力之间人力资本禀赋水平的差异,而人力资本禀赋水平的差异又受劳动力所经历的教育程度、所接受的职业培训、所积累的工作经验、所经受的社会磨砺等制约。为有效改善农村劳动力的异质性状况,有必要通过盘活农村劳动力的人力资源存量等机制创新途径切实提升他们的技能等级水平。要盘活农村劳动力的人力资源存量,当务之急就是通过"教育培训、医改服务、劳务流动"等创新办法,切实做好人力资源存量的发掘、吸纳、溶解和活化工作。[①]

(一)加大教培力度,努力发掘农村劳动力的人力资源潜在存量

既然劳动力人力资本禀赋水平的差异是由劳动力所经历的教育程度和所接受的职业培训等确定的,那么,可以"全民创业行动计划""万名大学生创业计划""'三创建'工程""职业技能培训工程"等项目为着力点,通过加大农村教育投入力度、完善现代农业教育体系、优化农业技术培训结构、弘扬村民民族文化特征等措施来提升武陵山区农村劳动力人力资本禀赋水平。只有在这些举措的大力保障下,才能使更多武陵山区的农村劳动力在多层次、高质量、真体验、厚积淀的教育与培训氛围中不断提升自己的操作水平、文化素质、精神体验、道德修养和职业情感,进而在文化素质、思维视野、适应能力的不断提升与拓展中充分发掘农村劳动力之潜在存量,最终在人力资本禀赋水平的不断提升中凸显武陵山区农村劳动力的创业能力。

(二)革新引导理念,多方吸纳农村劳动力的人力资源溢出存量

引导理念是引领个体或群体向某个目标统一集体行动的思想、观念或法则,具有鲜明的时代性、从属性和历史性等特征。在经济增长方式突变、产业结构类型迥异、人际交往模式多元、民族文化交互纷繁、职业岗位变动迅速等剧烈变迁的进程中,如何通过引导理念的革新来多方吸纳农村劳动力的人力资源溢出存量,就成为现阶段武陵山区农村劳动力创业能力提升

[①] 毛晓碚:《人力资源存量研究》,社会科学文献出版社2007年版,第177—178页。

过程迫切需要解决的现实问题。而要革新武陵山区农村劳动力人力资源存量的引导理念,主要任务就是要紧扣时代发展的主旋律,与时俱进,学习先进改革理念及新时代农村工作发展的创新式思维,通过传统手段与现代技术相结合的方式,创造性地应用到武陵山区的"三农"工作中去,在不断转变农村劳动力创业观念及提高其创业积极性的基础上,切实加大该地区农业产业结构调整和经济增长方式转型的引导力度,并通过盘活多种经济发展模式及发展劳动密集型涉农企业、开辟国际人力资源输出通道、建立农村劳动者个人信誉等途径,大量吸纳武陵山区的人力资源溢出存量,最终有效提升武陵山区农村劳动力的创业能力。

(三)优化用人机制,切实活化农村劳动力的人力资源凝固存量

古人曰:"为职择人则治,为人择职则乱;任人唯贤则兴,任人唯亲则衰;用当其才则安,用非其才则怨;用当其德则佳,用失其德则废;异质互补则强,同性相斥则弱。"这就是说,要根据岗位的需要对劳动力的年龄、文化、能力、性格等因素结构进行优化配置,以充分发挥其最大的效能和作用。[1] 尤其在大力推进西部大开发战略和深入开展《武陵山片区区域发展与扶贫攻坚规划(2011—2020年)》的时代大背景下,如何优化用人机制,切实活化农村劳动力的人力资源凝固存量,就成为决策者必须认真考虑的现实问题了。不过就该地区目前经济社会发展的实际情况来看,当务之急就是通过健全科学民主决策机制、改革劳动报酬分配制度、完善劳动力信息管理系统、强化选人用人监督制度等机制创新途径,在充分尊重劳动者民生、民主、民权的前提下,切实促进人力资源的有效流动,减少人力资源的浪费,最终在农村劳动力人力资源凝固存量的活化中不断提升他们的创业能力。

---

[1] 吕维刚编著:《超越职场:职场经理人的生存哲学》,哈尔滨出版社2010年版,第153页。

三、立足区域差异性，着力改善山区农民创业条件

武陵山区是一个典型的集"老""少""偏""山"于一体的少数民族聚居区，无论是在经济发展规模方面还是在人文生活环境方面，都与长三角、珠三角、环渤海、京津冀等地区差异较大。而这一较大差异必然会严重影响该地区农村劳动力创业能力提升的质量与水平。为此，很有必要通过加快"优势产业建设、基础设施建设、新型城镇建设、民生事业建设、法律法规建设"等机制创新途径，不断缩小与发达地区的差异，着力改善武陵山区农村劳动力的创业条件，最终在武陵山区农村劳动力自我发展能力、潜在发展能力、综合承载能力、后续发展能力和持续发展能力等的不断增强中切实提升该地区农村劳动力的创业能力。

（一）以优势产业为抓手，不断增强武陵山区农村劳动力的自我发展能力

武陵山区具有得天独厚的民族文化旅游优势，应充分发挥该地区特有的资源禀赋和民族文化产业优势。首先，把文化生态旅游产业作为战略性、支柱性、优先性发展产业来抓，在民族旅游品牌和文化生态产业园区等的不断建构中切实打造武陵山区民族文化"硅谷"。其次，把特色植物精深加工、民族中药材深加工、原生态农产品开发等作为该地区转型发展的战略型新兴产业来抓，在特色植物业和民族药材业等的不断壮大中培育武陵山区新的经济增长极。最后，把现代示范性农业、矿产品精深加工业、智慧生态农业等作为该地区优化农业经济存量的传统优势基础产业来抓，在现代农业和智慧农业等的不断优化中提升武陵山区经济质量和效益，最终在民族文化"硅谷"的打造中、新的经济增长极的培育中、经济质量和效益的优化中不断增强武陵山区农村劳动力的自我发展能力。

（二）以基建项目为切入点，不断提升武陵山区农村劳动力的潜在发展能力

基础设施建设历来是经济社会发展的有效载体和重要支撑，它制约

着农村劳动力潜在能力的发挥程度。鉴于武陵山区"偏远多山"之地貌特征,为提升该地区农村劳动力的潜在发展能力,改善该地区农村劳动力的创业条件,不妨把该地区的基础设施建设作为突破口,切实提升该地区的发展保障能力。具体而言,一是要以恩黔高速和黔张常铁路等通畅通达工程建设项目为着眼点,着力抓好该地区的交通基础设施建设;二是要以乌江水道和中小型水库等项目建设为切入点,切实抓好该地区的水利基础设施建设;三是要以小煤电和小水电等建设项目为着力点,认真抓好该地区的能源基础设施建设;四是要以5G网络和数字电视等建设工程为加速点,努力抓好该地区的信息基础设施建设,从而在交通、水利、能源和信息等建设工程的不断完善中努力挖掘武陵山区农村劳动力的潜在发展能力,进而在提升机制的不断优化中有效提升该地区农村劳动力的创业能力。

(三)以城镇建设为突破口,不断培育武陵山区农村劳动力的综合承载能力

综合承载能力是指劳动力在产业优化升级的过程中所表现出来的一种综合的、胜任的、潜在的能力。这种能力会随着新型城镇化建设步伐的不断加快而显现出来,并且会在该进程中不断得以强化和升华。但就武陵山区的农村劳动力而言,要想提高其综合承载能力,完全可以按照把武陵山区打造为民族文化教育和旅游生态集散中心的发展思路,以智慧城市品牌建设为发展目标,以突出民族特色、区位特点和时代要求为发展特征,通过实施环武陵山经济圈规划建设项目和提高武陵山区路网通达能力等渠道不断拓宽该地区的发展空间,通过环武陵山区县市共建生态绿化和经济开发区项目等途径不断增强该地区的经济社会发展后劲,通过保障性住房和公共服务设施建设等方式不断改善民生条件,通过构建城市建设行业管理标准和数字化城市管理平台等办法不断提升城市品位,从而使新型城镇化建设成为武陵山区经济社会发展的中枢引擎、武陵山区农村劳动力脱贫致富的关键方式和武陵山区对外形象的核心平台,最终使该地区的农村劳动力能在区

域发展空间的不断拓展、经济社会发展后劲的不断增强、民生条件的不断改善和城市品位的切实提高中提升自己的综合承载能力。

(四)以民生工程为孵化器,着力提升武陵山区农村劳动力的后续发展能力

只有解决好农村劳动力的民生问题,才能充分激发农村劳动力的后续发展潜能。要大力开展包括民生建设工程等在内的机制创新活动,把维护好、实现好、发展好武陵山区农村劳动力的根本利益作为此类机制创新活动的基本要求。一是要通过实施异地扶贫搬迁和"阳光雨露计划"等项目,不断加大对武陵山区的帮扶力度。二是要通过扩大新型农村合作医疗和强化公共服务设施建设等工程,确保民生事业的健康发展。三是要通过绿色新能源建设示范工程和环武陵山区绿色拓展工程建设等项目,不断优化该地区的生态环境,进而提升该地区农村劳动力的后续发展能力。

(五)以制度创新为助推器,着力保障武陵山区农村劳动力的持续发展能力

武陵山区农村劳动力的可持续发展能力能否得以保障,关键在于与广大农民群众利益息息相关的各种机制创新活动是否真正发挥出了其保障功能。创新是一个民族进步的灵魂。这里所说的进步,从某种意义上来看,就是本书所强调的可持续发展能力的激发与保持。就某种意义而言,机制创新,尤其是制度创新,是武陵山区农村劳动力可持续发展能力得以有效保障的灵魂。为此,应以制度创新为助推器,通过改革土地产权和灵活土地流转机制等农村土地制度,健全农村公共医疗保障体系和完善农村养老与最低生活保障制度等社会保障制度,完善涉农资金投入渠道和改革财政管理与预算体制等公共财政制度,健全农村金融法律体系和培育民间金融机构等农村金融制度,健全农业科技研究体系和完善农技成果转化体制等农村科技制度,推进民主选举与决策及民主管理与监督等村民自治制度,统筹城乡教育经费和健全教育激励机制等农村教育制度,健全身份管理机制和消除户籍歧视政策等户籍制度,切实保障武陵山区农村劳动力可持续发展能力

的有效提升,最终有效改善他们的创业条件,进而最大限度地提升他们的创业能力。

四、彰显元素现代性,不断拓展山区农民创业空间

以往,受偏远、山险等自然因素的制约,武陵山区的农村劳动力往往倾向于通过充分利用传统元素来发展自己的创业能力,但随着西部大开发战略的不断实施和《武陵山片区区域发展与扶贫攻坚规划(2011—2020年)》的深入展开,武陵山区的对外开放程度越来越大,如何通过引进现代元素等机制创新活动来拓展武陵山区农村劳动力的创业空间,成为当前武陵山区的农村劳动力不得不认真考虑的问题了。

(一)畅通物流,在附加值的不断提升中延长民族项目的产业链

尽管武陵山区有丰富的少数民族传统文化资源,但由于交通条件和传统观念的局囿,这里的人们往往关注的是民族文化项目的保护与传承等机制创新活动,对与这些民族文化项目相关的附属价值的关注则相对较少。为充分开发武陵山区少数民族传统文化项目的附属价值,应切实转变思想观念,通过建立起联通外界与本地的物流渠道等途径,紧扣"产业链"这一抓手,积极引进现代性元素,努力挖掘武陵山区少数民族传统文化项目的附属价值,从而在少数民族传统文化项目附属价值效应的不断提升等机制创新活动中延长武陵山区民族项目的产业链。具体而言,可以通过引进现代性元素,将低端产业高端化、普通商品精品化,切实提升传统民族项目的附属价值。如在以重庆市秀山县的黄花菜和金银花以及贵州省铜仁市的吴茱萸(吴萸子)为代表的中药材的生产环节注入文化要素、包装环节突出民族文化品牌和地理文化标识、宣传环节增强文化效应等途径[①],不断提升这些传统产品的附加值。此外,还可以在儿童玩具中融入仡佬族的

[①] 陈再祥、陈实:《提升武陵山民族地区产业文化附加值的路径探索》,《中共铜仁地委党校学报》2010年第4期。

傩文化元素、在房屋建造中体现土家族的吊脚楼或转角楼营造技艺、在服装设计中穿插苗族的刺绣工艺或土家族的印染工艺,从而使普通商品向艺术品及精品不断发生变迁,进而有效彰显这些传统民族项目的附属价值。

不仅如此,还应在传统民族产品附属价值效应彰显等机制创新活动的过程中,切实延长这些民族产品的产业链。因为产业链注重的是如何发挥比较优势,进而凸显产业合作的功效,它通常包含价值链、企业链、供需链和空间链四大维度。就本书所涉及的民族项目的产业链而言,笔者着重关注的是艺术链、传承链、旅游链和市场链,因为这些民族项目只有具备了艺术价值,才能被赋予其他价值,所以从这一层面上来说,艺术链是武陵山区民族项目得以有效发展的根本所在。然而,这一艺术性价值并不能自发传播,需要通过传承链的形式加以增值(不管是传统的口耳相传还是现今的规模传授),故从这一层意义来看,传承链是民族项目产业发展的基础。不过仅仅从传承链层面来增加民族项目的价值还是远远不够的,它尚需通过灵活旅游链等途径,在市场化的运作体系中彰显其发展动力,进而在市场链的不断生成中凸显其终极发展目标。

具体而言,以贵州省松桃县的苗绣为例,从纵向上来说,可以苗绣作为切入点,形成一个上游、中游、下游一体化完整发展的苗绣产业链,如上游的苗族针线与苗族颜料、中游的苗绣工艺和苗绣创意、下游的苗绣服装品和苗绣工艺品等;从横向上来看,可以苗绣文化为突破口,努力建构一个以艺术链为根本、以传承链为基础、以旅游链为动力、以市场链为目标的产业链体系,并在这一产业链体系的有效运转中不断通过畅通物流等途径延长民族项目之艺术链(《武陵魂·梯玛神歌》)、传承链(萧笛培育中心)、旅游链(《张家界·魅力湘西》)和市场链(梵净山·空气罐头原产地),彰显这些民族项目的附加价值,最终为武陵山区农村劳动力创业能力的提升开拓出一个更为广阔的发展空间。

(二)统整资源,在民族文化产业化的进程中凸显民族元素的新价值

民族文化产业其实是一种以经济效益、政治效益和社会效益等为目的诉求的经济与民族文化有机结合的一种产业形式,它需要由政府、文化附加体、科研人员等共同推进,借以达到文化与经济"双赢"之目的,故其必然会具有一定的历史性、阶段性和实践性。[①] 如《印象武隆》就是一个乌江纤夫文化与武陵山水旅游品牌成功结合的典范,它不仅充分彰显了民族元素的新价值,而且还产生了巨大的经济效益与社会效益。源于相同的地域性、族源性甚至是血缘性,以民族文化产业化等机制创新活动为抓手,通过延长民族项目的产业链等创新活动形式,不断统整各类民族元素,并产生出更多的类似《张家界·魅力湘西》《黔江小南海》《武陵魂·梯玛神歌》《印象恩施》《乌江画廊》《天门狐仙·新刘海砍樵》等集少数民族文化创意元素与山水旅游品牌元素于一体的闻名全国的民族文化节目,从而使各类民族元素在民族文化产业化等机制创新活动的进程中不断彰显其自身的潜在价值与创新价值,在民族文化元素价值的不断挖掘等机制创新行为中切实拓展武陵山区农村劳动力的创业空间,最终有效提升武陵山区农村劳动力的创业能力。

五、凸显政府公信力,不断优化农民创业保障体系

武陵山区地处偏远,是典型的少数民族居住区,政府在该地区的公信力和影响力明显低于其他地区。正因如此,更加需要通过统一思想认识、优化政策制度、提高服务水平、革新社保机制、创设融洽氛围、健全投入机制等机制创新途径来提升政府在该地区的公信力和影响力,在思想觉悟、服务水平、融洽氛围、资金投入等机制创新活动的不断优化中逐渐完善该地区农村劳动力的创业保障体系,切实提升该地区农村劳动力的创业能力。

[①] 李红伟:《民族文化创新与产业链研究——以广西"大琴文化"为例》,博士学位论文,中央民族大学,2013年。

(一)统一思想认识,构建分工协作的组织领导体系

提高武陵山区农村劳动力的创业能力,是党和国家实施西部大开发战略及推进《武陵山片区区域发展与扶贫攻坚规划(2011—2020年)》的必然要求。为有效提升武陵山区农村劳动力的创业能力,当务之急就是要统一思想认识,不断建构起分工协作的组织领导体系。具体而言,一要统一思想,通过深入学习贯彻习近平新时代中国特色社会主义思想,以"大众创业、万众创新"的指导原则为创业指南,不断创设"政府引导、社会帮扶、市场导向、自我择业"的农村劳动力创业新格局;二要提高思想认识,充分认识到促进创业是党的十八大提出的重大战略决策,是各级政府开展"三农"工作的重要任务与神圣职责,关系到武陵山区人民群众的切身利益,是实现武陵山区经济快速发展与社会和谐稳定的关键所在;三要加强领导,通过设立工作领导小组统筹领导和协调创业工作、成立创业工作联席会议制度、开辟创业"绿色通道"等方式,不断强化政府的责任意识、联动精神和服务理念,最终形成党委统一领导、党政群齐抓共管、人社局组织协调、有关部门分工协作、全社会积极参与,上下贯通、左右协调、责任明确的组织领导体系。

(二)优化政策制度,构建灵活规范的政策法规制度

鉴于武陵山区偏远闭塞之实际情况,为充分促进该地区经济社会的快速健康发展,不妨参照《全国农业可持续发展规划(2015—2030年)》《中华人民共和国农民专业合作社法》《贵州省全面推进农村资源变资产资金变股金农民变股东改革工作方案》等类似的经验与做法,以政策法规制度等创新为抓手,不断加强对武陵山区农村劳动力创业的政策引导和制度保障,帮助他们快速清理和消除各种阻碍其成功创业的壁垒,最终在灵活规范的政策法规制度的不断构建中提升陵山区农村劳动力的创业能力。如通过低价出让社会公益事业项目土地,积极探索支持农村劳动力创业的土地流转模式等土地使用优惠政策;优惠创办企业税收;落实农村劳动力创业小额担保贷款政策;持续补充小额贷款担保基金。

(三)提升服务水平,构建多元高效的综合服务体系

武陵山区农村劳动力的创业能力能否得到有效提升,与许多保障因素有关,但该地区各级政府或组织机构所提供的服务质量,是一个至关重要的制约因素。因此,如何通过提升公共服务水平、构建多元高效的综合服务体系等方式来提升该地区农村劳动力的创业能力,就显得十分重要了。考虑到武陵山区农村劳动力创业能力的实际情况,不妨以生态文化旅游服务平台、信息产业服务平台、电子商务及文化创意服务平台、农村劳动力创业孵化平台、创投金融服务中心等为抓手,建设一批集"产、学、研、创"于一体的开放式创业服务平台。与此同时,还可以通过《重庆市促进农民工等人员返乡创业实施方案》《湖南省湘西自治州创新创业带动就业扶持资金管理暂行办法》等完善服务保障机制等创新办法,不断健全创业指导服务组织,创新社会化、外包型和个性化的创业服务模式,加大创业教育服务力度,畅通市场化创业项目服务渠道,开辟"一站式"创业服务"绿色通道",在组织、模式、渠道等的不断完善中形成便捷的创业指导服务体系,从而为创业人员提供"个性化、精细化和专业化"及"菜单式、跟踪式和公益式"的培训、咨询、指导服务,最终满足武陵山区农村劳动力创业等劳动保障类的服务需求。

(四)革新社保机制,建构城乡一元化社会保障体系

为充分保障西部大开发战略和《武陵山片区区域发展与扶贫攻坚规划(2011—2020年)》在该地区的顺利实施与有效推进,除构建分工协作的组织领导体系之外,还需要通过革新社会保障机制,建构城乡一元化的社会保障体系等机制创新途径来提升武陵山区农村劳动力的创业能力。而要构建城乡一元化的社会保障体系,除了认真做好区域社会保障城乡一元化调研和有关数据测算之外,还应通过扩大包括农村合作医疗、孤寡养老保险、贫困户最低生活保障、农村医疗保险等在内的社会保障的范围和覆盖面,推行城乡一体化的社会保障管理制度,通过制定好立法规划、明确好立法路径、界定好法律效力、健全好司法机制等途径,建立完善的社会保障法律体系,

合理定位政府在社会保障体系建构中的责任,进而在社会保障享有人数的不断增多、城乡社会保障水平的不断提升、城乡社会保障法律体系的不断健全与完善、城乡社会保障监督机制的不断完善[①]等机制创新活动中逐渐实现区域新型农保、征地保障办法与城保的全面"并轨",最终建立起具有区域特色的城乡一元化社会保障体系,从而有效保障武陵山区农村劳动力创业能力的提升。

(五)创设融洽氛围,营造积极向上的社会舆论环境

受历史文化与区位条件等因素的影响,武陵山区的农村劳动力缺乏自我择业、自主创业的良好舆论氛围,进而严重制约了他们创业能力的提升。为此,应紧扣西部大开发战略和《武陵山片区区域发展与扶贫攻坚规划(2011—2020年)》在该地区实施这一重大发展机遇,一是借鉴贵州省铜仁市"四在农家·美丽乡村"基础设施建设六项行动计划所提倡的"最后一公里"之建设理念,通过加大农村基础设施建设力度,着力改善农村劳动力的创业条件;二是通过加大行政事业单位工作人员的管理力度等方式,不断优化农村劳动力的创业环境;三是通过加大创业方针与创业观念等的宣传力度,切实转变农村劳动力的创业理念;四是通过加大创业精神与创业观念等的教育力度,努力营造农村劳动力和谐健康的创业氛围;五是通过加大创业先进事例和创业模范典型的激励力度,积极打造武陵山区农村劳动力的创业品牌,进而在"创业条件的不断改善、创业环境的不断优化、创业理念的不断转变、创业氛围的不断育就、创业品牌的不断塑造"等机制创新活动中,努力营造和谐向上的社会舆论环境,在武陵山区农村劳动力创业保障体系的不断完善中切实提升他们的创业能力,最终为西部大开发战略和《武陵山片区区域发展与扶贫攻坚规划(2011—2020年)》的顺利实施提供人力和智力支持。

---

① 杨秋明、杨征平:《宿迁市城乡一体化社会保障体系建设研究》,《经济研究导刊》2012年第3期。

(六)健全投入机制,建构立体便捷的投资融资体系

优化武陵山区农村劳动力的创业保障体系,绝对少不了资金元素的参与。为此,通过建立健全资金投入机制等创新办法,建构起立体便捷的投资融资体系,就成为优化武陵山区农村劳动力创业保障体系的关键所在了。要建构立体便捷的投资融资体系,仅靠构建和完善农村劳动力创业融资体系、加快农村金融体制改革、探索农村劳动力创业融资新渠道等还是远远不够的,还需要借鉴重庆市推出的PPP模式,贵州省铜仁市鼓励和引导社会资本直接投资、利用银行贷款间接融资等有关投资融资方面的发展经验与有效做法,通过建立健全资金投入机制,通过创业带动就业资金的统一管理使用,并通过转移支付等机制创新办法给农村劳动力的创业行动进行税费补贴、贷款补贴、场租补贴和社保补贴等资金投入活动,使农村劳动力通过创业示范典型、创业示范基地及创业咨询、创业项目、创业代理等途径得到政府的各类资金支持,进而在立体便捷的投资融资体系的不断建构中破解武陵山区农村劳动力创业时所处的融资困境,切实优化武陵山区农村劳动力的创业保障体系,最终在创业保障体系等机制创新活动的逐渐丰富中提升武陵山区农村劳动力的创业能力。

第三节 就业与创业能力提升机制的创新路径

创业能力提升机制的创新路径涉及政府公信力、元素现代性、区域差异性、劳力异质性、能力层级性等多方面的因素。而就业与创业能力提升机制的创新路径更多关注的则是平台的助推功效。也就是说,要科学高效地提升武陵山区农村劳动力的就业与创业能力,当务之急是充分发挥就业与创业能力提升机制的集聚功能与辐射效应,走平台助推型的机制创新之路。

一、搭建农村劳动力就业创业培训平台,走素质提升创新之路

通过搭建农村劳动力就业与创业培训平台,能够为武陵山地区农村劳动力就业与创业能力的提升提供培训服务与技能实践之便利,从而有效提升该地区农村劳动力的综合素质。

(一)开展技能提升培训活动

通过构建技能培训网络为该地区农村劳动力提供便捷而高效的就业创业技能培训。[①] 具体而言,一是利用武陵山区各地(市)州的高等院校包括职业技术学院等教育机构为农村劳动力技能培训提供师资及师资培训服务,以便为培训网络的搭建提供师资力量;二是利用武陵山区各地的中等职业学校作为农村劳动力技能培训的主要网点,为农村劳动力集中技能培训提供服务,并为技能培训提供模拟实际操作的服务;三是利用武陵山区有用工需求的企业为受过初步培训的农村劳动力提供实习实践的场所,使他们能在实际的应用工作中尽快掌握各项技能;四是利用现有职业培训机构开展各种针对农村劳动力的技能培训活动,充分释放农村劳动力就业创业能力提升的愿望诉求;五是加强专门针对农村的职业培训机构的投入与建设,把这些专门的职业培训机构建在广大的农村地区,以布点、牵线、成片的规划设计,最终达成随时培训、随机培训、随到培训的效果。

(二)开展就业创业培训活动

通过开展农村就业创业培训可以解放农村劳动力的思想,进而为他们找到合适的就业创业发展之路。具体而言,首先要针对农民大众开展就业创业教育,在此可以利用武陵山区各地的电视台,播放专门的就业创业教育节目,对该地区的农村劳动力开展就业创业教育,并提前通知农民群众注意观看。也可以利用网络、数据平台等媒介对农村劳动力开展就业创业教育,

---

[①] 李杰、徐波:《确立西部地区劳动力供给主体地位的探讨》,《西部大开发研究》2006年第1期。

还可以利用微信公众号、手机短信平台等方式对农村劳动力开展就业创业教育,这样可以使农村劳动力对就业创业活动有一个初步的了解,提升其就业创业意愿,然后再从各地组织选派部分农村劳动力代表到各地的职业技术学校进行专题就业创业教育的培训与进修。与此同时,各级社会保障部门也可以选派优秀的就业创业教育讲师赶赴各地行政自然村开展就业创业教育培训的宣讲活动,从而使广大的农村劳动力接受全面、系统的就业创业知识及技能的培训。

(三)建立就业创业培训基地

通过建立农村劳动力就业创业培训基地,可以为农村劳动力就业创业培训活动提供便利,从而有利于提升整体培训效果。农村劳动力培训基地建设可从以下三个方面入手:一是发挥各地职业技术学校的优势,在现有的职业技术学校建立农村劳动力就业创业培训基地,各地政府应从政策上、资金上给予支持与帮助,确保就业创业培训基地的有序、高效运转;二是把各种社会化的职业培训机构作为农村劳动力就业创业培训教育活动的补充性基地,各地方政府也应为他们提供支持与帮扶,从而提高社会培训机构的积极性与社会使命感;三是利用各地有用工需求的企业作为开展农村劳动力就业创业活动的培训基地,充分发挥企业的实际操作的便利条件。与此同时,各地政府也应该为企业提供相关的政策支持和法律保障。

二、搭建农村劳动力就业创业实践平台,走实践磨砺创新之路

搭建农村劳动力就业创业实践平台,不但能够为武陵山区农村劳动力就业与创业能力提升提供一个良好的实操演练机会,而且可以为提升农村劳动力的就业创业培训效果提供支撑保障,同时可以通过互相学习、互相帮扶等途径来提升农村劳动力就业与创业能力。

(一)开展创业就业竞赛活动

农村劳动力就业创业竞赛活动的开展有利于在竞赛比拼中激发农村劳动力个人的内在潜能与积极性,从而有利于农村劳动力自身素质的有

效提升。具体而言,可以由各地方政府和职业院校共同组织与涉农内容有关的就业创业技能竞赛,各地选派农村劳动力代表参加。通过就业创业技能竞赛的开展,能够有效提高农村劳动力的专业技能水平,有利于就业创业岗位的选择和就业创业效果的彰显。不仅如此,还可以组织模拟就业创业竞赛,设置一定的仿真性场景,比拼农村劳动力的就业创业思维与就业创业能力,通过这样的竞赛活动锻炼农村劳动力应对就业招聘的能力。也可以组织开展就业创业规划方案的比赛,通过对比农村劳动力做出的就业创业规划方案的质量,来判定农村劳动力就业创业能力的高低程度等。

(二)建立就业创业见习基地

建立就业创业见习基地可以为农村劳动力就业与创业能力的提升提供实践训练平台。具体来说,可以把各地的诸如农民专业合作社、私人小作坊、家族加工间等用工单位作为农村劳动力就业创业见习的训练基地,比如学习建筑类技能的农村劳动力可以到各建筑工地进行见习,学习货车驾驶技能的农村劳动力可以到各物流公司进行见习,学习创业本领的农村劳动力可以到农民专业合作社进行见习等。就业创业见习基地可以多样化,可根据农村劳动力自身学习的技能选择相应的就业创业见习基地。在此过程中,各级地方政府劳动与社会保障部门应做好相关协调服务及政策指导等工作。与此同时,各级地方政府还可以通过建设专门的农村劳动力就业创业示范园区的方式为农村劳动力就业创业提供见习基地,农村劳动力在创业产业园区里可以享受各种就业创业政策服务,在产业园区的就业创业见习活动可以为其今后的就业创业发展提供经验借鉴。

(三)开展见习岗位对接活动

就业创业基地建立之后,还要注重与相关的岗位进行各种形式多样的对接活动,这样才能为农村劳动力就业创业见习活动提供更好的保障服务。具体而言,一是在就业创业见习基地上设立专门的岗位见习制度,各基地每年为农村劳动力提供一定数量的就业创业见习岗位,并通过制度化的方式确保专岗专用,严禁挪作他用,为农村劳动力提供见习岗位保障。二是各就业创业培训机构要积极与就业创业见习基地进行沟通,为接受就业技能培训的农村劳动力提供见习岗位。为此,各培训机构要协调好该项工作,确保所有参加培训的农村劳动力都能安排到相应的见习岗位。三是就业创业教育培训机构应与就业创业见习基地协调好相应岗位的前期对接工作,以确保参训农村劳动力能及时获得相应的就业创业见习岗位。

三、搭建农村劳动力就业创业服务平台,走项目孵化创新之路

搭建农村劳动力就业创业服务平台需要通过建设城乡一体化的就业创业市场,实现城市和乡村劳动者享有平等的就业创业权益[1],通过成立西部地区农村经济合作组织和以农村经济为主体的行业协会等形式、建立农村劳动力就业创业平台等机制创新举措[2],走产业项目孵化等机制创新之路。

(一)筹建农村劳动力就业创业示范园

建设农村劳动力就业创业园区、发展园区经济是优化产业结构、促进经济社会稳步发展的客观要求,是推进工业化、城镇化发展的重要途径,因此要抢抓机遇、加力开放、强化落实,推动发展。[3] 以贵州省铜仁市为例,该市在大兴工业园区设置专门的农村劳动力就业创业示范园区,当地的农村劳动力可以利用园区的各项优惠政策,便捷地获取各种就业创业技能培训,得到相应的就业岗位,获得适宜的创业机会。农村劳动力就业创业示范园区的大力发展,加之地方政府在其中提供"保姆式"的服务,

---

[1] 李杰、徐波:《确立西部地区劳动力供给主体地位的探讨》,《西部大开发研究》2006年第1期。
[2] 田富强:《贵州农村劳动力创业对策试析》,《中国农机化》2012年第5期。
[3] 杨道喜:《把我区的工业化和城镇化进程推向新阶段》,《计划与市场探索》2001年第5期。

为该地区农村劳动力的就业与创业活动提供了良好的发展平台,促使大量外出务工的农村劳动力返乡进行就业创业活动,最终为推动区域经济社会发展,助推农村劳动力走上小康生活道路提供了可靠的依托及坚实的基础。此外,建设农村创业组织也是武陵山区农村劳动力返乡发展"创业经济"的特殊举措,它能够有效助力返乡的农村劳动力进行就业创业活动。①

(二)强化农村劳动力就业创业导师团

提升农村劳动力的就业与创业能力需要对当地的农民开展就业创业教育,而就业创业教育的开展则离不开提供就业创业教育的导师。也就是说,通过成立农村劳动力就业创业导师团可以为农村劳动力就业创业教育活动提供优质的师资力量平台,从而提升农村劳动力的整体培训效率,增强培训的实际效果。农村劳动力就业创业导师团的组建可以从以下两个方面进行:一是地方政府主导,提供配套的政策支持及足够的经费保障,为农村劳动力就业创业导师团的组建提供政策及资金支持。二是地方高校助力,为农村劳动力就业创业导师团的组建提供智力支持。主要是提供就业教育导师和创业教育导师,并针对农村劳动力的发展特点和职业属性对这些导师开展针对性的岗前培训,使这些导师能够真正接地气,切实满足农村劳动力对就业创业教育的要求。

(三)建立农村劳动力就业创业项目库

农村劳动力就业创业项目库的建立能够为农村劳动力的就业创业活动提供便捷的信息支持,从而提升当地农村劳动力的就业与创业质量。所谓农村劳动力就业创业项目库主要是建立农村劳动力的就业创业信息存储与提取交换平台,包括信息的收集与整理、信息的甄别与发布等。为建设好这一信息平台,各级地方政府人力资源与社会保障部门应利用自身的网络平

---

① 李华红:《我国西部农村发展的内源性跨越新解——基于回乡"创业经济"的另类思维》,《农业现代化研究》2012年第6期。

台,广泛收集适合农村劳动力的就业创业信息,并对这些信息进行科学的整理与仔细的筛选,剔除无效滞后信息后,采用包括广播、电视、互联网平台、移动信息平台等各种手段将就业创业信息及时发布给当地的农村劳动力。这一信息平台的建立也需要积极发挥地方政府的主导作用,相关工作人员在通过搜集整理互联网海量的就业创业信息的基础上,找出适合当地农村劳动力的就业创业项目信息,并将这些项目通过信息平台发布出去,供当地有就业创业意愿的农村劳动力进行选择。

(四)激活模范就业创业联结点

农村劳动力就业创业活动中有很多成功的案例,这些成功的案例可以作为模范就业创业的联结点,为当地农村劳动力的就业创业活动提供榜样示范作用。首先,要科学选取近年来农村劳动力就业较为成功的案例作为模范就业人员,进而构建一个由模范就业人员组成的模范就业联结点,这样,这些模范就业人员就成为这一就业联结点的核心了。模范就业联结点既可以为农村劳动力的就业活动提供示范效应以及就业选择、就业应聘技巧等方面的指导,也可以提供一定数量的就业信息。这就意味着,模范就业联结点的建立能够通过示范效应为当地农村劳动力就业活动提供更多的帮助。其次,要选取近年来当地农村劳动力中创业较为成功的案例作为模范创业联结点的节点,这些创业成功人员可以作为创业联结点的核心节点,进而通过其后台所承载的巨大的信息来为当地农村劳动力的创业活动提供创业项目信息服务,提供创业流程指导,提供经营风险警示,从而真正起到创业示范带动的效应。

四、搭建农村劳动力就业创业融资平台,走融资帮扶创新之路

通过搭建农村劳动力就业创业融资平台等机制创新之路,可以为农村劳动力的就业创业活动提供金融服务与资金支持,进而为农村劳动力就业创业活动的开展提供强大的动力保障。

(一)用活农村劳动力创业创新基金

通过区域合作的方式建立武陵山区农业创业创新基金,该基金主要用于武陵山区的农村劳动力创业创新服务方面。一是为农村劳动力创业活动提供基金支持,重点支持有一定基础、具有较大前景和成功概率较高的创业项目,同时也支持具有一定规模的农业集约化经营类创业项目,以便有利于农业规模化经营局面的实现,此外还可以支持一些农产品深加工的创业项目,进而为提升农产品附加值提供服务。二是为农村劳动力创新活动提供基金支持,重点支持农村劳动力的创新项目,例如,支持农村电子商务项目,构建农产品线上售卖的通道,充分利用互联网资源为农业的发展提供服务,支持农村淘宝、农村京东等农村电子商务的发展。

(二)灵活农村劳动力创业贷款行动

通过开展农村创业贷款行动为农村劳动力创业提供资金支持。一是各级政府机构可以通过政策的手段鼓励各地商业银行为当地农村劳动力的创业项目提供贷款服务。考虑到当前我国农村实际布局的特点,应鼓励各商业银行为创业的农村劳动力提供小额的信用贷款、大额分期还款贷款和低息的专门创业贷款,各级政府机构则应做好相关的协调和服务工作。二是鼓励现有的农村商业银行加大力度支持农村劳动力的各种创业项目,对经过评估确实具有一定基础及广泛发展前景的农村劳动力创业项目,农村商业银行、农村信用社等金融机构应提供足额的贷款支持,各地政府也应在这一过程中做好相应的引导服务工作。三是鼓励民营金融机构为农村劳动力创业提供融资支持。在此过程中,各级政府应协调做好相关的服务工作以及各种风险防控工作,进而为农村劳动力创业活动提供更多的资金支持。

(三)盘活农村劳动力就业创业扶持政策

各级地方政府应衔接好农村劳动力就业创业扶持政策,为农村劳动力就业创业活动提供更好的服务。首先,要根据上级政府制定的就业扶持政策,制定各级地方政府的农村劳动力就业扶持配套政策,并将政策措施落到实处,确保政策执行不走样,确保各地的农村劳动力能享受到相关就业政策,进而为农村劳动力的就业活动提供政策保障。其次,各地政府机构应结合当地实际制定农村劳动力创业扶持政策,以便为农村劳动力的创业活动提供适切的政策保障。一般来说,创业扶持政策主要包括政策扶持,如简化创业流程、减免创业税费、提供创业信息服务等内容,还包括为农村劳动力创业活动提供金融扶持,如鼓励银行提供创业贷款、鼓励金融机构提供创业融资服务等。

五、搭建农村劳动力就业创业协同平台,走区域联动创新之路

考虑到就业创业活动的复杂性与技术性,仅靠单个个体或组织很难圆满达成就业创业活动的目标要求。鉴于此,应通过建立农村劳动力就业创业协同平台等创新途径,走区域联动型的机制创新之路。要建立灵活的区域经济协作机制,在统筹建立政务、商务和公共服务信息资源共享平台的基础上,科学展开人力资源开发及社会组织管理等工作,同时设立相应的社会事务协调机构,专门负责旅游、基建、公服、交通等领域的协作协调工作。[①]还要建立高效灵活的对外开放合作机制,努力整合区内、区外的人才、资金和技术等资源,切实开展与区外相关单位的投资与开发等商贸活动,支持资金雄厚、技术娴熟的优秀单位走出去发展。大力推动省会城市、地市城市、县区城市在能源、交通、商贸、文化、等方面互通有无、积极往来,最终形成"东承西融、南连北接"的区域合作格局。切实深化与周边城市的互动合作,通过基础设施对接、产业优势互补、旅游景点互连、生态环境共建,逐步实现与周边城市的错位发展、协调发展。[②] 具体而言,应重点抓好以下六项联动工作。

[①] 谭建军:《增设南岭山区少数民族集中连片特困地区的思考和建议》,《广东省社会主义学院学报》2015 年第 1 期。
[②] 陶婷婷、谢武:《六安市部分地区贫困状况分析及对策》,《安徽农学通报》2013 年第 17 期。

(一)社会治理联动

一是要通过加大体制机制、法规制度、能力素质等社会管理层面诸多内容的建设力度,力争形成一种政府引导、社会协作、舆论监督、公众参与、评价促进式的良性社会管理新格局。二是要加快构建源头治理、动态管理和应急处置相结合的社会管理机制,防止和减少社会群体性问题的发生。① 三是要完善社区治理结构,构建社区综合管理及服务平台,强化城乡社区自治和服务功能。② 四是要继续加强社会组织建设和监管,促进社会组织发展,并发挥其提供服务、反映诉求、规范行为的应有作用。③ 五是要拓宽社情民意表达渠道,完善社会矛盾调解机制,切实维护群众合法权益。六是要加大公共服务投入力度,加强公共安全体系建设,保障食品药品安全,严格安全生产管理,健全突发事件应急处理体系。④ 七是要完善社会治安防控体系,加强社会治安综合治理,维护社会的和谐与稳定。⑤ 在这些举措的整体联动作用下,达到通过机制创新之途径来提升就业与创业能力、促进农村劳动力的就业与创业活动、建构和谐社会之目的。

(二)空间布局联动

根据武陵山区空间布局现状,大力推动空间布局联动发展,为区域空间布局协调发展提供支撑。空间布局分为重点发展区、农业生态区和生态保护区,这些空间布局发展状况直接决定着武陵山区发展的全局。重点发展区主要集中在区域中心城市及相关的经济发展重镇,这些区域作为工业经济发展的重点,要凸显其经济发展的实力。农业生态区主要是武陵山区重

---

① 赵茹:《加强社会建设,必须加快推进社会体制改革》,《管理学家》2013年第2期。
② 李基信:《长沙市居民参与社区治理问题研究》,硕士学位论文,湖南大学,2013年。
③ 汪春翔:《和谐社会视域下社会组织建设研究》,博士学位论文,江西师范大学,2013年。
④ 张侃:《河南省公共安全体系建设的问题与对策》,《科协论坛》2012年第11期。
⑤ 国务院经济发展司:《武陵山片区区域发展与扶贫攻坚规划(2011—2020年)》,见http://www.seac.gov.cn/art/2013/3/18/art_6497_179231.html。

要的农作物产业区域,这些区域以发展生态农业为主,同时在保护农业生态的基础上适当发展观光农业,以促进乡村旅游的发展。生态保护区主要是指武陵山区分布的自然保护区,包括原始森林、湿地公园和重要河流湖泊等,这些区域以生态保护为主,在保护的基础上可以进行适度的开发,从而促进当地自然生态旅游业的发展。以上三大发展区之间不是孤立的,而是可以联动发展、相互促进的,以重点发展区为经济发展支持,以农业生态区为健康养生支持,以生态保护区为环境保护支持。

(三)城镇发展联动

推进武陵山区城镇发展联动,不仅要充分发挥各区域中心城市的辐射带动作用,激发区域内相关城镇的产业集聚功能,而且还要努力彰显重庆市的酉阳地区、湖北省的恩施地区、湖南省的张家界和吉首地区、贵州省铜仁市的西边五县等重要城市的影响功能,并加强区域中心城市之间的合作,大力发展区域中心城市之间的交通,通过高速公路、高速铁路、支线航空、国省道干线公路等交通基础设施的发展与完善,拉近武陵山区各中心城市之间的距离,从而更好地发挥出区域中心城市的辐射带动作用。与此同时,还应通过各区域中心城市来带动各区域小城镇的发展,同样也需要重视交通等基础设施的建设。注重区域重点城镇的集聚能力,特别是工业城镇的集聚能力,通过发挥重点城镇的集聚能力,为武陵山区经济社会发展提供方向指引。

(四)产业调整联动

要想形成产业调整联动这一发展格局,不但要依托黔江、恩施、张家界、吉首、铜仁等地的产业基础和劳动力资源优势,积极承接产业转移[①],发展先进农用机械、通用农用机械等设备,培育一批主业突出、技术领先、管理先进的涉农龙头企业,而且要积极探索农业产业协作发展及利益共享机制,进而促进农业产业优化布局。与此同时,还要重点建设黔江、恩施、吉首和铜

---

① 贾斌韬:《武陵山经济协作区统筹发展研究》,硕士学位论文,中央民族大学,2012年。

仁等地的特色农业产业集聚区,引导农业企业集聚发展,形成优势资源共同开发、产业园区共同建设、发展利益共同享有的农业产业协作发展格局。①另外,还要大力支持"飞地经济"的发展,在异地兴办农产品加工工业园区,最终通过基础共建、产业共育、利益共享、环保共担等机制的建设,真正达到"双赢"之目的。②

(五)人才开发联动

推动人才开发联动机制可以为武陵山区经济社会发展培养更多的优秀人才。而要建构这一机制,一是要促进就业结构的调整,通过调整就业结构为社会营造一个公平公正、人尽其才、才尽其用的良好环境,进而为当地人才的健康发展提供服务。二是要推动武陵山区各地人才培养的联动,通过构建各地区之间合作交流机制,共享各地人才培养经验,从而通过相互学习,取长补短,推动人才培养模式的不断优化与细化。三是推进武陵山区吉首大学、铜仁学院、湖北民族学院等高校之间的联动,为各高校之间的合作交流提供平台。武陵山区各高校之间应建立一个沟通交流的平台,共享高等教育的研究成果,共享人才培养的心得体会,共享学校发展的实践经验,从而促进各高校自身的持续科学发展。

(六)公共服务联动

公共服务联动是促进农村劳动力就业创业提升的有效保证。为有效发挥其应有的效应,一是要建立公共服务一体化协调机制,打破行政区界限,统筹教育、卫生、就业等公共服务领域的规划建设,方便群众跨行政区就近就学、就医和就业,实现资源共享;二是要加强区域救灾应急保障体系建设,建立和完善重大传染性疾病应急保障机制;三是要优化农村的各种公共文化服务措施,方便农村群众更好地享受各种高质量的公共服务。③ 不仅如

---

① 谭建军:《增设南岭山区少数民族集中连片特困地区的思考和建议》,《广东省社会主义学院学报》2015年第1期。
② 黄正山等:《关于跨县域共建工业园区推动彝州优势产业集群式发展的构想》,《楚雄师范学院学报》2011年第1期。
③ 吕红霞:《关于农村公共文化服务体系建设的思考》,《戏剧之家》2011年第8期。

此,还要努力架构各种公共服务举措之间的沟通桥梁,通过公共服务举措的联动方式,在各种服务活动的整体作用下,最终达到整体提升公共服务质量与水平之目的。

六、搭建农村劳动力就业创业示范平台,走典型宣传创新之路

构建农村劳动力就业创业示范平台,可以利用平台的示范效应,结合平台中涌现出来的典型就业创业案例,走典型宣传创新之路,从而推动武陵山区农村劳动力就业和创业活动的有效开展,最终切实提升他们的就业与创业能力。

(一)在工作对象上讲求广泛性

就业创业示范平台的构建需要注重工作对象的广泛性,不过在选取工作对象时一定要结合实际进行。从就业示范平台来看,主要应选取当地农村劳动力中具有较强代表性的就业成功案例作为工作对象,包括通过劳动力技能培训获取理想就业岗位的人员、依靠自身实力获取就业岗位的人员和返乡农民工中获得理想就业岗位的人员。从创业示范平台来讲,主要是选取当地农村劳动力中在自主创业方面取得成功的人员作为工作对象,包括本土的创业成功人员、经过参与创业培训后取得创业成功的人员和返乡农民工中创业成功的人员。

(二)在工作内容上注重递进性

在就业创业示范平台构建的过程中,一定要在工作内容上注重递进性,逐级推进。首先,要收集整理优秀的就业创业典型案例,在案例收集过程中应做到宁缺毋滥,力求代表性与真实性,并对收集到的案例进行初步整理筛选,从中找出最具代表性的一些案例。其次,对选取的经典就业创业案例进行整理,找出其中的成功之处,凸显其闪光点,并在就业创业示范平台上进行典型案例宣传推广活动。最后,利用就业创业示范平台对当地农村劳动力开展就业创业示范教育,通过让他们学习经典案例的经验、聆听成功者的讲解、进行实地考察等方式充分发挥平台的作用。

（三）在项目推广上坚持创新性

就业创业示范平台在项目推广上应坚持创新性。结合大众创业、万众创新的要求，应改变传统的项目推广方式，充分利用互联网资源进行项目推广，并注重移动互联网平台的运用。此外，在就业创业示范平台推出的案例层面也应注重其创新性，对于没有创新性的就业创业项目应进行淘汰，力推具有创新性的就业经典案例和具有创新思维的创业经典案例。

第六章 武陵山区农村劳动力就业创业能力提升机制的实践案例

第一节 就业能力提升机制的实践案例

一、教育培训机制,增彩重庆农民就业梦

(一)案例内容

2015年,酉阳土家族苗族自治县积极落实重庆市委有关就业创业工作的要求,努力创新农村劳动力就业培训新机制,县委、县政府拨备了专项资金,不断增加就业培训资金金额,同时制定了合理的培训补贴标准,实行培训补贴直补到个人的教育培训资金政策。参加培训的农村劳动力可根据自身需求选择培训机构和学习内容,经过考试取得国家认定的资格证书后,政府会按照事先的规定报销具有合格资格证书的学员的所有培训费用。政府还会结合培训周期的长短,对参加培训的农村劳动力的误工费进行核算,然后给予他们相应的补贴。在培训项目上,政府十分注重培训内容的优化,在充分进行市场调研的基础上,调整了原有的培训课题模块,增加了对农村劳动力就业意识的培养和对成功就业者的后续培养等培训项目。这样,就更加科学完善地把职业培训、市场岗位需求、就业增收三者结合起来,从而更好地提升农村劳动力的就业能力。

(二) 案例分析

酉阳土家族苗族自治县(以下简称酉阳县)位于重庆市东南部,地处武陵山区腹地,是出渝达鄂、湘、黔的重要门户,素有"渝东南门户、湘黔咽喉"之称,是一个以少数民族为主的多民族杂居地。历史上,受多种因素的影响,该县的整体教育水平偏低,尤其是农村劳动力的文化素质堪忧。但随着该县基础设施建设力度的不断加大,酉阳县将成为3小时重庆、4小时长沙的重要交通节点,东南沿海产品进入成渝地域的桥头堡,重庆、成都等地进入东南沿海市场的必经之路。交通的便捷必然会导致经济的迅速腾飞,而经济的腾飞又对人力资源的素质提出更高的要求。正是在这一背景下,酉阳县委、县政府适时提出了人才振兴战略,出台了一系列人才引进与开发政策。补贴到个人的教育培训机制就是这一系列人才引进与开发政策的重要举措之一。酉阳县灵活运用教育培训机制,以培训资金补贴到个人这一举措为抓手,以劳动力市场的需求和现代农业的发展为切入点,切实加大培训课程的改革力度,不断优化教育培训方式,努力提升培训机构的办学质量,最终促进了农村劳动力就业能力的有效提升,一定程度上满足了该县农村经济社会快速发展对人才的需求。

二、扶持培育机制,确保寨沙村民"零失业"

(一) 案例内容

江口县梵净山下、太平河畔有一处侗族村寨,名唤寨沙。这里侗族风情浓郁,自然环境优美,拥有独特的人文景观,具有得天独厚的旅游发展优势。由于没有明确的发展定位,很长一段时间以来一直摘不掉贫困的帽子,全寨年人均纯收入不足1000元。近年来,依托梵净山对外旅游的发展趋势,江口县决定高起点打造乡村旅游扶贫试点,在落后贫困地区努力发挥好自身自然资源优势,发展乡村旅游经济带领本县人民脱贫致富。在探索过程中,寨沙侗寨摸索出一种旅游发展新模式,即"四位一体"寨沙模式。所谓"四位一体",就是"政府+公司+协会+农户"的模式,共同出力积极调动各方投资开发乡村旅游热情,提高侗族群众保护自然资源及发展生态旅游的积极性,使乡村旅游可以持续发展。

开发初期,由于缺少资金,该县政府建立了乡村旅游开发试点工作领导机制,科学制定出《乡村旅游规划》。整合涉农扶贫资金4000多万元,政府给农民补贴和贷款200多万元,解决当地群众启动资金困难的问题,进行旅游基础设施建设。旅游公司加盟后,一是制定农家乐和乡村旅馆管理办法,规范了卫生、收费、安全方面的制度。二是对乡村旅游经营的农户进行旅游知识、服务礼仪、本地民俗文化的业务培训,提高服务质量和农户素质,同时组建文艺演出团队,策划推出大型侗族歌舞节目《月上侗寨》,提升了景区吸引力。三是成立了乡村旅馆合作社,对经营不善的8家农家旅馆采取"公司+合作社+农户"的运营模式,解决了个别农户经营不力的问题。四是加大宣传营销,开通了寨沙旅游网站,在网站上提供旅游指南、出行攻略、查询预订服务,加强了与周边景区的营销合作。五是成立旅游协会,负责处理村民参与旅游开发的各项事务,如旅游公司聘请侗族村民到公司进行景区文艺演出、旅游经营、管理活动,是侗寨乡村旅游发展的后勤保障。

寨沙模式有力地推动了农村经济发展,促进了农民增收。2014年,寨沙侗寨在整体包装与打造宣传后接待游客68.5万人次,旅游收入3980万元,实现了"乘数效应"。村民直接参与乡村旅游经营与服务的有62户、248人,分别占全寨户数的81%、人数的80%;旅游收入744万元,户均收入12万元,人均纯收入3万元。寨沙侗寨的成功对周边乡村旅游业发展起到示范性作用,涌现出云舍、鱼良滩、桃花源、芙蓉坝等一批旅游集群。在武陵山区依托梵净山旅游,全寨人民大胆创新,摘帽脱贫,过上了小康生活。

(二)案例分析

江口县隶属铜仁市管辖,位于贵州省东北部,是联合国"人与生物保护圈"保护网,佛教圣地梵净山在其境内。案例中提到的寨沙村则位于梵净山脚下,是一个具有浓郁侗族风情、优美自然风景及独特人文景观和丰厚旅游资源的传统村落。受传统生产经营方式的制约及缺乏明确的发展定位,该村一直是该县的"贫困大户",该村村民也长期与大山为伍,处于半就业或失业的状态,全寨年人均纯收入不足1000元。为彻底摘除该村贫困的帽子,县委、县政府积极转变发展观念,制定出了一系列包括优化产业结构、转变发展方式和实施绿色发展战略等内容在内的有助于村民脱困致富的扶持培育机制。该村村委会按照这一扶持培育机制的要求,在对全村村民状况进行盘点摸排的基础上,制定出了"大力发展特色优势产业、推动农村土地集约化经营、着力实施'农旅一体化'工程"的脱困致富发展战略。该战略很快得到了铜仁市委、江口县委的积极响应与大力支持。政府不但帮助其制定了《乡村旅游规划》,还积极筹措资金帮助该村村民进行旅游基础设施建设,最终摸索出一条旅游发展新模式。该模式提高了侗族群众保护自然资源及发展生态旅游的积极性,有力地推动了农村经济社会的发展,提升了农村劳动力的就业能力,同时也对周边村寨农村劳动力就业能力的提升起到了榜样示范作用。

第二节 创业能力提升机制的实践案例

一、精准帮扶机制,助推凤凰贫困农户快致富

(一)案例内容

2015年,凤凰县驻村扶贫坚持省、州、县、乡(镇)联动,建立"单位包村、干部包户"的工作责任制,采取"一次性布点,一加一帮扶"的方式,抽调全县229名干部组建102个帮扶工作队,对全县200个贫困村入户走访调查后,明确了要对102个贫困村实施对口帮扶。扶贫力量主攻"山腰"乡镇重点贫困村,集中力量打造高寒区扶贫示范点。帮扶工作队的组长皆是科级干部,队长又从组长中选任。

落实帮扶主体与帮扶对象后,在扶贫资金整合上也加大投入,该县按照扶贫资金与其他资金整合比例不低于 2∶1 的要求,在资金分配利用上,扶贫资金用于投入开发特色产业,整合资金用于投入贫困村的水、电、路、房等基础设施建设。

凤凰县还顺利开展了"扶贫典型示范村"建设,着力建好辣尔山镇的 7 个扶贫攻坚示范村与 2 个扶贫建房示范村。截至 2015 年 10 月底,凤凰县已归集扶贫专项资金 3559 万元,大力推进 6 项扶贫措施到村到户(措施有对象识别、扶贫规划、结对帮扶、产业扶持、教育培训、公共服务),完成投资 1.32 亿元。

(二)案例分析

受地理条件的制约,2015 年,湘西自治州凤凰县的部分乡村还没能摘除贫困的帽子。根据国家《武陵山片区区域发展与扶贫攻坚规划(2011—2020 年)》战略的要求,凤凰县委、县政府积极创新扶贫工作机制,在坚持省、州、县、乡(镇)有效联动的基础上,建立了"单位包村、干部包户"的工作责任制,灵活运用评价衡量机制和精准帮扶机制,对全县 200 个贫困村入户走访调查,确定了 102 个需要精确帮扶的对象。

为切实保障这些需要精确帮扶的对象彻底摘掉贫困户的帽子,县委、县政府以提升贫困对象的就业创业能力为突破口,积极发挥环境孵化机制作用,一是在资金上给予贫困户大力支持,扶持他们开发当地的特色产业,帮助他们扎牢致富的钱袋子。二是充分发挥社会保障机制的作用,积极整合各种帮扶资金,对贫困户所必需的水、电、路、房等基础性就业条件进行优化,从而凸显平台保障机制效应。三是努力彰显教育培育机制和激励激发机制的功效,以示范村建设为切入点,以技能技术培训和公共服务优化等为着力点,通过榜样的示范作用、教育的益智功能、服务的保障效应来积极引导这些贫困户提升就业创业能力,最终走上脱贫致富的道路。

二、公共服务机制,开拓秀山农民致富新思路

(一)案例内容

重庆市秀山土家族苗族自治县的"云智网"商城——"武陵生活馆",是由云智科技贸易有限公司打造的社区电商交易服务平台,专给农户进行土特产交易,采用典型的"O2O"电子商务营销模式——"线下展示交易,线上网络订购"方式,帮助农户实现增收。此网络平台的推出,不仅带动了农户的增收,还能方便快捷地办理生活事务。具体而言,以在乡、县建立旗舰店为货品集配中心、在乡村开立连锁便利店为销售终端、在网上进行土特产品全景展示和无边界经营为特色,拥有覆盖全县、辐射邻县、毗邻乡镇的24小时配送体系,实行"门到门"服务,老百姓不但能网购商品,还能足不出户实现网上缴水电费、购买车票、寄取包裹等人性化服务。

贫困户杨正慧家里养了30只土鸡,一年土鸡的产蛋量为6000颗,她家的土鸡蛋一经社区网站卖掉后,全年收入就有9600元,如果产品无差评,还能另外获得12元利润。农户杨俊也提道:"社区提供场地,云智公司装修,自己通过业务培训后建起了'武陵生活馆'线下店面,村民可以到我的店面购买网站上的日用品,也可以让我帮他们网购,店里还负责回收村民们拿来的农产品,展示在交易平台上出售。"

秀山县以前交通闭塞,物流成本高,商品交换困难,自从修了高速公路、打通网线电缆后,云智公司建立起一体化乡村配送系统直通全县乡村,公司专业的配送团队提供24小时上门服务,通过电商平台与22家快递公司合作,将土特产销往全国。其中,土特产在广、鲁、浙地区卖得最火,土特产销量火爆,更加激发了农户致富热情。

重庆创客公社负责人黎强及西南政法大学副教授蔡斐一致认为,秀山县依托互联网将初级农产品与外界市场紧密联系起来,促进农村产业结构转型升级和县域经济发展,为山区农户致富创造了更多可能。"武陵生活馆"的建立与扶贫攻坚结合起来,最终带动山区老百姓脱贫致富,其经验值

得借鉴与推广。

(二)案例分析

重庆市秀山土家族苗族自治县位于重庆市东南部,武陵山脉中段。受地理条件的制约,该县交通闭塞,物流成本高,农村人口生活条件异常艰苦。为尽快摘除贫困落后的标签,秀山土家族苗族自治县积极响应党中央和重庆市委的号召,拉开了脱贫攻坚战的序幕。该县努力转变工作思路,积极创新工作机制,以交通基础设施的夯实为着力点,充分发挥环境孵化机制的作用,为该县农村劳动力的就业与创业能力提升营造了一个良好的发展环境。

为尽快促进该县农村劳动力创收致富,秀山土家族苗族自治县还以劳动力素质和政府服务质量的提升为着力点,充分发挥平台支撑机制的应有功效,通过"把培训课程送进农家、发放扶持贷款、启动春风行动、优化基本公共服务、推动创业带动就业、实施'互联网+就业创业'"等项目或政策,切实保障该县农村劳动力就业与创业能力提升。案例中所提到的"武陵生活馆",就是该县灵活运用平台支撑机制的典型案例。"武陵生活馆"是秀山土家族苗族自治县政策制度和服务体系创新式发展的必然结果。为有效保障"武陵生活馆"等类似服务平台的生成,秀山土家族苗族自治县十分注重发挥平台支撑机制的作用,一是积极运用报刊、广播、影视、演艺、网络、动漫等传媒手段,努力转变农村劳动力传统的思想观念,从而营造一种促进农村劳动力创新创业的良好舆论氛围。二是重视对农村劳动力的职业培训,通过就业创业信息平台的创建、网络技术能力的提升等途径,努力提高农村劳动力的职业素质、信息化水平和市场经营能力,进而在便捷服务的不断提供中、经济收入的不断增长中切实提升农村劳动力的就业创业能力。

三、收益分配机制,助力高家湾村共富裕

(一)案例内容

德江县堰塘乡高家湾村位于铜仁市的东北部,受交通不便等因素的影

响,几年前的高家湾村,年轻力壮的村民几乎全部外出务工,上千亩土地撂荒,年人均收入仅5000多元,是一个比较突出的贫困村落。

为彻底扭转这种局面,高家湾村党支部按照市委、市政府的要求,围绕"休闲、观光、科普、体验"主题,以产业模式调整为抓手,以打造山地农业综合体为战略发展目标,努力革新收益分配机制,成立了以"三变"(资源变资本、资金变股金、农民变股东)促"三金"(租金、股金、薪金)的"三金"农民专业合作社。"三金"农民专业合作社的成立是以抓好农村土地确权登记颁证工作为发展基础、以推进农村土地承包经营权流转工作为资源依托、以培育新型农业市场经营主体为智力保障、以发展现代山地高效农业为路径导向、以充分发挥基层战斗堡垒作用为组织保障的新型农村经济发展模式。该发展模式使该村农民人均纯收入从2012年的5757元上升到2016年的13500元,"三金"收入占农民总收入的95%,有效促进了农业增效、农民增收、农村发展。

(二)案例分析

高家湾村的发展难题与武陵山区许多其他的山村有着极大的相似之处。也就是说,高家湾村的"三金"发展模式对其他村的发展具有很大的借鉴意义。"三金"发展模式本质上就是一种收益分配制度的创新,是收益分配机制在农村地区发展的必然结果。收益分配机制强调要建立合理性的土地增值收益分配制度、层次性的创业效果收益分配制度和统筹性的市场运作收益分配制度,进而确保农村劳动力创业能力的不断提升。高家湾村的"三金"发展模式通过"租金"的形式构建了合理性的土地增值收益分配制度,通过"股金"的方式建立了层次性的创业效果收益分配制度,通过"薪金"的办法发展了统筹性的市场运作收益分配制度,引起了农村劳动力留在家乡发展的兴趣,激发了农村劳动力在家从事创业活动的积极性,进而促使更多的农村劳动力为获取更多的土地收益而不断通过教育培训等多种途径来完善自我,最终有利于农村劳动力就业创业能力的不断提升,成为"土地经营者""职业工人""产业股东"等名副其实的现代新型农民。

四、风险防控机制,永驻天缘峰新气象

(一)案例内容

铜仁市坚守绿色发展和生态保护两条底线,以《贵州省茶产业提升三年行动计划》和《铜仁市茶产业提升三年行动计划》等文件精神为指导,按照"强基地育主体、重加工提质量、融文化创品牌、扩市场抓销售"总体思路,努力推动茶叶产业的发展。截至2016年,全市的茶叶种植面积已达160万亩,比10年前整合增加了100多倍。全市有万亩茶叶乡镇63个、万亩茶叶村10个,有茶叶加工企业492家,带动茶农16.5万户、共33.6万人从事茶叶产业。

在这一大好的发展势头面前,该市辖属的沿河县中界乡天缘峰农民专业合作社拟建设天缘峰生态农旅产业发展示范园,吸收当地的返乡农民工和大中专毕业生,充分调动当地村民的工作积极性,用现代经营模式推进农业,努力创建生态优、百姓富、环境美的可持续发展之路。

(二)案例分析

从案例中可以看出,虽然铜仁市茶叶生产取得了可喜的发展成绩,吸引了大批农村劳动力就业创业。但也存在生产结构单一、产量随意扩大、品牌不突出等市场隐患。沿河县中界乡天缘峰农民专业合作社洞察到这一点,未雨绸缪,用现代经营模式推进茶叶产业发展,将1200亩生态茶园打造成集休闲度假、观光、旅游和产业发展于一体的多功能场所和沿河县休闲现代农业的生态长廊。这一举动,本质上是风险防控机制运行的必然结果,是对铜仁市茶叶产业发展整体形势进行适时监控后所采取的改良举措,建立在经营者对《铜仁市"十三五"促进城乡就业创业专项规划》之精神认真领会的基础之上。这从另一个侧面也说明,建立政府主导型的就业创业风险防控机制已迫在眉睫。因为这一风险防控机制不但能通过就业创业方面的法律法规和规章制度等充分保障农村劳动力各种合法权益,从而促使更多在

外务工的劳动力返乡就业创业,而且还能把农村劳动力就业创业风险降到最低,进而促使更多的农村劳动力不断通过教育培训、实践尝试等方式提升自己的就业创业能力。

五、环境孵化机制,推动黄柏村新发展

(一)案例内容

黄柏村隶属湖北省来凤县三胡乡,主要居住着苗族、汉族、土家族,苗族所占比重最大,占总人口的70%。全村面积16309.5亩,共有劳动力1253人。该村在县委、县政府的正确领导下,以农民增收为核心,高起点规划、高标准要求、高效率落实,扎实推进新农村建设。

黄柏村以新农村建设和黄石景区建设为龙头,借助生态文明示范村和农业综合开发项目,不断改善农村基础设施建设。一是以黄柏旅游名村建设为中心,争取各类资金近千万元,狠抓"五个一"工程(即一个新寨门、一个接待中心、一个新村委会、一条循环路、一个杨梅观光园),黄柏村生态文化旅游景区已初步建成。二是进一步加强农村水利设施建设。对辖区内的山塘、渠道、泵站进行维修,实施了金盆水库除险加固工程。三是争取各类项目资金,不断完善黄石景区内道路、绿化带、公厕、路灯、水电等旅游基础设施和配套设施。四是以自然院落为依托,按照保护一批、改造和提升一批、新建一批的要求,打造了50户特色民居。

黄柏村以保护和传承民族文化为突破点,建设文化新农村。一是以挖掘特色文化为重点,围绕"八古"文化(古寨、古站、古庙、古树、古桥、古道、古墓、古戏),打造"五个一"精品工程(一台戏、一部宣传片、一本宣传画、一套解说词、一块LED显示屏);二是加大文化投入,通过成立社区腰鼓队、土家摆手舞队,购置配备专业音响设备,开通无线广播等举措,常年开展南剧、挑花灯、柳子戏等演出活动,大力传承民族文化;三是加强培训力度,通过建立农村文化室和农家书屋,加大对民族文化精品的普及培训力度,民族传统文化与现代文明相得益彰,共同发展。

黄柏村以平安乡镇、平安村(社区)、平安单位、平安家庭创建为载体,大力开展平安创建活动,努力提高人民群众的安全感和对社会治安的满意度,建设和谐新农村。将文明乡镇、和谐村庄、五好家庭、十星级文明户等评选活动与民族团结进步创建活动有机结合,同时坚持开展惩恶扬善活动,加强对矛盾纠纷的排查和调处,把各种矛盾纠纷化解在基层、化解在萌芽状态。

经过坚持不懈的努力,该村近年来被评为省民族团结进步示范村、省旅游名村、省"十佳民族特色村寨"、县生态文明示范村。全村的人均收入比以前有了很大的增长,村民的幸福生活指数显著提升。

(二)案例分析

为彻底摘除贫穷落后的帽子,黄柏村村委在来凤县委、县政府的正确领导下,不断调整改革思路,制定了以农民增收为核心的《黄柏村特色村寨保护和发展规划》,通过和谐新农村建设和文化新农村建设等途径,依托多种宣传手段,在全村营造了一种协调和睦的劳作关系、舒适快捷的生活环境和高效健康的文化服务环境,取得了很好的社会效应,达到了有效提升该村劳动力就业创业能力及脱贫致富的目标。从案例材料中可以看出,黄柏村的众多改革举措,其本质均属于环境孵化机制改革运作的范畴,是灵活运用环境孵化机制的必然结果。环境孵化机制的创新追求的是平等的劳动工作环境、便捷的人才配置环境、舒适的居家生活环境、高效的文化服务环境和健康的社会舆论环境,而这一环境的营造需要协调和睦劳作关系的构建、城乡一体化人才机制的健全、农村基础设施建设的加强、公共文化服务体系的完善和宣传媒体推介力度的加大等办法来加以保障。案例中黄柏村的大多改革举措,其实就是这些办法的具体应用,是有利于农村劳动力就业创业能力提升及脱贫致富目的达成的。

六、社会保障机制，促进黔江经济大发展

（一）案例内容

近年来，为了活跃农村经济，提高农民收入，推动农业加快发展，黔江区在完善农村社会保障和坚持家庭承包基本政策不变以及保障农户土地承包经营权的前提下，积极创新土地流转模式，探索建立土地流转市场。截至2016年7月底，黔江区农村土地流转率达30.7%以上。这样的成绩得益于近年来农村社会保障制度的不断完善，包括农村医疗保障制度、农村养老保险制度和义务教育制度。黔江区政府在调查研究的基础上，不断完善农村社会保障制度，并在农民中积极宣传社会保障制度和土地流转制度，使农民解除了后顾之忧，积极参与到土地流转中来。据了解，过去土地流转主要在农户之间进行，黔江区通过引进业主，采取土地集中流转、规模开发模式，现在除农户外，有更多的农业企业、农村专业合作社等参与土地流转。以三磊田甜农业开发有限公司为例，该公司于2010年投资4亿元建设仰头山现代农业示范园区，占地总规模2万亩，截至2014年底，已通过集中土地流转建成标准化猕猴桃基地1万亩。与此同时，黔江区在土地流转过程中还综合考虑耕地分散、耕作劳动强度大的实际情况，注重与农业生产力水平、产业发展特点和农村劳动力状况相适应，有序发展农业适度规模经营。例如，黔江区水市乡根据区域优势和产业特点，调整产业布局和种植结构，在宜烟区推广"烟菜轮作"种植模式，非宜烟区发展"一村一品"，主要为反季节蔬菜、中药材、绿茶、优质水稻等产业为主的高效特色效益农业。目前，该乡有烤烟、有机稻、高山反季节蔬菜、牡丹、猕猴桃等专业合作社。此外，黔江区土地流转形式也由早期的代耕、互换形式逐步转向转包、租赁、入股、互换、转让等多种形式。通过市场引导农村土地经营权合理有序流转，黔江区有效提高了农业产业化、规模化经营水平。

（二）案例分析

黔江区东临湖北省恩施土家族苗族自治州咸丰县，西接彭水苗族自治

县,南连酉阳土家族苗族自治县,北接湖北省恩施土家族苗族自治州利川市。2014年,黔江区辖区面积2402平方千米,辖6个街道、12个镇、12个乡。据2021年第七次人口普查数据,黔江区全区常住人口48.7万人,其中以土家族、苗族为主的少数民族人口占总人口的70.7%。黔江区为全国农业标准化示范县,获得过"全市退耕还林工作先进区""最具风情民俗文化旅游目的地""全国农村饮水安全工程示范县""全国平安铁路示范区"等荣誉称号。黔江区在宣传农村土地流转政策时,一开始农民是不太愿意流转土地的,据调查,主要是农民担心土地被变相回收,担心失去土地经营权后生活保障和养老保障问题等。为此,黔江区在做好农村社会保障工作的基础上推动土地流转模式创新,在土地流转中保持家庭联产承包政策不变,保留土地所有权归农村集体所有,实现农村土地经营权的流转。这种农村土地"三权分置"的模式再加上农村社会保障制度的完善,使农民主动参与到土地流转工作中来,从而极大地提高了土地流转工作的效率。黔江区通过引进农业企业和组建农业生产合作社等方式,推动该区域内农村土地经营权的流转。土地流转形式也出现了多元化的趋势,包括转包、租赁、入股、互换、转让等。从政府的层面来讲,通过完善农村社会保障制度和农村土地产权制度,从制度方面解除了农民的后顾之忧。从农民个人的层面来讲,一方面,土地流转后,农村劳动力从自有的土地中解放出来,可以在规模化经营的农场中做工,也可以通过参与职业培训从事其他行业的工作,从而提高农村劳动力的就业能力;另一方面,土地的流转可以给部分农民提供从事农业适度规模经营的创业机会,也可以提供相关涉农产业的创业机会,从而提升农村劳动力的创业能力。

总之,农村就业与创业能力提升是一项复杂的工程,不管是政策层面的引导、资金层面的支持,还是技术的帮扶,也不管是教育层面的保障、环境方面的优化,还是素质层面的要求,都需要社会各界共同的努力才能凸显机制的保障作用,最终提升农村的就业与创业能力。

第七章　武陵山区农村劳动力就业创业能力提升的政策建议

第一节　高度重视就业创业能力提升机制研究的价值与意义

一、创新提升机制是构建新型城乡关系的基本保证

"形成以工促农、以城带乡、工农互惠、城乡一体的新型工农城乡关系",是党中央在充分尊重国情和民情的基础上作出的重大决策部署。这一重大决策部署的实现需要数量众多、具备某项专业技能的劳动力加以保障。农村劳动力就业与创业能力的提升,离不开一个科学有效的提升机制。为此,各级政府应充分认识到能力提升机制的重要作用,把机制创新作为实现以工促农、以城带乡、逐步缩小城乡差距、构建新型城乡关系的基本保证,采取区域联动、上下联动、节点联动等方式,以农村劳动力就业与创业能力提升为切入点,加大机制创新力度,制定并出台能有效提升农村劳动力就业与创业能力的培育机制。

二、创新提升机制是实施乡村振兴战略的重要保证

乡村振兴战略,是党的十九大提出的重大发展战略,也是今后相当长一段时期内我国整体经济工作,尤其是农村经济工作发展的重要任务。乡村

振兴战略的实施,从根本上来说首先应是乡村建设人才的振兴。乡村建设人才的振兴需要以家庭农场、体验农庄、观光农业等新型农业经济的发展为抓手,以农业供给侧的深度改革为突破口,以农业经纪人、乡村建设主体、乡愁文化传承人、乡村管理队伍等乡村建设领雁人建设为重点,并把他们培养成具有一技之长、会管理、善经营的新型职业农民。这些新型职业农民的培养,是建立在农村劳动力就业与创业能力能满足农村经济社会发展要求的基础之上的,农村劳动力就业与创业能力的提升需要一个合适的能力提升机制来加以保障,为此,能力提升机制的创新就成为顺利实施乡村振兴战略及建设美丽乡村的重要保证了。

三、创新提升机制是促进各民族繁荣发展的有效保证

农村劳动力的就业与创业能力水平是影响其收入水平、生活质量、文化程度、居住环境的核心因素。只有该地区农村劳动力的生活水平显著提升了,各民族繁荣发展的目标才能有效得以保证。因此,建议武陵山区各级政府出台一些有利于民族地区繁荣稳定的教育培训机制、创新激发机制、评价衡量机制等培育机制,并通过机制创新之途径促进该民族地区的繁荣与发展。

四、创新提升机制是维持民族地区和谐稳定的根本保证

长期的贫困、落后不但致使武陵山区的可持续发展能力严重滞后,还滋生了暴力抗法、聚众滋事等严重影响民族地区团结的现象。通过城乡发展机制、土地流转机制、精神动力机制等机制创新,提升该地区农村劳动力的就业与创业能力,能有效改善该地区农村人口的生活水平与生活环境,切实提高他们的文化素质与法制观念,最终在民族和睦共处、区域协调发展之和谐社会的建构及关注民生、彰显福祉之人文关怀下维持民族地区的稳定、和谐与繁荣。

第二节　整体把握就业创业能力提升的情况与问题

一、就业能力提升的现实情况与问题特征

武陵山区农村劳动力的就业态势正呈现外输旺盛、内求优化的发展特点。在今后很长的一段时间,不仅其外出务工的浪潮会依然保持强势,并呈现高移化、两端化、族群化等发展特征,其在家就业的发展势头也会在向强趋势中不断得到改良,并表露出多元化、高龄化、科技化等发展特征。不仅如此,这两大发展特征还会伴随该地区经济结构的不断调整、人才市场的不断优化等变革活动,通过此消彼长、相互促进等博弈方式,不断促进该地区农村劳动力就业能力的持续提升。不过,调查结果也显示,该地区的农村劳动力还存在"不但在家就业的农村劳动力深陷纠结与无奈之尴尬发展境地,而且外出就业的农村劳动力也表露出乏力与寡助的两难交织景象"等问题。

二、创业能力提升的现实情况与问题特征

研究表明,当前武陵山区农村劳动力的创业能力提升态势正呈现出内蓄动力、外谋方略的发展特点,在今后的很长一段时期内,其创业动机会持续保持强劲的发展势头,并不断呈现出情感性与价值性兼容之发展特征,其创业方略也会在创业情景的不断好转中表露出协作化与理性化贯通之发展特征。但统计分析结果也显示,该地区的农村劳动力还存在"不但支撑他们持续创业的底蕴内涵欠夯实,而且连影响他们顺利创业的软硬件资源都欠完备,甚至保障他们圆满创业的情境氛围也欠舒畅"等问题。

鉴于此,各级政府应在整体把握农村劳动力就业与创业能力提升过程

中所表露出的发展特征及存在问题的基础上,实事求是地分析这些问题的成因,同时结合农村劳动力就业与创业能力的发展特征,加大创新力度,进而有的放矢地制定有利于农村劳动力就业与创业能力提升的促进机制。

三、就业与创业能力提升的机制障碍与问题归因

虽然武陵山区农村劳动力就业与创业能力提升过程中所遇到的问题较多,但这些问题的实质大多归属于机制范畴。这就意味着,这些问题的本质是机制性障碍。研究表明,影响该地区农村劳动力就业与创业能力提升的机制性障碍主要包括"输出式的农村教育机制、翻身式的精神动力机制、单向型的城乡发展机制、缺位式的公共服务机制、后补式的政府干预机制、散漫式的市场导向机制、僵化式的土地流转机制"等内容。鉴于此,建议各级政府在制定劳动力开发政策时,一定要结合本地区农村劳动力就业与创业能力的发展特征,切实厘清其提升过程中所遇到的机制性障碍,进而制定出针对性强的能力提升措施。

第三节 科学架构就业创业能力提升机制的建构内容

一、就业能力提升机制的建构内容

就业能力是一种将专业知识、动作技能、情感态度、身体素质、思想品质、民俗文化、民族个性等要素深度融合与科学统整而形成的复杂能力体系。作为一种复杂能力体系,保障其有效提升的促进机制必然也会具有其自身的发展特点。也就是说,促进机制的建构内容必然会表征出与众不同的构成属性。为此,建议各级政府在充分明晰这些促进机制之建构内容的基础上,一是建构一个包括"优化培训主体、明确办学目标、创新培训方式、凸显办学魅力、完善鉴定机制、健全办学体系、开展就业教育、做好职业规

划"等内容的教育培训机制来促进农村劳动力就业能力的提升。二是从政府管理层面和社会舆论层面建构一个包括奖罚激励措施等内容在内的激励促进机制来提升农村劳动力就业能力。三是建构一个包含"构建高效的组织领导体系、优化政策制度体系、建立就业信息服务中心、建立城乡统一的劳动力市场、转变农村劳动力的思想观念、营造良好的就业舆论氛围、促进武陵山区农村社会经济的发展和完善现代农业支撑服务体系"等内容的社会保障机制,保障农村劳动力就业能力提升的质量与水平。

二、创业能力提升机制的建构内容

创业能力是一种融个体资源和社会资源于一体,通过聚集于一个"创"字等途径来影响个体创业活动的效益并促进其创业活动顺利展开的能力。为有效提升武陵山区农村劳动力的创业能力,重构促进其能力提升的机制内容就显得十分必要了。鉴于此,建议各级政府在深刻领悟创业能力本质内涵及其促进机制建构内容的基础上,一是建构一个包含"做好顶层设计、强调方向指引、优化实施办法、重视监督评估"等内容的精确帮扶机制来促进农村劳动力创业能力的提升。二是建构一个包含"要在农村产业规模化、现代化进程中提升武陵山区农村劳动力的创业能力,要在农村产业生态化、特色化进程中提升武陵山区农村劳动力的创业能力"等内容的激励激发机制来保障农村劳动力创业能力的提升。三是建构一个包含"健全城乡一体化人才机制,营造更加便捷性的人才配置环境;创新农村公共文化服务体系,营造更加高效的文化服务环境;加大宣传媒体推介力度,营造更加健康的社会舆论环境"等内容的环境孵化机制来催生农村劳动力的创业能力。四是建构一个包括"完善涉农产业职业准入制度,建立健全区域协调化的职业鉴定机制,整合部门资源,健全创业风险防控机制"等内容的社会保障机制来提升农村劳动力的创业能力。五是建构一个包含"以意识提升培育监管的自觉性、以社会监督增强监管的有效性、以制度建设保障监管的规范性"等内容的多元监管机制来培育农村劳动力的创业能力。六是建构一个包含"建立合理性的土地增值收益分配制度、建立统筹性的市场运作收益分配制度"等内容的收益分配机制来激发农村劳动力的创业能力。

三、就业与创业能力提升机制的建构内容

考虑到就业与创业能力本质内涵及其构成要素等的特殊性,建议各级政府在出台各类促进农村劳动力就业与创业能力提升的发展政策时,一定要充分理解就业与创业能力本质内涵及其促进机制建构内容。一是要建构一个由"个体自身素质界域的评价指标"和"专业技能修养层面的测量参数"两大内容构成的个体资源层面的先进评价指标,建构一个由"经营管理素质层面的评价指数"和"市场行为素质层面的测量参数"组成的社会资源层面的合理评价指标,由这两个评价指标组成科学有效的能力提升评价衡量机制来保障农村劳动力就业与创业能力的提升水平与质量。二是要建构一个包括"政策制度"和"服务体系"两大内容的政府层面要素、包括"农村劳动力的思想观念"和"个人素质"两大内容的个体层面要素及包括"社会舆论环境""地区经济社会发展""社会保障体系"三大内容的社会层面因素架构而成的、效果显著的公共服务机制,来催生农村劳动力的就业与创业能力。三是要通过完善感恩式的精神动力机制、优化统筹式的城乡发展机制、构建预防式的政府干预机制、健全调控型的市场导向机制、构建积极型的农村土地流转机制等来化解农村劳动力就业与创业能力提升的机制障碍。

第四节 准确掌控就业创业能力提升机制的创新路径

一、就业能力提升机制的创新路径

建议各级政府在切实理解就业能力本质内涵的前提下,通过机制创

新及认清创新路径之办法,切实提升武陵山区农村劳动力的就业能力。具体而言,促进武陵山区农村劳动力就业能力提升的保障机制可遵循以下的创新路径。一是通过优化农村教育结构,夯实农村教育基础,创设反哺式农村教育机制等办法加以创新。二是通过加大道德宣传力度,改变农村劳动力"离农、弃农、厌农"的发展理念,加强思想素质建设,扫清农村劳动力就业能力提升之思想障碍,努力完善感恩式精神动力机制等方式加以创新。三是在坚持全面发展战略方针的基础上,通过完善城乡就业保障体系,切实加强城乡统筹工作,建立健全城乡一体化发展机制等活动加以创新。四是通过健全公共服务体系,凸显地方政府的主导作用,优化公共服务体系,建立主导型的公共服务机制等办法加以创新。五是通过创新社区发展模式,完善社区文化体系,发展前瞻型社会保障机制等办法加以创新。

二、创业能力提升机制的创新路径

考虑到创业能力的提升要求明显高于就业能力,因此保障创业能力提升水平与质量的促进机制也必然有所不同。建议各级政府在"大众创新、万众创业"的大背景下,以农村劳动力创业能力的有效提升为切入点,选取合适的创新路径,切实加大能力提升机制的创新力度,以政策、制度、法规等的出台与优化为抓手,不断强化农村劳动力创业能力的开发力度。一是针对农村劳动力的能力层级性,灵活设计创业能力的培育体系,为农村劳动力创业能力的提升提供更多的机会。二是紧扣农村劳动力的劳力异质性,提升农村劳动力的人力资源存量,夯实农村劳动力创业能力提升的基础。三是根据武陵山区的区域差异性,切实改善山区农村劳动力的创业条件,为农村劳动力的创业活动提供更多的可能。四是大力彰显元素的现代性,不断拓展武陵山区农村劳动力的创业空间,切实延长农村劳动力的创业链条。五是积极凸显政府的公信力,出台农村劳动力的创业保障政策,优化农村劳动力创业能力提升的制度环境。

三、就业与创业能力提升机制的创新路径

前文已经提到,就业与创业能力其实就是一种将个体资源和社会资源深度融合与科学统整而形成的呈复杂结构形排列的能力包。该能力包与就业能力、创业能力的提升要求显然不同。也就是说,要科学而高效地提升该地区农村劳动力的就业与创业能力,当务之急就是要准确掌控该能力促进机制的创新路径,并通过走平台助推型的机制创新之路来促进该能力的有效提升。具体来说,各级政府要宏观统筹,科学搭建农村劳动力就业与创业培训平台,走农民素质提升型创新之路;要实事求是,科学搭建农村劳动力就业创业实践平台,走实践磨砺型创新之路;要贴近基层,科学搭建农村劳动力就业创业服务平台,走产业项目孵化型创新之路;要协调疏通,科学搭建农村劳动力就业创业融资平台,走金融政策保障型创新之路;要加强沟通,科学搭建农村劳动力就业创业协同平台,走区域联动型创新之路;要重视宣传,科学搭建农村劳动力就业创业示范平台,走模范典型宣传型创新之路。

总之,考虑到武陵山区特殊的地理位置及民族文化特征,通过提升农村劳动力的就业与创业能力等办法促进该地区经济社会的健康持续发展已成为必然。要想切实有效地提升该地区农村劳动力的就业与创业能力,建构一套适合武陵山区经济社会实际情况的提升机制十分必要。这些提升机制及创新路径的实际效果,还有待各级政府在实践中加以验证。

第八章 研究结论与展望

第一节 研究结论

一、研究的意义与价值

针对西部地区农村劳动力就业创业方面所存在的"返乡就业成功率低、创业的劣势与威胁大于优势和机会、农村劳动力创业政策及创业服务体系有待完善"等现实问题及当前有关此方面所取得的诸如"以农村土地流转为创业换取资金、加强西部地区农村劳动力创业培训工作、成立农民创业组织、提供创业信贷资金"等推动西部地区农村劳动力就业创业能力提升之有效途径等研究成果,本书基于提升农村劳动力就业与创业能力是"构建新型城乡关系的基本保证、实施乡村振兴战略和建设美丽乡村的重要保证、促进各民族繁荣富强的有效保证、维持民族地区和谐稳定的根本保证"这四大意义诉求,立足于"武陵山区属于典型的集'老''少''偏''山''穷'于一体的西部落后地区,其农村劳动力基数虽庞大但大多只能满足粗放型产业经济之发展需求"这一客观事实,以"为了充分保障'武陵山经济协作区'战略构想的实现,就需要培育大批懂技术、会经营、善管理、能沟通的高素质人才,而此类人才的培养离不开一个结构合理、运作有效的提升机制"作为逻辑起点,从"武陵山区农村劳动力就业与创业能力提升机制之建构内容、武陵山区农村劳动力就业与创业能力提升之机制障碍、武陵山区农村劳动力就业与创业能力提升机制之创新路径"等研究重点发力，试图通过理论建构及实践验证等途径来彰显"民族和睦共处、区域协调发展之和谐社会建构的需求及关注民生、彰显福祉之人文关怀的写照"等研究价值。

二、研究的理论基础

无论是理论的引领，还是经验的借鉴，都只是研究的凭借而已。真正影响整个研究进程的核心因素是就业与创业能力提升机制的理论根基。为切实厘清本研究的理论根基，借以为后续的研究做好铺垫及打下基础。本书在科学界定就业能力、创业能力和就业与创业能力之核心概念的基础上，以我国人力资源的开发功能变革特征及贵州省"三化同步"战略的实施为研究依托，对制度变迁理论、人力资源需求、经济社会发展、职业教育功能之间的互动关联进行了探讨，并得出以下几个方面的研究结论。

1. 在就业能力、创业能力、就业与创业能力之本质内涵层面。"就业能力"就是一种将专业知识、动作技能、情感态度、身体素质、思想品质、民俗文化、民族个性等要素深度融合与科学统整而形成的复杂能力体系，是一种能够帮助劳动者实现圆满就业愿望的、具有主动性与自愿性等特征的能力包。"创业能力"是融个体资源和社会资源于一体，通过聚集于一个"创"字等途径来影响个体创业活动的效益并促进其创业活动顺利展开的某种能力。这种能力一般会受计划能力、探索精神、冒险意识、民族特性、控制能力等个体资源及社会环境、舆论氛围、历史文化、区域特征、民族习俗等社会资源的影响。就业与创业能力其实就是一种将个体资源和社会资源深度融合与科学统整而形成的呈复杂结构形排列的能力包。该能力不仅由需要、动机、兴趣、信誉、民族习性、价值取向、综合体能等个体自身层面的元素和专业识别、技能习得、岗位体验、专业情感、专业特长、专业特色、技能升华、技能变异等专业技能修养领域的要素构成，还由包括自我认识、计划控制、风险规避、信息处理、组织指挥、分析决策、独立意识、自我推销等元素在内的经营管理要素以及包含民族禀性、心理调适、执行判断、区位特征、信息流通、人脉网络、沟通协调、组织集会、合作交往等元素在内的市场行为要素组成。值得注意的是,该能力包还会受到微观个体层面的价值观念、专业技能、教育程度和经管素质等制约因素及宏观社会层面的市场情景、家庭环境、社会条件和政府支持等影响要素的掣肘。

2. 人力资源开发功能的变迁历程。社会转型时期职业教育之人力资源开发功能经过了由"以民族社会生存功能为主"向"以人力市场调节功能为主"再向"以人格品性塑造功能为主"的嬗变过程。其中"以民族社会生存功能为主"的嬗变过程表征的是一种"上下融合"型的制度变迁轨迹,而"以人力市场调节功能为主"的嬗变过程则呈现出一种"自上而下"型的强制性制度变迁路径,至于"以人格品性塑造功能为主"的嬗变过程则更多彰显的是"先下后上"交替型的制度变迁痕迹。但不管是何种路径的制度变迁历程,他们都对职业教育人力资源开发功能的不断优化起到过保障与促进等作用。

3. 从职业教育与人力资源需求的互动关联来看。人力资源需求是职业教育大力发展的助推器,而职业教育则是人力资源需求得以有效满足的保障源,职业教育发展与人力资源需求之间是一种相辅相成、相互促进的理性互动关系,人力资源需求既为职业教育提供了新的发展机遇,同时也对职业教育提出了均衡发展的新要求。

4. 在职业教育与人力资源需求的运行机理层面。首先,从职业教育发展定位与人力资源需求结构之关联上来看。人力资源需求结构主要取决于经济结构中的产业结构和技术结构,产业结构决定着人力资源需求的类型,技术结构决定着人力资源需求的层次。所以产业结构、技术结构的发展变化会要求职业教育体系和结构与之相适应。也就是说,职业教育要对其自身的发展准确定位,紧紧围绕"三化同步"战略背景下人力资源需求的结构和类型进行办学进程的调整,并结合国家实施"三化同步"战略之经济结构中产业结构和技术结构的发展需要,着力培养技术型和应用型人才。其次,从职业教育发展程度与人力资源需求层次上来看。职业教育发展程度是指职业教育内部根据教育程度和水平的高低而划分的层次及其相互关系,它呈现出一种纵向结构型的外在表征。其主要目的在于促进经济结构、产业结构、技术结构与职业教育层次结构的协调发展。这就是说,合理的职业教育层次结构有助于形成合理的劳动力供给结构。但人力资源需求的层次结构却是由经济结构中的技术结构所决定的,所以产业结构的优化升级势必会对劳动力技术水平提出更高的要求,进而要求职业教育提供更高层次的人才。这就意味着,不但技术结构影响着职业教育的起点和层次,而且产业技术水平的优化升级也要求职业教育为其提供智力支持。最后,从职业教育专业结构与人力资源需求变化上来看。职业教育的专业结构受社会生产分工和社会职业结构的制约。衡量专业结构是否合理的根本标准是职业教育专业结构是否同社会经济发展相适应,尤其是专业人才结构是否与产业人才需求结构相协调。[1]

5. 在职业教育与人力资源需求互动之保障机制层面。构建专业设置的市场导向机制是人力资源需求与职业教育发展的供需保障,构建互利双赢的多边协作机制是人力资源需求与职业教育发展的培育保障,构建资源优化的统筹管理机制是人力资源需求与职业教育发展的调节保障,构建人才培养的多元沟通机制是人力资源需求与职业教育发展的反馈要求。

6. 在职业教育促进人力资源发展之有效模式层面。发展职业教育可以促进就业和改善民生以及培养新型职业农民,借以推进农业现代化。但职业教育要想实现这些目标,一是要因地制宜,努力创新集团整合型、城乡职教一体化、产业园区化等职业教育办学模式;二是要校企合作,积极探索"订单式""工学交替式""三段式"等校企合作型及"结合区域内产业特点、深化校企合作程度"等产学研一体化职业教育人才培养方式;三是要市场

---

[1] 郜玉艳、梁成艾:《人力资源需求与职教发展的关联、机理和机制研究》,《教育与职业》2013年第30期。

主导,科学建构"以市场需求为导向、以能力培养为中心、以科学方法为指导"的实践导向型,"建立面向人才市场的动态专业调整机制、开发特色化的立体多元教材体系、优化需求导向的教学评价体系"的需求导向型,"多元化经费投入之经费筹措机制、与行业协会协作之技术保障机制、开放的信息交流平台之信息保障机制"等就业路向型的职业教育教学模式;四是要与时俱进,不断完善"增强教育脱贫观念、增加财政资金投入、加大人才引进力度、关注务工人员再就业"等职业教育扶贫开发模式。

7.从职业教育促进经济社会发展之功能层面来看。职业教育可以通过优化人才结构,为区域经济发展提供人才支撑保障,而职业教育培养的人才又有利于先进技术的不断供给,进而为区域经济发展提供技术升级动力,而技术升级动力的不断增强,又会要求职业教育不断通过开拓创新等途径来优化教育质量,进而为区域经济发展提供持续升级的动力。除此之外,职业教育的发展还能够为经济社会发展提供具有较高知识水平和职业技能水平的人才,而合理配置这些高素质劳动力资源则有利于促进企业劳动生产率的提高,进而为区域经济发展提供效率支持保障。

三、提升现状与存在问题

为有效凸显研究的针对性与必要性,借以提升整个研究结论的信度与效度,研究设计了针对性强的调查问卷,还在问卷的基础上增补了访谈提纲。设计调查问卷和增补访谈提纲的主要目的是切实了解武陵山区农村劳动力就业与创业能力的提升现状,找出其中存在的问题与矛盾,并在充分透析问题根源与矛盾症结的基础上为该地区农村劳动力就业与创业能力之提升机制的创新尝试提供事实依据。在此基础上,笔者通过对收集到的调查问卷和访谈记录进行认真分析后发现,当前,武陵山区农村劳动力在就业能力提升方面存在"就业态势正呈现出外输旺盛、内求优化"的发展特点。在今后很长的一段时间内,外出务工者的浪潮依然会保持强劲,并不断呈现出高移化、两端化、族群化等发展特征,在家就业者的发展条件也会不断得到改良,并逐渐表露出多元化、高龄化、科技化等发展特征。与此同时,该地区农村劳动力在创业能力提升方面也存在"内蓄动力、外谋方略"的发展特点,在今后的很长一段时间内,不仅其创业动机会持续保持强劲的发展势头,并不断呈现出情感性与价值性兼容之发展特征,而且其创业方略也会在创业情景的不断好转中表露出协作化与理性化贯通之发展特征。然而,调查研究也发现,该地区农村劳动力不仅在就业能力提升现实方面存在"在家就业者深陷纠结与无奈之尴尬发展境地,外出就业者也表露出乏力与寡助之两难交织景象"等困难,在创业能力提升方面也凸显出"支撑他们持续创业的底蕴内涵欠夯实,影响他们顺利创业的软硬件资源欠完备,用来保障他们圆满创业的情境氛围也欠舒畅"等问题。

四、提升机制的障碍内容

受武陵山区特殊的地理位置及独特的民族禀赋的影响与制约,武陵山区农村劳动力就业与创业能力提升面临一系列困难与问题。虽然导致这些问题产生的诱因众多,但大多是一些机制性障碍,而这些机制性障碍又主要包括"输出式的农村教育机制、翻身式的精神动力机制、单向型的城乡发展机制、缺位式的公共服务机制、后补式的政府干预机制、散漫式的市场导向机制、僵化式的土地流转机制"等内容,它们严重影响了武陵山区农村劳动力就业与创业能力的提升质量与水平。

五、提升机制的建构内容

考虑到就业能力、创业能力、就业与创业能力三者之间的差异性和关联性,研究基于破解机制性障碍之逻辑起点,从以下三个方面对其提升机制的内容进行了探讨。

1. 农村劳动力就业能力提升机制的建构内容。首先,应建构一个包括"优化培训主体、明确办学目标,加大培训投入、提高办学效率,改革培训内容、提高办学质量,创新培训方式、凸显办学魅力,完善鉴定机制、健全办学体系、创新管理模式、明确办学责任,开展就业教育、做好职业规划"等内容的教育培训机制。其次,应从政府管理层面和社会舆论层面建构一个包括奖罚激励措施等内容的激励促进机制。最后,应建构一个包括"构建高效的组织领导体系、优化政策制度体系、建立就业信息服务中心、建立城乡统一的劳动力市场、转变村干部的行政理念、转变农村劳动力的思想观念、变革农村劳动力的思想观念、营造良好的就业舆论氛围、促进武陵山区农村社会经济的发展和完善现代农业支撑服务体系"等内容的社会保障机制。

2. 农村劳动力创业能力提升机制的建构内容。一是应建构一个包含"做好顶层设计、强调方向指引、制定专项政策、倾斜重点群体、优化实施办法、重视监督评估"等内容的精确帮扶机制。二是应建构一个包含"要在农村产业规模化、现代化进程中提升武陵山区农村劳动力的创业能力,要在农村产业组织化、产业化进程中提升农村劳动力的创业能力,要在农村产业生态化、特色化进程中提升农村劳动力的创业能力"等内容的激励激发机制。三是应建构一个包含"加强农村基础设施建设、营造更加舒适的居家生活环境,实施创业优先战略、营造更加积极的政策支持环境,构建协调和睦劳作关系、营造更加平等的劳动工作环境,健全城乡一体化人才机制、营造更加便捷性的人才配置环境,创新农村公共文化服务体系、营造更加高效的文化服务环境,加大宣传媒体推介力度、营造更加健康的社会舆论环境"等内容的环境孵化机制。四是应建构一个包含"完善涉农产业职业准入制度、建立健全区域协调化的职业鉴定机制,优化社会保障制度、建立健全舒适便捷的社会保障体系,规范农村土地流转制度、建立健全经营规模化的土地流转机制,整合部门资源、健全创业风险防控机制"等内容的社会保障机制。五是应建构一个包含"以意识提升培育监管的自觉性、以社会监督增强监管的有效性、以制度建设保障监管的规范性"等内容的多元监管机制。六是应建构一个包含"建立合理性的土地增值收益分配制度、建立层次性的创业效果收益分配制度、建立统筹性的市场运作收益分配制度"等内容的收益分配机制。

3.农村劳动力就业与创业能力提升机制的建构内容。一是要建构一个科学有效的能力提升评价衡量机制。该机制应遵循由"明晰内涵、理顺层次和确定权重"三大部分组成的清晰的体系建构思路,架设一个由"个体自身素质界域的评价指标和专业技能修养层面的测量参数"两大内容构成的个体资源层面的评价指标及由"经营管理素质层面的评价指数和市场行为素质层面的测量参数"组成的社会资源层面的合理评价指标,明确一个由"构建指标体系权重判断矩阵、计算指标体系的权重向量并排序、构建评价指标体系权重数值列表"等阶段组成的科学权重变量。二是要建构一个包括"政策制度"和"服务体系"两大内容的政府层面要素,包括"农村劳动力的思想观念"和"个人素质"两个内容的个体层面要素及包括"社会舆论环境""地区经济社会发展""社会保障体系"三大内容的社会层面因素架构而成的、效果显著的公共服务机制等催生农村劳动力的就业与创业能力。三是要通过完善感恩式的精神动力机制、优化统筹式的城乡发展机制、构建预防式的政府干预机制、健全调控型的市场导向机制、构建积极型的农村土地流转机制等化解农村劳动力就业与创业能力提升的机制障碍。

六、提升机制的创新路径

1.就业能力提升机制之创新路径。促进武陵山区农村劳动力就业能力提升的机制应遵循以下创新路径。一是优化农村教育结构,夯实农村教育基础,创设反哺式农村教育机制。二是通过加大道德宣传力度,改变农村劳动力"离农、弃农、厌农"的发展理念,通过加强思想素质建设,扫清农村劳动力就业能力提升之思想障碍,完善感恩式的精神动力机制。三是在坚持全面发展战略方针的基础上,通过完善城乡就业保障体系等办法,切实加强城乡统筹工作,建立健全城乡一体化发展机制。四是通过健全公共服务体系,凸显地方政府的主导作用,优化公共服务体系,建立主导型的公共服务机制等方式来提供主导型的公共服务机制。五是创新社区发展模式,完善社区文化体系,发展前瞻型社会保障机制。

2. 创业能力提升机制之创新路径。一是针对能力层级性,通过"完善教育体系、提升农村劳动力的知识能力,改良培训结构、提升农村劳动力的技术能力,提升主体意识、不断培育农村劳动力的认知能力"等机制创新办法,灵活设计创业能力培育体系。二是紧扣劳动力异质性,通过"加大教培力度、发掘农村劳动力的人力资源潜在存量,革新引导理念、多方吸纳农村劳动力的人力资源溢出存量,完善保障体系、有效溶解农村劳动力的人力资源沉积存量,优化用人机制、切实活化农村劳动力的人力资源凝固存量"等机制创新活动,大力提升农民人力资源存量。三是根据区域差异性,通过"以优势产业为抓手、不断增强武陵山区农村劳动力的自我发展能力,以基建项目为切入点、不断提升武陵山区农村劳动力的潜在发展能力,以城镇建设为突破口、不断培育武陵山区农村劳动力的综合承载能力,以民生工程为孵化器、着力提升武陵山区农村劳动力的后续发展能力,以制度创新为助推器、着力保障武陵山区农村劳动力的持续发展能力"等机制创新行动,着力改善山区农民创业条件。四是通过"畅通物流、在附加值的不断提升中延长民族项目的产业链,统整资源、在民族文化产业化的进程中凸显民族元素的新价值"等机制创新行为,大力彰显元素的现代性,不断拓展山区农民创业空间。五是通过"统一思想认识、构建分工协作的组织领导体系,优化政策制度、构建灵活规范的政策法规制度,提升服务水平、构建多元高效的综合服务体系,革新社保机制、建构城乡一元化社会保障体系,创设融洽氛围、营造积极向上的社会舆论环境,健全投入机制、建构立体便捷的投资融资体系"等机制创新活动,凸显政府的公信力,不断优化农民创业保障体系。

3. 就业与创业能力提升机制之创新路径。要科学而高效地提升该地区农村劳动力的就业与创业能力,当务之急就是要走平台助推型的机制创新之路。具体来说,一是要通过"开展技能培训活动、开展农民创业培训、建立农民培训基地"等机制创新途径,科学搭建农村劳动力就业创业培训平台,走素质提升创新之路。二是要通过"开展农民创业就业竞赛活动、建立农民就业创业见习基地、开展见习基地岗位对接活动"等机制创新活动,科学搭建农村劳动力就业创业实践平台,走实践磨砺创新之路。三是要通过"筹建农民就业创业示范园、强化农民就业创业导师团、建立农民就业创业项目库、激活模范就业创业联结点"等机制创新措施,科学搭建农村劳动力就业创业服务平台,走产业项目孵化创新之路。四是要通过"用活农民创业创新基金、开展农民创业贷款行动、衔接农民就业扶持政策"等机制创新行为,科学搭建农村劳动力就业创业融资平台,走融资帮扶创新之路。五是要通过"社会治理联动、空间布局联动、城镇发展联动、产业调整联动、人才开发联动、公共服务联动"等机制创新活动,科学搭建农村劳动力就业创业协同平台,走区域联动创新之路。六是要通过"在工作对象上讲求广泛性、在工作内容上注重递进性、在项目推广上坚持创新性"等机制创新原则,科学搭建农村劳动力就业创业示范平台,走典型宣传创新之路。

七、提升机制的实践效果

为充分验证能力提升机制的有效性,本书以案例研究为抓手,通过分析典型案例之后笔者认为,无论是教育培训机制,还是扶持培育机制,均能有效促进武陵山区农村劳动力就业能力的提升,并切实保障他们的就业质量与就业水平。无论是凤凰县贫困农户的快速致富,还是秀山县农民致富新思路的开拓,抑或是高家湾村共富裕的依托,均离不开精准帮扶机制、平台支撑机制和收益分配机制的保障作用。除此之外,中界乡天缘峰新气象的永驻、黄柏村新发展的借力和黔江区经济大发展的促进,都少不了风险防控机制、环境孵化机制和社会保障机制的整合作用,正是因为有了这些机制的整合作用,才使武陵山区的农村劳动力有足够的机会去提升自己的就业与创业能力,真正实现生态美、百姓富的发展诉求。

八、能力提升的政策建议

一是要高度重视农村劳动力就业与创业能力提升机制研究的价值与意义。通过机制创新来提升农村力的就业与创业能力是构建新型城乡关系的基本保证、是实施乡村振兴战略建设美丽乡村的重要保证、是促进各民族繁荣富强的有效保证、是维持民族地区和谐稳定的根本保证。二是要整体把握农村劳动力就业与创业能力提升的现实情况与问题特征。武陵山区农村劳动力的就业态势正呈现出外输旺盛、内求优化的发展特点,但同时也存在"不但在家就业的农村劳动力深陷纠结与无奈之尴尬发展境地,而且外出就业的农村劳动力也表露出乏力与寡助的两难交织景象"等问题;武陵山区农村劳动力的创业态势正呈现出内蓄动力、外谋方略的发展特点,但同时也存在"不但支撑他们持续创业的底蕴内涵欠夯实,而且影响他们顺利创业的软硬件资源欠完备,甚至用来保障他们圆满创业的情境氛围也欠舒畅"等问题。三是切实厘清农村劳动力就业与创业能力提升的机制障碍,影响该地区农村劳动力就业与创业能力提升的机制性障碍主要包括"输出式的农村教育机制、翻身式的精神动力机制、单向型的城乡发展机制、缺位式的公共服务机制、后补式的政府干预机制、散漫式的市场导向机制、僵化式的土地流转机制"等内容。四是科学架构武陵山区农村劳动力就业与创业能力提升机制的建构内容。教育培训机制、激励促进机制和社会保障机制等是就业能力提升机制的建构内容,而精确帮扶机制、激励激发机制、环境孵化机制、社会保障机制、多元监管机制、收益分配机制等则是创业能力提升机制的建构内容,至于评价衡量机制、公共服务机制、精神动力机制、城乡发展机制、政府干预机制、市场导向机制、农村土地流转机制等则是就业与创业能力提升机制的建构内容。五是准确掌控武陵山区农村劳动力就业与创业能力提升机制的创新路径。应通过优化农村教育结构、加大道德宣传力度、完善城乡就业保障体系、健全公共服务体系、创新社区发展模式、灵活设计创业能力培育体系、提升农村人力资源存量、提升后续发展能力、拓展山区农民创业空间、优化农民创业保障体系等创新活动,通过走"素质提升创新之路、实践磨砺创新之路、产业项目孵化创新之路、融资帮扶创新之路、区域联动创新之路和典型宣传创新之路",切实优化其建构路径。

第二节　研究展望

受研究条件和社会环境等客观因素和个人研究水平和观念状况等主观情境的限制,深感本书的研究还存在许多不尽如人意而亟须完善之处,突出表现在以下几个方面。

一、创新与不足

(一)研究所做的努力与创新尝试

研究不仅从社会学、教育学、经济学、历史学、文化学等多学科的视角解析了"武陵山区农村劳动力就业与创业能力提升机制"研究的价值与意义、现状与问题、建构内容、机制障碍、创新路径等相关内容,而且还以案例分析为抓手,通过八个实践案例来进一步验证研究结论的科学性、适切性和有效性,以期更好地服务于经济社会的发展需求。研究的创新点主要表现在以下三个方面:

一是对就业能力、创业能力、就业与创业能力的概念进行了全新的阐释,从统整融合的角度出发,将研究范畴从主体心理情境扩散到社会环境领域。

二是对武陵山区农村劳动力就业与创业能力提升机制的建构内容、机制障碍研究等进行了创新尝试。研究基于经济学、社会学、教育学、文化学等多学科发展视野、秉承发展现状中的问题、研究文献中的问题等问题意识和依托调查问卷探询、实地访谈核查、典型案例验证等实践凝练三种研究视角有机统整之角度对武陵山区农村劳动力就业与创业能力提升机制所涉及的能力提升之机制障碍、能力提升机制之建构内容等进行了初步的"解构"与"重构"。这些研究内容均具有一定的创新性。

三是提出了武陵山区农村劳动力就业与创业能力提升机制之创新路径。为有效彰显出提升机制的效用,研究还从教育机构、思想素质、就业保障、公共服务、社区文化等方面阐述了武陵山区农村劳动力就业能力提升机制之创新路径,从能力层级性、劳力异质性、区域差异性、政府公信力等方面论述了武陵山区农村劳动力创业能力提升机制之创新路径,从培训平台、实训平台、服务平台、融资平台等层面提出了武陵山区农村劳动力就业与创业能力提升机制之创新路径,这均是一些积极的创新尝试。

(二)研究所存在的不足及改进方向

从研究所存在的不足来看。由于笔者研究手段、研究时间和研究精力的有限性以及其他不可预知因素的作用,导致本研究还存在一些不足的地方。一是研究中所选取的案例涉及面不是很广,致使整个研究结果缺乏一定程度的代表性和科学性。二是受传统能力划分标准的限制,没有准确厘清就业能力、创业能力之间的区别。虽然笔者尝试从就业与创业能力有机统整之角度来探索其本源,但碍于传统标准的阻力及个人能力的局囿,尚有待下一步的深入研究。三是受研究地域与财力因素的制约,研究尚无法通过实验法来验证研究结论的可靠性和有效性,也无法构建一些科学的保障措施来促进能力提升机制迅速生成,结果导致该研究项目所提出的一些改进措施缺乏足够的信度及效度。

从研究所需改进方向来看。针对上述之不足,一是在今后的研究工作中尽量扩大研究对象和研究范畴,并将改进措施融入实践中去加以验证,进而提升整个研究的可信度;二是要加大能力之概念、标准等的研究力度。三是提升实践观察的频度,多采取田野观察法,争取在更多的实践活动中验证农村劳动力就业与创业能力之提升机制的实际运作效果,使其后续研究工作呈现出"研究趋势实证化、理论深度夯实化、机制内容协同化"等发展特征。

二、趋势及愿景

(一)研究趋势实证化

一般来说,人们对某一新鲜事物的认识都要经过一个了解、接受到应用的过程。研究成果的内涵与效应也要经过一个不断解析、验证与补充的过程。而这一不断解析、验证与补充的过程,从本质上来说又是一个从理论到实践的活动过程,需要在长期的实践活动中才能得到有效表征。随着"武陵山区农村劳动力就业与创业能力提升机制研究"成果的宣传与推广,那些用来解析与验证该研究成果的内涵与效应的实践活动必然会逐渐增多。也就是说,"武陵山区农村劳动力就业与创业能力提升机制研究"将会呈现出实证化的研究走向。

(二)理论深度夯实化

随着"武陵山区农村劳动力就业与创业能力提升机制研究"实践活动的不断丰富与优化,研究者必然会从各种解析与验证类的实践活动中获得许多新的认识与感悟,这些新的认识与感悟有的是对该问题研究原有理论基础的否定与批判,有的则是对该研究成果原有理性认识的接受与补充,但无论是否定与批判还是接受与补充,从本源上而言,都是对"武陵山区农村劳动力就业与创业能力提升机制研究"原有理论架构的完善与充实。随着"武陵山区农村劳动力就业与创业能力提升机制研究"之解析与验证等实践活动的不断丰富与优化,该问题的理论基础与建构内容部分将会不断得到夯实与深化。

(三)机制内容协同化

随着农业现代化、城镇化、工业化、信息化的快速推进与实施,农村用地和集体用地不可避免被占用,同时也会导致大量剩余劳动力的产生。这些劳动力不管是通过"市民化"途径进入城市就业与创业,还是通过"资源整合开发"举措提升就业与创业本领,他们都需要一个和谐化、协同性、保障性、互补性的提升机制加以促进。因为这一协同性的提升机制有助于农村劳动力就业与创业能力的切实提升。但考虑到"武陵山区农村劳动力就业与创业能力提升机制研究"复杂性和多因素性,不断提升他们的就业与创业能力依然任重道远,尚需要不断探索。

参考文献

（一）著作类

[1]中华人民共和国统计局编:《中国统计年鉴》,中国统计出版社 2001—2010 年版。

[2]国家统计局农村社会经济调查司:《中国农村统计年鉴》,中国统计出版社 2001—2010 年版。

[3]国家统计局人口和社会科技统计司、人力资源和社会保障部规划财务司:《中国劳动统计年鉴》,中国统计出版社 2010 年版。

[4]国家统计局人口和就业统计司编:《中国人口和就业统计年鉴》,中国统计出版社 2010 年版。

[5]贵州省统计局编:《贵州统计年鉴》,中国统计出版社 2001—2010 年版。

[6]《第二次全国农业普查资料汇编(综合卷)》,中国统计出版社 2009 年版。

[7]《第二次全国农业普查资料汇编(农民卷)》,中国统计出版社 2009 年版。

[8][美]西奥多·舒尔茨:《改造传统农业》,商务印书馆 2003 年版。

[9][美]阿瑟·刘易斯编著:《二元经济论》,北京经济学院出版社 1984 年版。

[10]托达罗:《经济发展》,中国经济出版社 1999 年版。

[11]蔡昉:《中国二元经济与劳动力转移》,中国人民大学出版社 1990 年版。

[12]陈吉元:《论中国农业剩余劳动力转移——农业现代化的必由之路》,经济管理出版社 1990 年版。

[13]韩俊:《跨世纪的难题——中国农业劳动力转移》,山西经济出版社 1994 年版。

（二）期刊类

[1]白南生、李靖:《城市化与农村劳动力流动问题研究》,《中国人口科学》2008 年第 4 期。

[2]蔡静、张毅:《贵州省社会主义新农村建设现状研究》,《财经视点》2010 年第 3 期。

［3］陈吉元:《中国的三元经济与农村剩余劳动力转移》,《经济研究》1994年第4期。

［4］笪信仁、王征兵、于晓晖:《贵州农村剩余劳动力转移的现状与思考》,《安徽农业科学》2006年第24期。

［5］冯宗敬:《欠发达地区城镇化建设难点、成因与路径》,《西部地区金融》2010年第8期。

［6］付海兰:《铜仁市农村劳动力转移问题初探》,《铜仁职业技术学院学报》2009年第12期。

［7］付海兰:《西部地区民族地区返乡农民工创业培训与发展的个案研究》,《铜仁学院学报》2011年第11期。

［8］国家发展改革委外事司:《日本农村剩余劳动力转移及其借鉴》,《中国经贸导刊》2004年第1期。

［9］胡鞍钢等:《高等教育对中国青年城镇就业机会影响的实证分析》,《高等教育研究》2010年第12期。

［10］焦晓波等:《创业型经济的发展和中国农民创业问题理论研究动态》,《经济体制改革》2012年第1期。

［11］金绍荣等:《西部地区民族地区农村课程资源开发的困惑与对策》,《民族教育研究》2006年第6期。

［12］金盛等:《论农民的理性与农业的规模经营》,《重庆文理学院学报》2006年第8期。

［13］李水山:《我国农村与农民职业技术教育发展对策研究》,《职业技术教育》2003年第13期。

［14］梁成艾等:《重庆市中小学教师职后教育的发展现状调查》,《国家教育行政学院学报》2011年第8期。

［15］梁成艾等:《大力发展职业教育　建设社会主义新农村》,《当代教育论坛》2007年第6期。

［16］梁成艾等:《对贵州铜仁市职业教育集团化的若干分析及建议》,《中等职业教育》2009年第3期。

［17］梁成艾等:《贵州铜仁市农村劳动力转移培训问题及政策建议》,《职教论坛》2008年第1期。

［18］梁成艾等:《国外职业教育城乡统筹发展比较研究》,《职业技术教育》2010年第10期。

［19］梁成艾等:《论城乡职业教育统筹发展的动力机制》,《职业技术教育》2011年

第 5 期。

[20]梁成艾等:《文化同构境域:职教城乡一体化发展的体制与机制研究》,《教育与职业》2011 年第 11 期。

[21]梁成艾等:《云计算情境下城乡职教一体化资源共享平台建构》,《电化教育研究》2013 年第 2 期。

[22]梁成艾等:《职业学校面向农村办学的实践与思考》,《职业教育研究》2008 年第 3 期。

[23]梁成艾等:《中国职业教育城乡统筹发展研究综述》,《中国职业技术教育》2008 年第 3 期。

[24]梁坚、查昆岩、黄世贤:《农村剩余劳动力转移路径探析》,《求实》2004 年第 5 期。

[25]刘纯彬等:《西部地区民族地区农村劳动力就业状况调查报告——以新疆维吾尔自治区为例》,《农村经济》2011 年第 6 期。

[26]刘国华:《我国老年人力资源开发的意义及对策》,《经济论坛》2007 年第 8 期。

[27]罗琴:《社会保障视域下的老年人力资源开发》,《经营管理者》2011 年第 7 期。

[28]梅伟惠:《创业人才培养新视域:全校性创业教育理论与实践》,《教育研究》2012 年第 6 期。

[29]闵伸:《人口老龄化与老年人力资源开发研究》,《经济师》2003 年第 6 期。

[30]潘建华:《新农村背景下农民的现实诉求:以江西省农村劳动力转移培训为例》,《成人教育》2008 年第 5 期。

[31]田永国等:《土家族传统医药知识的传承危机》,《贵州民族研究》2012 年第 10 期。

[32]王春超:《推动城镇化和城市化的合理发展——兼谈我国农村剩余劳动力的转移》,《高等函授学院学报》2002 年第 2 期。

[33]王德召、严华:《铜仁市新农村建设面临的问题及对策》,《湖南农机》2010 年第 6 期。

[34]韦吉飞等:《农民创业行为影响因素研究——基于西北五省区调查的实证分析》,《财贸研究》2008 年第 5 期。

[35]魏彦彦:《人口老龄化与老年人力资源开发》,《广东行政学院学报》2012 年第 6 期。

[36]吴麟:《民族地区农村剩余劳动力转移问题研究》,《内蒙古民族大学学报》2012 年第 5 期。

[37]吴雨才:《南通市农村劳动力的转移方略》,《南通师范学院学报》2004 年第

1期。

[38]许鹿:《我国老年人力资源开发的意义和对策》,《中国人才》1999年第10期。

[39]杨素梅等:《河南省农村劳动力就业能力的培育与劳动力转移研究》,《现代农业科技》2010年第18期。

[40]张广花等:《提升农民创业能力途径的探讨》,《湖南农业科学》2010年第15期。

[41]张宁、陆文聪:《中国农村劳动力素质对农业效率影响的实证分析》,《农业技术经济》2006年第2期。

[42]张晓山:《新农村建设中的几个理论与实践问题》,《中国社会科学院院报》2006年第3期。

[43]张勇:《新农村建设长效机制探索——对铜仁地区新农村建设的社会人类学调查及思考(上)》,《铜仁学院学报》2008年第3期。

[44]张勇:《新农村建设长效机制探索——对铜仁地区新农村建设的社会人类学调查及思考(下)》,《铜仁学院学报》2008年第3期。

[45]张志忠:《劳动力短缺——建设社会主义新农村的新挑战》,《农业展望》2009年第1期。

[46]赵国栋:《我省农村剩余劳动力转移与城乡就业问题研究(上)》,《商丘师范学院学报》2003年第10期。

[47]赵国栋:《我省农村剩余劳动力转移与城乡就业问题研究(下)》,《商丘师范学院学报》2004年第3期。

[48]郑小波:《高等农业教育在新农村建设中的路径选择》,《高等农业教育》2006年第10期。

(三)其他类

[1]陈巍:《创业者个体因素对创业倾向的影响》,博士学位论文,吉林大学,2010年。

[2]贾斌韬:《武陵山经济协作区统筹发展研究》,硕士学位论文,中央民族大学,2012年。

[3]刘鹏:《唐山市养老服务发展现状和问题研究》,硕士学位论文,河北大学,2015年。

[4]宁亮:《促进创业活动的政府行为研究》,博士学位论文,江西财政大学,2009年。

[5]姚梅芳:《基于经典创业模型的生存型创业理论研究》,博士学位论文,吉林大学,2007年。

[6]张艳:《辽宁农村劳动力就业能力提升研究》,辽宁省哲学社会科学研究报告,2008年。

[7]喻永金、杨宇:《抓点带面 扎实推进——对铜仁市建设社会主义新农村试点村工作的调查》,2008年12月5日,http://www.gzxw.gov.cn/Xncjs/Gzxnc/Zxbb/200812/25085.shtm。

[8]赵勇军、刘敏:《铜仁新农村建设水利扶贫取得阶段性成果》,2009年4月27日,http://www.cnr.cn/guizhou/xw/dqyw/200904/t20090427_505315274.html。

图表索引

图0-1	研究的技术路线与逻辑思路	022
图0-2	研究阶段与研究方法	023
图1-1	人力资源需求与职业教育发展的关系	026
图4-1	武陵山区农村劳动力就业与创业能力评价的层次分析结构模型	135
表1-1	贵阳市2019—2020年劳动力市场运行情况	032
表2-1	武陵山区农村劳动力就业能力提升被试样本分布情况	074
表2-2	被试样本外出打工意愿统计	074
表2-3	被试样本的就业形式统计	075
表2-4	被试样本外出打工途径统计	076
表2-5	在家就业的被试样本的年龄段及就业形式交叉统计	077
表2-6	在家务农的被试样本所从事的农业领域分布	079
表2-7	武陵山区农村劳动力技术等级调查统计	081
表2-8	外出务工因素调查统计	082
表2-9	武陵山区农村劳动力创业能力提升被试样本分布情况	084
表2-10	"自主创业要做好哪些准备""创业要具备哪些素质"调查统计	086
表2-11	"对农村自主创业形势的认识"调查统计	086
表2-12	"对创业扶持政策的了解程度"调查统计	086

表 2-13	"对创立一个企业的流程是否了解"调查统计 ……………	087
表 2-14	农村劳动力创业"希望获得帮助的途径"调查统计 ………	087
表 2-15	自主创业兴趣调查统计 ………………………………………	088
表 2-16	农村劳动力对"自主创业应做的准备"调查统计 …………	089
表 2-17	农村劳动力创业"选择领域"统计 …………………………	090
表 2-18	农村劳动力"从事的行业、接受过的培训、欲接受的培训"统计 ……………………………………………………………	091
表 2-19	市场环境限制农村劳动力自主创业情况统计 ……………	092
表 4-1	个体资源层面的评价指标赋值 ……………………………	137
表 4-2	社会资源层面的评价指标赋值 ……………………………	140
表 4-3	针对 A 层目标的变量层(C 层)排列矩阵 ………………	144
表 4-4	针对变量层(C 层)"自身素质"变量的指标排列矩阵 ………	144
表 4-5	针对变量层(C 层)"专技修养"变量的指标排列矩阵 ………	145
表 4-6	针对变量层(C 层)"经营管理"变量的指标排列矩阵 ………	145
表 4-7	针对变量层(C 层)"市场行为"变量的指标排列矩阵 ………	146
表 4-8	武陵山区农村劳动力就业与创业能力评价指标体系权重赋值 …………………………………………………………………	147
表 4-9	武陵山区农村劳动力就业与创业能力评价指标体系各二级指标加权归一 ………………………………………………………	148
表 4-10	武陵山区农村劳动力就业与创业能力二级指标测评结果 ……	149
表 4-11	武陵山区农村劳动力就业与创业能力一级指标及总体测评 ……	150

致　　谢

经过近六年时间的艰辛付出,《武陵山区农村劳动力就业创业能力提升机制研究》一书即将完稿,欣喜之余,不禁感慨万千。笔者和研究团队为了得到真实的数据和一手资料,实地深入访谈和调查研究,得到原始资料后,研究团队成员多次开会探讨,以期为武陵山区农村劳动力就业与创业能力提升机制问题的顺利解决尽绵薄之力。

作为主持人,或许最有资格发言,本书对武陵山区农村劳动力就业与创业能力提升机制之研究现状、提升实况、存在问题、归因分析、机制障碍、机制建构内容、机制创新路径、实践案例分析等力图做较深入的调查和分析,笔者虽精疲力竭但仍远未穷其要旨,这不仅限于笔者的水平与视野,同时也与我们所要探讨研究的能力提升机制——这一富于现实性、复杂性的有着丰富内涵的命题有着很大的关联,然而令笔者欣慰的是,终对武陵山区农村劳动力就业与创业能力提升机制进行了一定程度上的探究,权作抛砖引玉,以此引起大家对农村劳动力就业与创业能力提升机制问题的重视与探讨,若达到这一效果,笔者备感欣慰。

另外,本书能够顺利完稿,得益于诸多专家、领导、同事、同学的提携与帮助。

感谢国家社科规划办及贵州省社科规划办的各位领导,感谢他们为我们提供一个发挥自己聪明才智的平台以及周到细致的服务。

感谢参与本书之前期研究报告初评工作的各位专家,感谢他们细致的工作及崇高的职业精神，他们宝贵的意见建议使本书更加具有科学性。

感谢贵州省铜仁市政协的赵幼立同志、铜仁市政协的龙礼元主任、市政策研究室的卫建和主任、市党研室的韩江华主任、市旅游局的徐剑局长、市文联的刘新华副主席、铜仁市民政局的王继成副局长、何寻梦副主任，感谢他们为我们的研究工作所做的耐心指导以及对研究成果的细致修改工作。

感谢重庆市人社局、湖北省恩施自治州人社局、湖南省湘西自治州人社局、贵州省铜仁市人社局等单位的领导及工作人员，他们为研究工作提供了大量的一手资料。感谢铜仁学院的梁正海博士、陈俭博士、杨福林博士、李春艳老师、晏自勉老师、杨晚潜老师、贵州省德江县李兵同志、铜仁市大龙开发区的代刚同志以及我的同学邱世兵、李本友等，感谢他们在课题的前期研究阶段以资料收集、方向确定等形式所提供的帮助。

感谢我们研究团队的马军峰、王德召、金盛、辛丽萍等同志及我的妻子宋秀艳，他们为整个研究工作的顺利展开做出了巨大贡献。尤其让人感动的是原北京师范大学校长钟秉林教授在百忙之中抽空为本书作了序，特在此一一鸣谢。

饮水思源，怀念并感恩每一个关心、鼓舞、指导和帮助过我的人，你们将永远激励我在科学研究这条艰苦的道路上不懈前行："谢朝花于已披，启夕秀于未振。"

梁成艾

2021年6月于梵净山

责任编辑:张　蕾
封面设计:汪　莹
责任校对:周晓东

图书在版编目(CIP)数据

武陵山区农村劳动力就业创业能力提升机制研究/梁成艾 著. —北京：人民出版社,2021.12
ISBN 978－7－01－024349－8

Ⅰ.①武… Ⅱ.①梁… Ⅲ.①山区-农村劳动力-劳动就业-研究-西南地区 Ⅳ.①F323.6

中国版本图书馆CIP数据核字(2021)第254827号

武陵山区农村劳动力就业创业能力提升机制研究

WULING SHANQU NONGCUN LAODONGLI JIUYE CHUANGYE NENGLI TISHENG JIZHI YANJIU

梁成艾　著

人民出版社 出版发行
(100706　北京市东城区隆福寺街99号)

北京建宏印刷有限公司印刷　新华书店经销

2021年12月第1版　2021年12月北京第1次印刷
开本:710毫米×1000毫米 1/16　印张:16
字数:215千字

ISBN 978－7－01－024349－8　　定价:69.00元

邮购地址 100706　北京市东城区隆福寺街99号
人民东方图书销售中心　电话 (010)65250042　65289539

版权所有·侵权必究
凡购买本社图书,如有印制质量问题,我社负责调换。
服务电话:(010)65250042